Rupert Spira

Bewusstsein ist alles

Rupert Spira

Bewusstsein ist alles

Über die Natur unserer Erfahrung

VAK Verlags GmbH
Kirchzarten bei Freiburg

Titel der Originalausgabe:
The Transparency of Things

ISBN 978-0-9558290-5-5
Erschienen bei: Non-Duality Press, Salisbury (Großbritannien)

Bibliografische Information der Deutschen Nationalbibliothek:
Die Deutsche Nationalbibliothek verzeichnet diese Publikation in der Deutschen Nationalbibliografie; detaillierte bibliografische Daten sind im Internet über http://dnb.d-nb.de abrufbar.

VAK Verlags GmbH
Eschbachstraße 5
79199 Kirchzarten
Deutschland
www.vakverlag.de

3. Auflage 2023

Übersetzung: Dr. Jörg van Hoorn
Lektorat: Norbert Gehlen
Layout und Satz: Karl-Heinz Mundinger, VAK
Umschlagfoto: iStockphoto
Umschlagdesign: Sabine Fuchs, Fuchs_Design München
Druck: Pustet GmbH & Co. KG, Regensburg
Printed in Germany
ISBN: 978-3-86731-087-1

Inhalt

Vorbemerkungen des Verlags

Viele Begriffe, die der Autor in diesem Buch verwendet, haben hier eine etwas andere Bedeutung als in der Alltagssprache. Dies wird verdeutlicht durch Besonderheiten der Schreibweise: Schreibung in ‚halben Anführungszeichen', Zusammensetzungen wie „Körper/Geist", Wortneuschöpfungen wie „Einsheit" u. Ä. Die deutsche Ausgabe orientiert sich dabei an den Vorgaben des Autors, mit einer Ausnahme: In vielen Fällen signalisiert der Autor die abweichende Wortbedeutung durch Großschreibung von Wörtern, die im Englischen normalerweise kleingeschrieben werden – diese Wörter sind hier in Kapitälchen gesetzt.

Dieses Buch wurde geschrieben mit Liebe und Dankbarkeit
für Ellen, meine Lebensgefährtin, und
für Francis Lucille, meinen Freund und Lehrer.

Was ist, vergeht nie.
Was nicht ist, entsteht nie

Parmenides

Vorwort

Dieses Buch ist eine Sammlung von Betrachtungen und Reflexionen über die Natur unserer Erfahrung. Sein einziger Zweck – soweit man überhaupt sagen kann, dass es einen Zweck hat – besteht darin, schlicht und einfach Erfahrung selbst, an und für sich, ganz genau zu betrachten.

Die Aussagen, mit denen wir im Allgemeinen unsere Erfahrung beschreiben, werden meistens als so absolut wahr angesehen, dass sie anscheinend keiner weiteren Untersuchung bedürfen. Doch hier in diesem Buch ist unser Ansatz genau umgekehrt: Überhaupt gar nichts wird als gegeben angenommen – mit Ausnahme der sprachlichen Konventionen, die es uns ermöglichen zu kommunizieren.

Schon als Kinder werden wir dazu angeregt, unsere Erfahrungen auf eine Art zu beschreiben, die diese Erfahrungen sowohl auszudrücken als auch zu bestätigen scheint. Später bestimmen diese Ausdrucksweisen dann, wie uns die Welt erscheint.

„David liebt Jane."– „Tim sah den Bus." … Bereits unsere ersten Formulierungen unterteilen Erfahrung in ‚ich' und ‚anderes', ‚ich' und ‚die Welt', in ein Subjekt, das erfährt, und ein Objekt, das erfahren wird. Und unsere Erfahrung scheint von da an diese Formulierungen zu bestätigen.

Aber in einem bestimmten Stadium ahnen wir, dass diese Formulierungen nicht unsere Erfahrung *zum Ausdruck bringen*, sondern dass sie unsere Erfahrung *bestimmen*.

Dieses Buch beschäftigt sich nicht mit einzelnen Eigenschaften der Erfahrung, sondern mit Erfahrung selbst. Es erforscht die grundsätzliche Natur von Erfahrung. Was ist dieses ‚ich'? Was ist dieses ‚andere', diese ‚Welt'? Und was ist dieses ‚Erfahren', das die beiden Pole zu verbinden scheint?

Die essenzielle Entdeckung aller großen spirituellen Traditionen ist die Übereinstimmung von BEWUSSTSEIN und REALITÄT. Es ist die Entdeckung, dass die grundlegende Natur eines jeden Einzelnen von uns mit der grundlegenden Natur des Universums übereinstimmt.

Diese Entdeckung wurde auf vielerlei Arten zum Ausdruck gebracht: „Atman ist Brahman." – „Ich und mein Vater sind eins." – „Nirwana ist Samsara." – „Leere ist Form." – „Ich bin Das." – „Alles ist Bewusstsein." – „Es gibt keine zwei Dinge." – „Sat Chit Ananda."

Jede spirituelle Tradition hat ihre eigenen Wege, zu diesem Verständnis zu gelangen. Es ist nicht nur ein intellektuelles Verständnis, sondern eher ein Wissen jenseits des Verstandes. Und in jeder Tradition gibt es genau so viele Variationen der Herangehensweisen, wie es Schüler dieser Tradition gibt.

Dieses Buch erforscht, was wirklich und wahrhaftig erfahren wird. Die Frage „Was ist die Natur unserer Erfahrung, jetzt in diesem Moment?" wird uns wieder und wieder beschäftigen.

Und doch ist dieses Buch kein philosophisches Traktat. Es ist eine Sammlung von Betrachtungen und Erörterungen, in denen einige Grundideen immer wieder, jedes Mal unter einem etwas anderen Blickwinkel, untersucht werden. Ein gewisses Maß an Wiederholungen ist daher unvermeidbar.

Man könnte sagen, dieses Buch wurde wie ein Musikstück geschrieben, in dem ein einzelnes Thema erforscht, hinterfragt, variiert und neu vorgetragen wird. Und jedes Mal, wenn das Hauptthema wieder aufgenommen wird, hat es (hoffentlich) durch die vorhergehenden Betrachtungen an Tiefe und Resonanz gewonnen.

Die Bedeutung von Worten liegt nicht in den Worten selbst. Ihre Bedeutung liegt in den Betrachtungen, aus denen sie entstehen und auf die sie verweisen. Dieser Text ist daher mit vielen Zwischenräumen gestaltet, die das kontemplative Herangehen fördern sollen.

Die Schlussfolgerungen, die hier gezogen werden, sind einzig dafür da, die alten, konventionellen und dualistischen Formulierungen infrage zu stellen, die so tief in die Art und Weise eingebettet wurden, wie wir uns und die Welt zu erfahren scheinen.

Sind diese alten Formulierungen erst einmal infrage gestellt, so müssen sie nicht aufgegeben werden. Sie können als provisorische Ideen weiter verwendet werden, die in bestimmten Lebensbereichen eine Funktion erfüllen.

Die neuen Formulierungen sind vielleicht passendere oder präzisere Ausdrucksformen unserer Erfahrung als die alten, aber sie haben nicht das Ziel, die alten Sicherheiten durch neue zu ersetzen.

Sie führen einfach in ein offenes NICHTWISSEN, das von Moment zu Moment in Abhängigkeit von der gegebenen Situation formuliert werden kann. Zu solchen Situationen können dabei auch Fragen über die Natur der Erfahrung gehören.

Es gibt viele Wege, zu diesem offenen NICHTWISSEN zu gelangen. Das Demontieren unserer falschen Sicherheiten mittels Hinterfragen, wie es hier angeboten wird, ist nur einer davon.

Wenn unsere Aufmerksamkeit jetzt auf das weiße Papier hingelenkt würde, auf dem diese Worte geschrieben stehen, so würden wir jenes verblüffende Gefühl erleben, plötzlich einer Sache gewahr zu werden und gleichzeitig zu erkennen, dass es zu offensichtlich ist, um erwähnt zu werden. Und doch scheinen wir in dem Moment, da wir auf das Papier hingewiesen werden, etwas Neues zu erfahren.

Wir erleben die merkwürdig vertraute Erfahrung, dass wir einer Sache gewahr werden, deren wir tatsächlich schon gewahr waren. Wir werden gewahr, dass wir des Papiers gewahr sind.

Das Papier ist keine *neue* Erfahrung, die durch dieses Hinlenken unserer Aufmerksamkeit erst *erschaffen* wurde. Und doch *scheint* unser *Gewahrsein* des Papiers eine neue Erfahrung zu sein.

Nun, wie steht es mit dem Gewahrsein selbst, das des Papiers gewahr ist? Ist es nicht immer in und hinter jeder Erfahrung gegenwärtig, so, wie das Papier in und hinter den Worten auf dieser Seite gegenwärtig ist?

Und wenn unsere Aufmerksamkeit davon angezogen wird, haben wir dann nicht das gleiche merkwürdige Gefühl, dass unser Gewahrsein auf etwas gerichtet wurde, dessen wir immer schon gewahr waren, ohne es bemerkt zu haben?

Tatsache unserer Erfahrung, wesentlich für die und doch unabhängig von den speziellen Eigenschaften jeder einzelnen Erfahrung? So, wie das Papier die offensichtlichste Tatsache dieser Seite ist, wesentlich für und doch unabhängig von jedem einzelnen Wort?

Ist dieses Gewahrsein selbst nicht der Träger und die Substanz jeder Erfahrung, so wie das Papier der Träger und die Substanz jedes Wortes ist?

Muss dieser Seite etwas Neues hinzugefügt werden, damit wir das Papier sehen? Muss dieser momentanen Erfahrung etwas Neues hinzugefügt werden, damit wir des Gewahrseins gewahr werden, das Träger und Substanz dieser Erfahrung ist?

Wenn wir, nachdem wir das Papier bemerkt haben, zu den Worten zurückkehren, verlieren wir dann das Papier aus den Augen? Sehen wir nicht die beiden, die scheinbar zwei sind, gleichzeitig als eins? Und haben wir sie nicht bereits stets als eins erlebt, ohne es zu bemerken?

Und verlieren wir entsprechend jenes Gewahrsein aus den Augen, das wir in und hinter jeder Erfahrung bemerkt haben, wenn wir den Fokus unserer Aufmerksamkeit wieder auf die objektiven Aspekte der Erfahrung richten? [„Objektiv" meint der Autor in diesem Buch nicht im Sinne von „objektiver Berichterstattung", sondern: bezogen auf die „Gegenstände" von Erfahrung; und bei diesem Wort sollte man nicht nur *materielle* Gegenstände assoziieren! Anmerkung d. Verlags] Sehen wir die beiden, die scheinbar zwei sind, nun nicht gleichzeitig als eins? Und war es nicht immer schon so?

Beeinflussen die Worte das Papier? Ist dem Papier wichtig, was mit den Worten gesagt wird? Beeinflusst der Inhalt einer Erfahrung das Gewahrsein, in dem sie erscheint?

Jedes Wort auf dieser Seite ist tatsächlich nur aus Papier gemacht. Es drückt die Natur des Papiers aus, auch wenn das Wort vielleicht den Mond beschreibt.

Jede Erfahrung bringt nur GEWAHRSEIN oder BEWUSSTSEIN zum Ausdruck, auch wenn die Erfahrungen unendlich variieren.

GEWAHRSEIN oder BEWUSSTSEIN ist das offene NICHTWISSEN, auf das jede Erfahrung geschrieben wird.

Es ist so offensichtlich, dass es nicht bemerkt wird.

So nahe, dass es als Objekt nicht erkannt werden kann und doch immer bekannt ist.

So grundlegend, dass alle Erfahrungen, so winzig oder riesig sie auch sein mögen, völlig von dessen Präsenz gesättigt und durchdrungen sind.

So liebevoll, dass alles Vorstellbare bedingungslos darin aufgehoben ist.

So offen, dass es alles in sich aufnimmt.

So weit und grenzenlos, dass alles darin enthalten ist.

So gegenwärtig, dass jede einzelne Erfahrung in seiner Substanz schwingt.

Es ist nur dieses NICHTWISSEN, die Quelle, die Substanz und die Bestimmung jeglicher Erfahrung, auf die hier immer und immer wieder verwiesen wird.

Rupert Spira
Oktober 2008

Der Garten des Nichtwissens

Die abstrakten Konzepte des Verstandes oder Geistes können REALITÄT nicht erfassen, auch wenn sie Ausdruck von REALITÄT sind.

(Zur Erläuterung: Das Wort *mind* wird in diesem Buch in zwei Bedeutungen verwendet. Im vorausgehenden Satz gilt die erste Bedeutung, diese beinhaltet: a) Denken und Vorstellen, b) Spüren (bezogen auf körperliche Empfindungen) und c) Wahrnehmen, also Sehen, Hören, Schmecken, Riechen und Berühren, mittels derer die Welt ‚erkannt' wird. In dieser Bedeutung werden der Körper und die Welt als Projektionen des Geistes angesehen. Die zweite Bedeutung bezieht sich nur auf das Denken und die Vorstellungen. Meist ist die zweite Bedeutung gemeint, aber gelegentlich wird das Wort *mind* in seiner weiteren Bedeutung verwendet. Rupert Spira)

[Anmerkung des Übersetzers: Das englische Wort *mind* hat im Deutschen keine direkte, eindeutige Entsprechung. Wir verwenden hier in der Regel den Begriff „Geist", der für die „geistigen Prozesse" steht. Diese umfassen sowohl das, was wir als Verstand bezeichnen, als auch das, was im Wahrnehmen und Empfinden geschieht. Gelegentlich verwenden wir auch den Begriff „Verstand", wenn die Ausführungen sich speziell auf diesen Aspekt beziehen.]

Dualität, die Polarisierung in Subjekt und Objekt, ist ein Bestandteil der Konzepte des Verstandes. Sprechen wir zum Beispiel vom ‚Körper', so beziehen wir uns auf ein Objekt, das wiederum ein

Subjekt impliziert. Erforschen wir dieses Objekt, so entdecken wir, dass es als solches nicht existent und eigentlich nur eine ‚Empfindung' ist.

Allerdings ist auch ‚Empfindung' immer noch ein Objekt und weiteres Untersuchen zeigt, dass es aus ‚Empfinden' gemacht ist, sozusagen aus ‚geistigem Stoff' und nicht aus etwas Physischem.

Und dann entdeckt man, dass ‚Empfinden' wiederum aus ‚Wissen' oder ‚Erkennen' gemacht ist. Und wenn wir das erforschen, finden wir heraus, dass es aus BEWUSSTSEIN gemacht ist.

Wenn wir BEWUSSTSEIN untersuchen, stellen wir fest, dass es keine objektiven Qualitäten hat. Und doch ist es das, von dem wir zuinnerst wissen, dass wir es sind. Es ist das, was wir mit ‚Ich' bezeichnen.

Und wenn wir ‚Ich' erforschen, finden wir heraus, dass es gemacht ist aus …

Hier brechen die abstrakten Konzepte des Verstandes zusammen. Weiter kommen sie nicht. Es gibt keine angemessene Bezeichnung für das, in das sich der Verstand auflöst. Wir kommen zur äußersten Einfachheit direkter Erfahrung.

Diese Ent-Objektivierung ist der Prozess scheinbarer *Rückbildung (Involution)*, durch den ‚Das-was-nicht-benannt-werden-kann' seine Projektion des Körpers, des Geistes und der Welt zurückzieht und wieder entdeckt, dass es die eine Substanz der nahtlosen Totalität der Erfahrung ist.

‚Das-was-nicht-benannt-werden-kann', die ABSOLUTE LEERE, in die der Geist zusammenbricht, projiziert sich dann selbst, *in sich selbst*, beschreitet wieder den Weg scheinbarer Objektivierung, um die Erscheinungen Geist, Körper und Welt erneut zu erschaffen.

‚Das-was-nicht-benannt-werden-kann' und doch manchmal als ‚ICH', ‚BEWUSSTSEIN', ‚SEIN', ‚PURES WISSEN' bezeichnet wird, nimmt die Form von Denken, Spüren oder Wahrnehmen an, um als ein Körper, ein Geist oder eine Welt zu erscheinen.

Dies ist der Prozess einer scheinbaren *Evolution*, durch den ‚Das-was-nicht-benannt-werden-kann' einen Körper, einen Geist und eine Welt gebiert, ohne dabei jemals etwas anderes zu werden als es selbst.

Dieser Prozess von Evolution und Involution ist der Tanz der ‚EINSHEIT'. ‚Das-was-nicht-benannt-werden-kann' nimmt Gestalt an, löst sich wieder auf, vibriert in jeder Nuance von Erfahrung, geht in sich selbst auf, ist transparent, offen, leer und leuchtend.

Der Verstand versucht, die Modulationen dieser Leere zu beschreiben, die sich selbst als Fülle der Erfahrung manifestiert und deren Fülle sich selbst als Leere erkennt. Und er weiß, dass er damit eine Kerze in den Wind hält.

Der Verstand beschreibt die Namen und Formen, durch die sich ‚Das-was-nicht-benannt-werden-kann' selbst aufteilt, um wie zwei oder wie viele zu erscheinen und um so die EINSHEIT von BEWUSSTSEIN/SEIN als BEWUSSTSEIN *und* SEIN erscheinen zu lassen.

Und der Verstand benutzt die gleichen Namen und Formen, um den scheinbaren Prozess zu beschreiben, durch den ‚Das-was-nicht-benannt-werden-kann' entdeckt, dass es nie zu etwas *wird*, dass es immer nur es selbst ist, es selbst ist, es selbst ist.

Jede der Aussagen hier ist lediglich vorübergehend wahr. Sie stimmt bezogen auf *eine* Aussage, ist aber falsch bezogen auf eine *andere*. Keine ist je *absolut* wahr.

Das Ziel jeder Aussage besteht darin, auf die Unrichtigkeit der vorangehenden hinzuweisen. Nur um dann darauf zu warten, selbst unmittelbar danach verworfen zu werden.

Jede Aussage ist ein *Vermittler* von WAHRHEIT, aber keine ist jemals wahr.

Der Geist (im weitesten Sinn des Wortes) besteht aus Konzepten und Erscheinungen. REALITÄT selbst kann er weder greifen noch begreifen.

Allerdings wird hier durch diesen Sprachgebrauch der Geist dafür verwendet, eher jene Erfahrung *hervorzurufen*, in der BEWUSSTSEIN sich selbst erkennt, als sie zu *beschreiben*.

In diesem Hervorrufen entsteht ein vorübergehender Ausdruck des ‚Das-was-nicht-benannt-werden-kann'. Wie eine Blume, die einen Moment lang blüht und den Duft ihres Ursprungs im Garten des NICHTWISSENS verströmt.

Klar sehen

Diese Betrachtungen dienen lediglich dazu, die essenzielle Natur der Erfahrung klar zu sehen. Es wird nicht versucht, sie zu verändern oder zu manipulieren, einen glücklichen oder friedlichen Zustand hervorzurufen, sich von Leiden zu befreien oder die Welt zu verändern. Es geht nur um das klare Sehen der wahren Natur unserer gegenwärtigen Erfahrung.

Dieses klare Sehen ist kein intellektuelles Verstehen, auch wenn es vorübergehend in intellektuellen Begriffen formuliert wird, wo die aktuelle Situation das erfordert. Vielmehr ist es direktes, intimes und unmittelbares Erkennen unserer selbst: wie wir in der und als die formlose Weite der Präsenz ruhen und gleichzeitig in der Energie und Lebendigkeit jeder Geste, jeder Nuance von Körper, Geist und Welt tanzen.

Klar zu sehen, was ist, hat eine tiefe Wirkung auf das Erscheinungsbild von Körper, Geist und Welt. Allerdings ist das nicht Zweck dieser Untersuchung. Sie verfolgt keinen Zweck, kein Ziel.

Selbst das Ziel, klar zu sehen, stellt sich letztlich als zu viel heraus. Es ist nur ein Dorn zum Entfernen eines Dornes, und wenn selbst die letzte Spur des Werdens sich im Verstehen aufgelöst hat, so wird auch dies aufgegeben und nur SEIN verbleibt.

Meistens ist dieses Untersuchen allerdings ein Vorspiel für das Offenbaren des SEINS. Wir beginnen mit Erfahrung und halten uns an sie. Wir beginnen nicht mit einer Theorie, einem Modell, einer

Landkarte oder einer Lehre, um dann zu versuchen, unsere Erfahrung an dieses Modell anzupassen. Überhaupt nichts wird als gegeben vorausgesetzt.

Wir beginnen mit Erfahrung, wir enden mit Erfahrung. Wir ermöglichen der nackten Klarheit der Erfahrung selbst, sich von der Bürde der Dualität zu befreien.

Wir betrachten einfach die Tatsachen der Erfahrung. „Stimmt dies für meine Erfahrung jetzt im Moment?" Dies ist der einzige Bezugspunkt.

Die wenigen Kernüberzeugungen und vorgefassten Ideen, die wir über die Natur unserer selbst und die Natur der Welt haben, werden in dieser unvoreingenommenen Untersuchung offengelegt. Wir machen nichts mit diesen Überzeugungen. Wir versuchen nicht, sie zu zerstören, sondern wir wollen sie nur offenlegen.

Überzeugung und Zweifel sind zwei Seiten der gleichen Medaille. Wenn eine Überzeugung aufgedeckt wird, so stellt sie sich entweder als richtig heraus (sie wird dann zur Tatsache und der implizite Zweifel ist somit aufgelöst) oder sie stellt sich als falsch heraus (Überzeugung und Zweifel finden dann ihr Ende).

Alle Gefühle und Verhaltensweisen, die auf dieser aufgedeckten Überzeugung beruhten, werden sich in angemessener Zeit ganz natürlich auflösen, da sie nicht länger von der Überzeugung genährt werden. Sie sterben an Vernachlässigung.

Diese Gefühle und Verhaltensweisen sind auf der Körperebene das Gegenstück zu den Überzeugungen und ihr Auflösen wird auf die gleiche Art erreicht. Was auf der Ebene des Geistes ein Abklären war, ist auf der Ebene des Körpers ein Erforschen.

Bei dieser Erforschung werden Gefühle und Verhaltensmuster aufgedeckt und dabei wird ihre Macht, zu trennen oder aufzuteilen, als nicht existent aufgezeigt. Trennung wird nicht nur als Illusion *verstanden*, sie wird als Illusion *empfunden*.

Die Gefühle, nicht länger von den Überzeugungen genährt, werden aufgedeckt und als das gesehen, was sie sind. Sie vergehen in der scharfen Präzision des klaren Sehens.

Das Auflösen von Überzeugungen und Gefühlen hat eine tiefgreifende Wirkung auf unser Leben, unsere Ideen, unsere Beziehungen, unsere Körper, unsere Arbeit, die Welt, einfach auf alles.

Und doch ist das Ziel dieses Abklärens und Erforschens nicht, etwas zu ändern. Das Ziel ist, klar zu sehen, was ist, und klares Sehen ist der Schrein, auf dem SEIN aufleuchtet.

Diese Art der Untersuchung ähnelt dem Anfertigen mehrerer MRT-Aufnahmen des gleichen Apfels. [MRT = Magnetresonanztomografie] Bei jeder Aufnahme liegt die Schnittebene im Apfel etwas anders, jede zeigt einen neuen Bereich, einen neuen Blickwinkel.

Der Apfel wird in diesem Prozess jedoch nie angerührt. Er bleibt immer, wie er ist, ganz, unberührt, unverändert, ungeteilt. Er scheint nur aufgeteilt zu werden und dieses scheinbare Aufteilen erlaubt ein vollständigeres Bild seiner wahren, ungeteilten Natur.

Genau so ist es mit unserer Erfahrung. Die Betrachtungen in diesem Buch sind wie MRT-Aufnahmen von unserer Erfahrung. Sie nähern sich der Erfahrung aus verschiedenen Richtungen an, öffnen sie, erforschen sie. Und doch bleibt unsere Erfahrung dabei immer eins.

Sie ist immer ein nahtloses, einheitliches Ganzes ohne Aufteilungen und ihre Natur ist immer reines Bewusstsein. Dies ist eine Erfahrungstatsache und es ändert sich nie, auch wenn wir denken, es wäre anders.

Die hier angewandte Art des Hinterfragens entstammt der Wahrheit direkter Erfahrung und führt daher dorthin zurück. Sie führt zur Realität der Erfahrung, zur Erfahrung von Bewusstsein, das sich wissentlich oder bewusst selbst erkennt. Sie ist gleichzeitig rücksichtslos und sanft und äußerst einfach.

Manchmal wird diese Art des Hinterfragens als intellektuell und abstrakt angesehen und scheint wenig Verbindung mit unserer alltäglichen Erfahrung zu haben. Dies hat seine Ursache jedoch nur darin, dass unsere herkömmlichen, dualistischen Konzepte von der Natur der Realität selbst so eng mit abstrakten und fehlerhaften Ideen verwoben sind, dass sie einer akribischen Dekonstruktion bedürfen.

Wird diese Herangehensweise als intellektuell und abstrakt angesehen, so wurde noch nicht erkannt, dass die Annahmen, die als normale Annahmen des gesunden Menschenverstandes betrachtet werden, selbst nur intellektuell und abstrakt sind – das heißt, sie haben mit den Tatsachen der Erfahrung wenig zu tun.

Am Ende dieses Buches wird hoffentlich klar sein, dass es tatsächlich unsere herkömmlichen Sichtweisen sind, die wenig mit unserer aktuellen Erfahrung von Moment zu Moment zu tun haben.

Und ich hoffe, dass im Kontrast dazu die hier formulierten Aussagen als einfache und offensichtliche Aussagen über die Natur unserer Erfahrung verstanden werden, soweit dies in den engen Grenzen unseres Geistes möglich ist.

So wird es zum Beispiel meist als unbestreitbare Tatsache des gesunden Menschenverstandes angesehen, dass der Körper und die Welt als physische Objekte in Raum und Zeit unabhängig und getrennt vom BEWUSSTSEIN existierten. Jeder Denkansatz, der andeutet, dass dies nicht der Fall sei, dass es vielleicht nur die Erfahrung von BEWUSSTSEIN gibt, das sich selbst in Objekten und als Objekte erkennt, wird manchmal als intellektuell und abstrakt angesehen.

Jedoch ist genau diese Idee selbst, dass der Körper und die Welt als Objekte in Raum und Zeit unabhängig und getrennt vom BEWUSSTSEIN existierten, intellektuell und abstrakt. Sie basiert nicht auf Erfahrung. Und die Idee, dass es nur die Erfahrung von BEWUSSTSEIN gibt, das sich selbst in Objekten und als Objekte erkennt, wird aus dem gleichen Grund zu einer selbstverständlichen, offensichtlichen und unbestreitbaren Tatsache der Erfahrung.

Physische Objekte erscheinen weiterhin, aber deren Erscheinen wird nicht länger mit REALITÄT verwechselt.

Es wäre sowieso ein Missverständnis, zu glauben, dass das Erscheinen von Objekten aufhören müsste, damit REALITÄT sich offenbaren könne. Es ist nur so, dass diese fehlerhafte Interpretation nicht länger der Erfahrung überlagert wird.

Der Körper und die Welt erscheinen weiterhin auf dieselbe Art, aber es wird klar gesehen, dass die *Erfahrung*, dass Körper und Welt erscheinen, gleichzeitig damit stattfindet, dass BEWUSSTSEIN um sich selbst weiß. Es ist die *gleiche*, es ist *eine* Erfahrung.

Die Erfahrung von BEWUSSTSEIN, wie es sich selbst wissentlich in allen Erscheinungen und als alle Erscheinungen erkennt, wird genauso offensichtlich und selbstverständlich wie zuvor die scheinbar offensichtliche und selbstverständliche Erfahrung, dass Objekte in Raum und Zeit existierten, unabhängig und getrennt von BEWUSSTSEIN.

Was wirklich und wahrhaftig *ist*

Das, was diese Worte sieht und versteht – was immer es auch sein mag –, das wird hier mit ‚Bewusstsein' bezeichnet. Es ist das, was wir unserer Erkenntnis nach sind, was wir mit ‚Ich' bezeichnen.

Alles, um was gewusst wird, um das wird *durch* Bewusstsein gewusst. Also ist alles, um was gewusst wird, nur so gut wie unser Wissen vom Bewusstsein.

Was wissen wir über Bewusstsein?

Wir wissen, Bewusstsein *ist*, und um alles wird *von* und *mittels* des Bewusstseins gewusst. Doch Bewusstsein selbst kann nicht Objekt dieses Wissens sein.

Hätte Bewusstsein irgendwelche objektiven Eigenschaften, die man erkennen könnte, so wäre Bewusstsein selbst das, was sich dieser Eigenschaften bewusst wäre, und es wäre somit unabhängig von ihnen. Daher können wir nichts Objektives über Bewusstsein wissen.

Wenn wir also nicht wissen, *was* Bewusstsein ist, was ‚ich' bin, aber wissen, *dass* es ist, und wenn alles, was wir erfahren, *vom* oder *durch* dieses wissende Bewusstsein gewusst wird, wie können wir wissen, was *irgendetwas* wirklich ist?

Alles, was wir sicher über ein Objekt wissen können, ist, dass es *ist*, und diese Eigenschaft von „Ist-heit" wird hier mit Sein oder Existenz bezeichnet. Es ist jener Teil unserer Erfahrung, der real ist, der Bestand hat, der keine flüchtige Erscheinung ist. Daher wird dieser Teil auch als Realität der Erfahrung bezeichnet.

Wir wissen, dass BEWUSSTSEIN gerade anwesend ist, und wissen, dass, was auch immer gerade erfahren wird, existiert. Es hat EXISTENZ.

Wenn wir denken, dass wir etwas Objektives über uns oder die Welt wissen, dann wird das, von dem wir denken, dass wir es wissen, unsere weiteren Untersuchungen der Natur der Wahrnehmung beeinflussen. Also müssen wir, bevor wir wissen, was etwas ist, sofern dies überhaupt möglich ist, zunächst verstehen, dass wir *nicht* wissen, was irgendetwas wirklich ist.

Daher hat das Abklären unserer eigenen Natur und der Natur der Welt der Objekte anfänglich mehr damit zu tun, tief verankerte Ideen und Vorstellungen darüber offenzulegen, wie unserer Meinung nach die Dinge sind, als damit, neues Wissen anzusammeln. Es geht um das Aufdecken unserer falschen Sicherheiten.

Wird erst einmal eine Vorstellung, die wir als *Tatsache* angesehen haben, als *Vorstellung* aufgedeckt, so fällt sie auf ganz natürliche Art fort. Ob mehr erreicht werden muss als das Aufdecken unserer falschen Ideen über die Natur der Dinge, wird sich noch zeigen. Das können wir nicht wissen, solange nicht alle falschen Ideen entfernt wurden.

Viele unserer Ideen und Vorstellungen über uns selbst und die Welt sind so tief verwurzelt, dass wir ihrer nicht als Vorstellungen gewahr sind, sondern sie, ohne sie zu hinterfragen, als absolute Wahrheiten hinnehmen.

So nehmen wir zum Beispiel an, dass wir ein Körper seien, ein Mann oder eine Frau, und dass wir geboren seien und sterben würden. Wir denken, dass wir ein Wesen unter unzählbaren anderen

Wesen seien und dass dieses Wesen seinen Sitz irgendwo im Körper habe, meistens hinter den Augen oder im Brustbereich.

Wir denken, dass wir das Subjekt unserer Erfahrung seien und alle anderen und alles andere das Objekt. Wir denken, dass wir, als dieses Subjekt, die Ausführenden unserer Handlungen, die Denker unserer Gedanken, die Fühlenden unserer Gefühle, die Entscheider bei unseren Entscheidungen seien. Wir glauben, dass dieses Wesen, als das wir uns betrachten, in manchen Bereichen der Erfahrung die freie Wahl habe und in anderen Bereichen nicht.

Wir glauben, dass Raum und Zeit tatsächlich erfahren würden, dass sie vor uns existierten und weiter existieren werden, wenn wir gestorben sind.

Wir denken, dass Objekte unabhängig davon existierten, dass sie wahrgenommen werden, dass BEWUSSTSEIN etwas Persönliches und Begrenztes sei, ein Nebenprodukt des Geistes, und dass der Geist ein Nebenprodukt des Körpers sei.

Diese Vorstellungen und viele weitere werden als so offensichtlich wahr angesehen, dass es gar nicht notwendig erscheint, sie zu hinterfragen. Sie alle zusammen ergeben eine Religion des Materialismus, der sich die große Mehrheit der Menschheit verschreibt. Besonders überraschend ist dies in den Bereichen des Lebens, die vorgeben, sich explizit mit Fragen zur Natur von REALITÄT zu beschäftigen, wie zum Beispiel Religion, Philosophie und Kunst.

Der einzig verfügbare Bereich für Untersuchungen ist Erfahrung. Das scheint zu offensichtlich, um es zu erwähnen, aber die Folgerungen reichen tief. Es impliziert, dass wir nie etwas *außerhalb* von

Erfahrung erfahren. Falls es etwas außerhalb von Erfahrung gibt, haben wir absolut kein Wissen darüber und somit auch keine Berechtigung anzunehmen, dass es existiert.

Dies wiederum bedeutet, dass wir, wenn wir eine aufrichtige Untersuchung der Natur von REALITÄT vornehmen wollen, alle Vorannahmen verwerfen müssen, die *nicht* aus direkter Erfahrung hergeleitet sind; derartige Vorannahmen bezögen sich nämlich nicht auf die Erfahrung selbst und daher auch nicht auf uns selbst oder die Welt. Wenn wir aufrichtig bei unserer Erfahrung bleiben, werden wir überrascht bemerken, wie viele unserer Annahmen und Voraussetzungen sich als unhaltbare Vorstellungen herausstellen.

Jegliche Erfahrung findet hier und jetzt statt, also muss die Natur von REALITÄT, was immer dies ist, in der Intimität und Unmittelbarkeit der momentanen Erfahrung gegenwärtig sein.

‚ICH', BEWUSSTSEIN, ist gegenwärtig und *irgendetwas*, was immer es auch sei – diese Worte, Verkehrsgeräusche, ein Gefühl von Traurigkeit –, ist ebenfalls gegenwärtig.

Wir wissen nicht, was dieses Bewusstsein ist. Und auch nicht, was die REALITÄT dieser Worte oder der momentanen Erfahrung ist. Allerdings ist da das *BEWUSSTSEIN* von ‚etwas' und da ist die *EXISTENZ* von diesem ‚etwas'. Beide sind in der momentanen Erfahrung gegenwärtig.

In welcher Beziehung stehen die beiden?

Der Verstand, als Teil des Geistes, hat ein machtvolles Geflecht von Konzepten über REALITÄT aufgebaut, das wenig mit tatsächlicher Erfahrung zu tun hat. Als Folge hat BEWUSSTSEIN sich vor sich selbst verborgen. Diese Konzepte wurden vom Verstand erschaffen und daher ist ihre Dekonstruktion eine der Methoden, mittels derer BEWUSSTSEIN wieder dahin kommt, sich selbst zu erkennen – das heißt, sich selbst wieder zu kennen.

BEWUSSTSEIN weiß immer um sich selbst. Durch dieses Dekonstruieren von Konzepten gelangt BEWUSSTSEIN allerdings dahin, nicht durch den reflektierten Schleier scheinbarer Objekte um sich zu wissen, sondern wissentlich, bewusst und direkt.

In diesem Prozess werden die Konzepte nicht zerstört. Sie stehen nach wie vor zur Verfügung, falls sie benötigt werden.

Die Betrachtungen in diesem Buch berücksichtigen, dass der Zweck der hier gezogenen Schlussfolgerungen nicht darin besteht, einen Rahmen oder ein Verständnis für REALITÄT zu schaffen. Allerdings berücksichtigen sie auch, dass der Verstand komplexe und überzeugende Ideen konstruiert hat, die ein Bild unserer selbst und der Welt postulieren, das weit von den Tatsachen unserer Erfahrung entfernt ist.

Diese Ideen haben uns davon überzeugt, dass es eine Welt gibt, die getrennt und unabhängig vom BEWUSSTSEIN existiert. Und sie haben uns dazu bewegt, anzunehmen, dass ‚ICH', das BEWUSSTSEIN, das diese Worte sieht, ein Wesen sei, das im Körper wohne, dass es geboren worden sei und sterben werde. Und dass es das *Subjekt* der Erfahrung sei, während alles andere, die ‚Welt', ‚anderes', das *Objekt* sei.

Auch wenn das nie unserer tatsächlichen Erfahrung entspricht, so ist doch der Verstand so überzeugend, dass wir uns selbst betrügen und denken, dass wir wirklich diese beiden Elemente erleben: die Welt getrennt und separat von unserem SELBST und unser SELBST als getrenntes und unabhängiges BEWUSSTSEIN.

In der *unvoreingenommenen* Betrachtung unserer Erfahrung wägen wir die Tatsachen unserer Erfahrung gegen diese Ideen ab.

Die Ideen, die der Verstand, ein Teil des Geistes, von der Natur der REALITÄT, von der Natur der Erfahrung hat, werden in dieser unvoreingenommenen Betrachtung als nicht zutreffend offengelegt.

Alle spirituellen Traditionen bestätigen, dass REALITÄT nicht mit dem Verstand erfasst werden kann. Als Ergebnis dieses Verständnisses bestreiten einige Lehren, dass der Verstand ein zulässiges Instrument des Hinterfragens oder Erforschens darstelle.

Es trifft zu, dass BEWUSSTSEIN jenseits des Verstandes ist und daher mit dessen abstrakten Konzepten nicht erfasst werden kann. Aber dies entwertet keineswegs den Nutzen des Verstandes bei dem Bemühen, die Natur von BEWUSSTSEIN und REALITÄT zu erforschen.

Ignoranz besteht aus Vorstellungen und Vorstellungen sind bereits eine Aktivität des Verstandes. Wenn wir die Zulässigkeit des Verstandes leugnen, warum sollten wir ihn dann verwenden, um Vorstellungen zu beherbergen?

Indem wir diese Worte lesen, stimmen wir bewusst oder unbewusst zu, dass wir die Zulässigkeit des Verstandes sowie seine Begrenzungen akzeptieren.

Wir betrachten den Verstand trotz seiner Begrenzungen als glaubwürdig. Wir würdigen seine Fähigkeit, mitzuhelfen, die Aufmerksamkeit auf das zu lenken, was jenseits von ihm selbst oder außerhalb der Sphäre unseres Wissens ist.

Es wäre unaufrichtig, den Verstand zu verwenden, um seine eigene Zulässigkeit zu leugnen. Dass wir den Verstand nutzen, bestätigt seine Zulässigkeit. Und es ist etwas anderes, den Verstand zu nutzen, um seine Grenzen zu verstehen.

Am Ende eines Prozesses, in dem die Natur der Erfahrung erforscht wird und bei dem der Verstand seine Fähigkeiten des konzeptuellen Denkens voll eingesetzt hat, kann es gut sein, dass der Verstand die Grenzen seiner Fähigkeit, Wahrheit zu erfassen, erkennt und, als Resultat, spontan zu einem Ende kommt. Dass er, sozusagen, von innen heraus zusammenbricht.

Aber dies ist eine ganz andere Situation, als wenn dem Verstand jegliche (auch eine vorübergehende) Glaubwürdigkeit abgesprochen würde, und zwar auf der Grundlage, dass nichts, was er über REALITÄT äußere, letztlich wahr sein könne.

Das Offenlegen von Überzeugungen und Gefühlen, die vorgefassten, unbegründeten Vorstellungen über REALITÄT entspringen, eröffnet eine neue Herangehensweise, eine weitere Möglichkeit.

Diese Möglichkeit kann nicht vom Verstand erfasst werden, da sie jenseits des Verstandes liegt. Aber die Hindernisse auf dem Weg dorthin werden in dieser Untersuchung offengelegt und aufgelöst.

Sie werden aufgelöst, indem wir offen sind für die Möglichkeit, dass wir in diesem Moment tatsächlich nur eine Sache erfahren, dass

Erfahrung nicht aufgeteilt ist in ‚ich' und ‚anderes', in Subjekt und Objekt, das Ich und die Welt, BEWUSSTSEIN und EXISTENZ.

Wir sind offen für die Möglichkeit, dass es nur ein einziges, nahtloses Ganzes gibt, dass BEWUSSTSEIN und EXISTENZ eins sind, dass es nur *eine* REALITÄT gibt.

Das Flechtwerk dualistischer Ideen, das durch Erfahrung bestätigt zu werden *scheint*, ist geschickt konstruiert, es beinhaltet Überzeugungen auf der Ebene des Geistes und Gefühle auf der Ebene des Körpers. Sie alle sind dicht ineinander verwoben und begründen und bestätigen sich gegenseitig.

Durch die unvoreingenommene Betrachtung dieser Ideen und Gefühle wird das Geflecht entwirrt. Wir sehen klar, dass unsere Ideen nicht mit unserer Erfahrung übereinstimmen. Das bahnt den Weg dafür, dass Erfahrung sich so zeigen kann, wie sie wirklich ist und wie sie immer ist, frei von der Ignoranz dualistischen Denkens.

Wir beginnen, uns und die Welt so zu erfahren, wie sie wirklich sind.

Unsere Erfahrung selbst ändert sich nicht, aber wir *spüren*, dass sich etwas ändert. REALITÄT bleibt so, wie sie immer ist, denn sie ist, was sie ist, unabhängig von unseren Ideen über sie.

Aber unsere *Interpretation* ändert sich und diese neue Interpretation wird zum Grundstein einer neuen Möglichkeit.

Diese neue Möglichkeit kommt aus einer unbekannten Richtung. Sie kommt nicht als ein Objekt, nicht als Gedanke, nicht als Gefühl. Sie wird meist durch eine Reihe von Enthüllungen offenbart, von denen jede Teile des früheren Flechtwerks dualistischen Denkens demontiert.

Und die Entwicklung dieser Enthüllung hat wiederum einen tiefen Einfluss auf das Erscheinen von Körper, Geist und Welt.

Bewusstsein verschleiert sich vor sich selbst, indem es vorgibt, sich auf ein separates Wesen zu beschränken, und dann vergisst, dass es dies nur vorgibt.

Als Folge dieser Selbstbeschränkung projiziert Bewusstsein alles, was nicht dieses ‚separate Selbst' ist, nach außerhalb seiner selbst. Diese Projektion ist das, was wir ‚die Welt' nennen. So wird die Trennung zwischen ‚ich' und ‚die Welt' geboren.

In Wirklichkeit hat diese Trennung nie stattgefunden. Suchen wir nach ihr, so können wir sie nie finden. Ignoranz ist eine Illusion. Es ist eine Illusion, die durch die konzeptuellen Kräfte des Verstandes, durch falsche Vorstellungen eingehämmert wird.

Diese Vorstellungen werden durch einen Prozess irregeführten Denkens erschaffen und aufrechterhalten, der keine Beziehung zur tatsächlichen Erfahrung aufweist. Das Auflösen dieser Vorstellungen wird erreicht, indem sie erforscht und aufgedeckt werden. Dabei dient direkte Erfahrung als Vergleichsmaßstab.

In diesem Prozess des Erforschens wird nichts Neues erschaffen. Das Ziel besteht nicht in Erleuchtung oder Selbstverwirklichung. Es besteht einfach darin, klar zu sehen, was ist.

Unsere Vorstellungen und Ideen sind die Wurzeln psychischen Leidens und werden durch einen Prozess kontemplativer Untersuchung demontiert.

Was wir im Allgemeinen als eine Untersuchungsreihe ansehen, beginnt mit Annahmen, die als in sich wahr gelten. In dieser Betrachtung beginnen wir mit den gleichen Annahmen, messen sie aber an der Wahrheit unserer Erfahrung. Wir bauen nicht auf ihnen auf, sondern wir zerlegen oder dekonstruieren sie.

Dieses Vorgehen führt zu einem Verstehen, das nicht im Verstand stattfindet. Es ist jenseits des Verstandes. Es ist ein Moment, in dem BEWUSSTSEIN sich selbst direkt und wissentlich erfährt.

Verstehen wird genau so wenig durch einen Prozess im Verstand *herbeigeführt* wie blauer Himmel durch Löcher in der Wolkendecke. Und es kann doch dadurch *offenbart* werden.

Dem Verstehen gehen oft eine Reihe von Untersuchungen voraus und später kann das Verstehen durch den Verstand formuliert werden. Eine derartige Formulierung, die dem Verstehen entspringt und nicht den Konzepten, hat die Kraft, uns zur Erfahrung der REALITÄT zu führen.

Durch die Kraft seines logischen Denkens wird der Verstand an seine eigenen Grenzen gebracht und als Resultat bricht das Gebäude des Verstandes zusammen. Dies ist die Erfahrung des Verstehens, der zeitlose Moment, in dem BEWUSSTSEIN sich selbst offenbart wird.

BEWUSSTSEIN nimmt sich selbst wahr. Es kennt sich selbst wissentlich.

Alles fügt sich zusammen

ICH, dieses BEWUSSTSEIN, das diese Worte sieht und das erfährt, was auch immer in diesem Moment erfahren wird, ist nicht in einem Geist angesiedelt. Der Geist ist nicht in einem Körper angesiedelt und der Körper nicht in einer Welt.

Der Körper ist lediglich die *Empfindung* des Körpers und die Welt ist lediglich die *Wahrnehmung* der Welt.

Entfernen Sie Empfinden und Wahrnehmen von der Erfahrung des Körpers und der Welt. Welche ihrer objektiven Eigenschaften verbleiben dann? Keine!

Empfindungen und Wahrnehmungen sind aus Geist gemacht – das bedeutet, sie sind aus Empfinden und Wahrnehmen gemacht.

Keine weitere Substanz außer Empfinden und Wahrnehmen ist an ihnen beteiligt.

Gäbe es eine weitere Substanz, unabhängig von Empfinden und Wahrnehmen, aus der der Körper und die Welt bestünde, so bliebe diese Substanz übrig, nachdem Empfinden und Wahrnehmen zurückgezogen wären.

Aber nichts Objektives verbleibt von der Erfahrung des Körpers und der Welt, nachdem Empfinden und Wahrnehmen abgezogen worden sind.

Wenn wir uns die Substanz des Geistes, die Substanz des Empfindens und Wahrnehmens, mit voller Klarheit anschauen, bemerken wir, dass diese nichts anderes ist als das Bewusstsein, in dem sie erscheint.

Gäbe es eine andere Substanz außer Bewusstsein, aus der der Geist bestünde, so bliebe diese Substanz übrig, nachdem das Bewusstsein von der Erfahrung des Geistes abgezogen wäre. Aber nachdem Bewusstsein vom Geist zurückgezogen worden ist, verschwindet der Geist völlig und nur Bewusstsein bleibt zurück.

Der Geist, der Körper und die Welt sind *im* Bewusstsein angesiedelt und nur *aus* Bewusstsein gemacht. Das ist unsere Erfahrung.

Dies ist keine *neue* Erfahrung, zu der man durch Untersuchung oder Meditation gelangt. Dies war schon immer unsere Erfahrung. Wir haben sie vielleicht nur nicht bemerkt. Beim Meditieren bemerken wir einfach, dass dies schon immer und auch jetzt so ist.

Versuchen wir, das wahrnehmende Bewusstsein als Objekt wahrzunehmen, so merken wir, dass dies unmöglich ist.

Nehmen wir als Analogie zum Bewusstsein den physikalischen Raum, also das, was alles beinhaltet. Stellen wir uns vor, dass dieser Raum, so wie Bewusstsein, bewusst ist, gewahr ist, dass er die Fähigkeit besitzt, wahrzunehmen, zu sehen, zu erfahren. Dass es ein ‚wahrnehmender Raum' ist.

Stellen Sie sich nun vor, was dieser Raum wahrnehmen würde, wenn er nach sich selbst Ausschau hielte, wenn er also versuchte, sich selbst anzuschauen.

Er sähe nichts Objektives, denn Raum kann nicht wahrgenommen werden. Er ist leer, transparent, farblos und unsichtbar. Dieser ‚wahrnehmende Raum' wäre sich selbst zu nahe, als dass er sich sehen könnte.

Der Raum, nach dem Ausschau gehalten wird, ist der Raum, der Ausschau hält.

Nur ein Objekt kann objektiv, als Gegenstand wahrgenommen werden; also sähe dieser wahrnehmende Raum nur die Objekte, die in ihm enthalten sind, aber nicht den Raum selbst.

Nun haben wir aber angenommen, dass dieser Raum, genau wie BEWUSSTSEIN, mit der Fähigkeit des Erfahrens ausgestattet ist, dass es ein ‚erfahrender Raum' ist. Also ist es nicht nötig, dass er nach sich selbst Ausschau hält, da er sich per Definition bereits selbst wahrnimmt. Er erfährt sich bereits selbst, weil dies das ist, was er ist. Seine Natur ist das ‚Erfahren'.

Er selbst zu sein *ist* das Wissen um sich selbst oder das Erfahren seiner selbst.

Aber die Erfahrung des ‚Sich-selbst-Erfahrens' ist farblos, transparent und unsichtbar. Sie hat keine objektiven Eigenschaften. Es gibt nichts, was *objektiv* erfahren wird.

Und da dieser bewusste Raum daran gewöhnt ist, ‚Objekte' zu erfahren, deutet er diese ‚nicht-objektive' Erfahrung seiner selbst, diese farblose, transparente, unsichtbare Erfahrung, als ‚Nicht-Erfahrung'. Er glaubt, dass er selbst, dieser bewusste Raum, nicht gegenwärtig sei.

An dieser Stelle hat der Raum drei Wahlmöglichkeiten:

Die erste ist, nach sich selbst als objektiver Erfahrung zu suchen, ohne zu verstehen, dass er sich bereits selbst erfährt und sich daher niemals irgendwo anders finden kann.

Die zweite Möglichkeit ist, sich mit einigen der gegenwärtigen Objekte zu identifizieren und so das Gefühl von Identität zu befriedigen, das ihm innewohnt. Dabei verwechselt er seine eigene Identität mit der eines Objekts.

Die dritte ist, klar zu sehen, dass er bereits nur sich selbst erfährt und dass dies schon immer so war.

Was auch immer gesehen oder wahrgenommen wird, ist ein Objekt, ein Objekt des Geistes, des Körpers oder der Welt.

Was auch immer wahrgenommen wird, ist nicht dieses wahrnehmende Bewusstsein. Es ist ein Objekt, das *dem* wahrnehmenden Bewusstsein erscheint und das *in* ihm erscheint.

Wenn Bewusstsein nicht als ein Objekt wahrgenommen werden kann, woher wissen wir dann, dass es eine Beschränkung hat?

Erfahren wir eine Beschränkung dieses wahrnehmenden Bewusstseins?

Es ist unmöglich, eine Beschränkung des Bewusstseins zu erfahren, denn eine derartige Beschränkung hätte definitionsgemäß objektive Eigenschaften.

Eine solche scheinbare Beschränkung müsste ein Objekt sein und erschiene somit, wie alle Objekte, selbst *im* Bewusstsein. Bewusstsein wäre dieser Beschränkung *gewahr*, aber nicht durch sie *definiert*.

Jedes Objekt, das im Bewusstsein erscheint, teilt uns nichts anderes über Bewusstsein mit, als dass Bewusstsein gegenwärtig und gewahr ist, dass es *ist*. So, wie ein Stuhl uns mitteilt, dass der Raum, in dem er erscheint, gegenwärtig ist.

Daher haben wir keine tatsächliche Erfahrung einer Beschränkung des Bewusstseins.

Und wenn es keinen auf Erfahrung basierenden Beleg dafür gibt, dass Bewusstsein einer Beschränkung unterliegt, wie kommen wir dann darauf, anzunehmen, dass es *persönlich* sei? Warum denken wir, dass *wir*, als Bewusstsein, ein individuelles Wesen in einem Körper seien?

Gedanken haben Beschränkungen. Körper haben Beschränkungen. Die Welt hat Beschränkungen. Aber es gibt keinen auf Erfahrung beruhenden Beleg für die Idee, dass Bewusstsein, in dem Geist, Körper und Welt erscheinen, Beschränkungen hätte oder persönlich wäre.

Wenn wir behaupten, dass Bewusstsein Beschränkungen habe, so muss es, per Definition, eine Erfahrung dieser Beschränkungen geben und somit eine Erfahrung dessen, was *außerhalb* dieser Beschränkungen existiert, dessen, was Bewusstsein *eingrenzt.*

Wie aber könnten wir die Erfahrung eines derartigen Objekts haben, wenn dieses Objekt selbst außerhalb der Schranken des Bewusstseins läge? Wie könnten wir uns eines Objekts *jenseits* des Bewusstseins bewusst sein?

Bewusstsein ist Voraussetzung für jede Erfahrung und es ist daher, per Definition, unmöglich, etwas außerhalb von Bewusstsein zu erfahren. Und wenn wir ein derartiges Objekt nicht erfahren, wie können wir dann behaupten, dass irgendetwas außerhalb von Bewusstsein existiert?

Wir haben keine Erfahrung, dass etwas außerhalb von Bewusstsein existiert, und daher haben wir keine Erfahrung eines begrenzten oder persönlichen Bewusstseins.

Bewusstsein ist transparent, farblos, selbstleuchtend, selbsterfahrend, selbsterkennend, selbstverständlich. Dies ist unsere Erfahrung in diesem Moment.

Bewusstsein ist Allgegenwärtigkeit, weil es nichts gibt, wo Bewusstsein nicht ist. Nicht, dass Bewusstsein *überall* wäre. Sondern ‚überall' ist *im* Bewusstsein.

Bewusstsein ist pures Wissen, weil alles, was gewusst wird, *durch* und *mittels* des Bewusstseins gewusst wird. Es weiß alles, was gewusst wird.

Es ist ALLMÄCHTIGKEIT, weil alles, was erscheint, in seiner EXISTENZ nur von BEWUSSTSEIN abhängig ist. Was immer erscheint, entsteht *aus* BEWUSSTSEIN, wird *durch* BEWUSSTSEIN aufrechterhalten und *in* BEWUSSTSEIN aufgelöst. BEWUSSTSEIN erschafft alles aus seinem eigenen Sein heraus.

BEWUSSTSEIN kann nicht durch den Geist erkannt werden. Der Geist ist ein Objekt. Er weiß nichts. Vielmehr gilt umgekehrt: BEWUSSTSEIN weiß um den Geist.

Daher kann BEWUSSTSEIN nicht vom Geist beschrieben werden. Die Bilder und Metaphern, die hier in diesen Betrachtungen verwendet werden, sind keine *Beschreibungen* des BEWUSSTSEINS. Sie sind ein *Hervorrufen* des BEWUSSTSEINS.

Sie sind ein Hervorrufen der nicht-objektiven Erfahrung des BEWUSSTSEINS, wie es um sich selbst weiß, sich selbst erkennt, sich an sich selbst erinnert. Sie sind Einladungen von BEWUSSTSEIN an BEWUSSTSEIN, *wissentlich* oder bewusst es selbst zu sein.

Wenn wir keine Erfahrung von Grenzen oder Beschränkungen des BEWUSSTSEINS haben und keine Erfahrung eines persönlichen BEWUSSTSEINS, woher wissen wir dann, dass das BEWUSSTSEIN ‚in Ihnen' und das BEWUSSTSEIN ‚in mir' verschieden sind? In unserer Erfahrung gibt es keinen Beleg dafür, dass sie unterschiedlich sind, noch einen Beleg dafür, dass es mehr als *ein* BEWUSSTSEIN gibt.

Der Geist kann nichts vom BEWUSSTSEIN wissen und doch *ist* gleichzeitig alles, was durch den Geist gewusst wird, das PURE WISSEN des BEWUSSTSEINS.

BEWUSSTSEIN kann sich selbst nicht in den Grenzen des Geistes definieren, auch wenn alles, was im Geist erscheint, Ausdruck des BEWUSSTSEINS ist.

Im Zuge unserer Untersuchung gelangen wir zu dem Verständnis, dass es keinen auf Erfahrung basierenden Beleg für ein separates, persönliches, begrenztes BEWUSSTSEIN gibt. Weiter kann der Geist nicht gehen.

Indem wir zu dieser tiefen Überzeugung gelangen, öffnen wir uns für eine andere, weitere Möglichkeit, die Möglichkeit, dass es nur *ein* BEWUSSTSEIN gibt. Wir erproben diese neue Möglichkeit in unserem Leben, experimentieren mit ihr und die Antwort, die wir vom Universum in unserer tatsächlichen Erfahrung erhalten, ist die Bestätigung dieser Möglichkeit.

Und während diese Überzeugung tiefer und tiefer wird, wird die Bestätigung durch das Universum immer offensichtlicher. Alles fügt sich zusammen.

Wie bei einer Landschaft, die sich ohne unser Zutun allmählich aus dem Nebel schält, so wird es ohne unser Zutun immer offensichtlicher, dass wir, BEWUSSTSEIN, immer nur unser eigenes, unbegrenztes SELBST erlebt haben und dass die Erfahrung der Welt die Offenbarung unseres eigenen, unbegrenzten und ewigen SEINS ist.

Das Beste, was der Geist (zu dem auch der Verstand gehört) unternehmen kann, ist, seine eigenen Grenzen zu erforschen und so zu dem Schluss zu gelangen, dass er weder weiß noch wissen kann, was irgendetwas wirklich ist.

Allerdings ist dies nur eine sprachliche *Umschreibung*. Es gibt keinen Verstand, keinen Geist. Der Geist ist nur der momentane Gedanke, wenn es einen momentanen Gedanken gibt. Und ein momentaner Gedanke kann nichts tun oder erforschen, genauso wenig, wie ein Laternenpfahl etwas tun oder erforschen kann.

Wenn wir sagen, dass der Geist seine eigenen Grenzen erforschen könne, so verwenden wir konventionelle, dualistische Sprache. Es sollte aber daraus nicht der Schluss gezogen werden, dass die impliziten dualistischen Vorannahmen, die in unserer Sprache eingebettet sind, hier stillschweigend geduldet werden.

Sagen wir, dass der Geist seine eigenen Grenzen erforschen könne, so sagen wir tatsächlich, dass BEWUSSTSEIN, das PURE WISSEN, welches BEWUSSTSEIN *ist*, die Gestalt abstrakten Denkens annimmt und mittels dieser Gestalt die eigene Fähigkeit erforscht, sich selbst in den abstrakten Begriffen der Gedanken zu repräsentieren.

Und dabei entdeckt es, dass die abstrakten Konzepte des Geistes nicht seine direkte, vertraute Erfahrung seiner selbst repräsentieren.

Es ist das Forschen und anschließende Entdecken, dass BEWUSSTSEIN durch den Geist, durch Denken weder gefunden noch repräsentiert werden kann, was diese Suche nach sich selbst im Geist wirklich zu Ende gehen lässt.

Und während der Geist im Suchen und Denken zu einem Ende kommt, wird das offenbart, was als Träger und Substanz des Geistes allgegenwärtig ist.

Dies ist die Erfahrung des Verstehens. Sie ist eine ‚nicht-objektive' Erfahrung und somit zeitlos.

Allerdings wird diese Entdeckung nicht durch das Verstummen des Geistes *verursacht*, ebenso wenig wie Licht durch Beenden von Dunkelheit verursacht wird. Es ist die Argumentationskette, die den Geist zu seinem natürlichen Ende führt, und während der Geist sich auflöst, wird das, was versteht, offenbart.

Während des Erscheinens des Geistes *ist* ‚Das-was-allgegenwärtig-ist' die Substanz dieser Erscheinung und gleichzeitig scheinbar als jene Erscheinung verkleidet. In diesem Fall erkennt BEWUSSTSEIN sich selbst nicht.

Sobald jedoch dieses Verstehen, diese SELBST-ERKENNTNIS erst einmal stattgefunden hat, braucht BEWUSSTSEIN sich nicht mehr länger während des Erscheinens des Geistes (oder des Körpers oder der Welt) zu vergessen. Es erkennt sich selbst *in* und *als* die Aktivitäten des Geistes und auch in der Abwesenheit des Geistes.

Wodurch diese SELBSTERKENNTNIS hervorgebracht wird, ist ein Mysterium. Es ist so, als würde man in einen Spiegel schauen und ausrufen: „Oh, das bin ich!"

In dieser SELBSTERKENNTNIS entsteht das gefühlte Verstehen, dass BEWUSSTSEIN schon immer nur sich selbst erfahren hat. Es wird offensichtlich, dass keine neue Erfahrung stattgefunden hat.

Es wird verstanden, dass diese Erfahrung, sich selbst zu kennen, schon immer stattgefunden hat und dass es auch immer schon *nur* diese Erfahrung war, die stattfand. Und dass es daher keinen Sinn ergibt, einer Erfahrung, die schon immer gegenwärtig war, eine Ursache zuzuschreiben.

Nach einer Ursache dieser SELBSTERKENNTNIS zu suchen ist, genau wie die Suche nach ihrer Begründung, in sich selbst ein Leugnen der SELBSTERKENNTNIS. Und dieses Leugnen stellt wiederum gleichzeitig die Gestalt dar, die jene allgegenwärtige SELBSTERKENNTNIS zu diesem Zeitpunkt annimmt.

Wie kann man sagen, dass das, was die Grundlage, die Ursache aller Dinge ist, eine Ursache habe? Was könnte die Ursache für BEWUSSTSEIN sein, wenn jeder potenzielle Kandidat für eine solche Ursache selbst *durch* BEWUSSTSEIN verursacht ist?

BEWUSSTSEIN ist seine eigene Ursache. Das ist gleichbedeutend mit der Aussage, dass es *ohne* Ursache ist.

Verweilen, wie wir sind

Meditation besteht einfach darin, als das zu verweilen, was man ist.

Wir bleiben, wie wir sind, und erlauben dem Geist und der Welt zu erscheinen und zu verschwinden, ohne uns dabei einzumischen. Wenn Einmischen stattfindet, so wird dies als Teil der Aktivitäten des Geistes verstanden und es wird erlaubt, dass dies so ist, wie es ist.

Unsere objektive Erfahrung besteht aus Gedanken und Bildern, die wir als den Geist bezeichnen, aus Empfindungen, die wir Körper nennen, und aus Sinneswahrnehmungen, die wir als die Welt bezeichnen. Dabei werden ein Geist, ein Körper, eine Welt als solche nicht erfahren. Wir erfahren Denken, Fühlen und Wahrnehmen.

Genau genommen nehmen wir nur unsere Wahrnehmungen wahr. Wir haben keinen Beweis, dass eine Welt außerhalb unserer Wahrnehmung einer Welt existiert. Wir nehmen keine Welt ‚da draußen' wahr. Wir nehmen unsere *Wahrnehmung* der Welt wahr und jegliche Wahrnehmung geschieht im BEWUSSTSEIN.

Beim Meditieren erlauben wir einfach diesem Denken/Fühlen/Wahrnehmen, von Moment zu Moment zu sein, was immer es ist. Dieses Denken/Fühlen/Wahrnehmen bewegt und verändert sich ständig. Wir erlauben ihm einfach, durch uns hindurchzufließen, zu erscheinen, zu verweilen und zu verschwinden. Das ist sowieso alles, was je geschieht.

Dasjenige, in dem dieses Denken/Fühlen/Wahrnehmen erscheint, ist das, was wir ‚Ich' nennen. Es ist die bewusste, bezeugende PRÄSENZ, die erfährt, was immer von Moment zu Moment erfahren wird.

Diese bezeugende PRÄSENZ braucht man nicht bewusst zu machen. Sie ist bereits bewusst. Man braucht sie nicht friedlich zu machen. Sie ist bereits friedlich. Man braucht sie nicht zu erwecken. Sie ist bereits und immer schon wach. Man braucht sie nicht unbegrenzt und unpersönlich zu machen. Sie ist bereits so.

Und man braucht nicht den Geist, den Körper und die Welt friedlich zu machen. Sie bewegen und verändern sich ständig.

Wir bleiben, wie wir sind, und wir erlauben dem Geist, dem Körper und der Welt, zu sein, wie sie sind.

Indem wir dies tun, kehren der Geist, der Körper und die Welt allmählich an ihren wahren Ort zurück und ihre Natur wird offenbar. Wir sehen, dass sie nie wirklich ihren wahren Ort verlassen haben, dass sie nie etwas anderes waren, als was sie wirklich sind. Wir hören einfach damit auf, sie als entfernt, getrennt und anders anzusehen, und als Ergebnis dessen hören sie auf, so zu erscheinen.

Stellen Sie sich ein Zimmer vor, das mit Menschen gefüllt ist, die miteinander sprechen. In dieser Metapher ist der Raum des Zimmers, also das, was von dem Zimmer umfasst wird, die bewusste, bezeugende PRÄSENZ, die wir ‚ICH' nennen. Die Menschen sind

Gedanken und Bilder, körperliche Empfindungen und Wahrnehmungen der Welt.

In diesem Zimmer sind alle möglichen Menschen, große, kleine, freundliche, unfreundliche, intelligente, unintelligente, laute, leise und so weiter. Eine komplexe Vielfalt an Charakteren, die sich bewegen, verändern, interagieren, erscheinen, verschwinden. Sie alle tun, was sie tun.

Was kümmert den Raum dieses Zimmers das Verhalten dieser Menschen? Gibt es für den Raum etwas zu gewinnen oder zu verlieren, indem er versucht, irgendwelche dieser Menschen zu verändern? Verändert sich der Raum, wenn einer der Menschen sich verändert?

Der Raum ist unabhängig von den Menschen, auch wenn die Menschen vom Raum abhängig sind. Der Raum ist schon da, bevor die Menschen ankommen, er ist da, während sie dort sind, und er ist da, wenn sie gehen. Er war sogar da, bevor das ganze Gebäude gebaut wurde, und wird da sein, nachdem es abgerissen wurde. Er ist immer da.

Das gilt ebenso für BEWUSSTSEIN. Was immer gerade erfahren wird, findet im BEWUSSTSEIN statt und BEWUSSTSEIN selbst bleibt stets so, wie es immer ist. Unverändert, unmodifiziert, unbeteiligt.

BEWUSSTSEIN ist, was wir sind, und zu sein, wie wir sind, ist die höchste Form der Meditation. Alle anderen Meditationen sind einfach eine Modulation dieser Meditation des *Verweilens, wie wir sind*.

Anfänglich kann Meditation den Eindruck erwecken, etwas zu sein, was wir *tun*. Aber später entdecken wir, dass sie einfach das ist, was wir *sind*. Sie ist der natürliche Zustand aller Wesen.

Sie kann nicht herbeigeführt werden, da sie schon da ist. Sie kann nicht erreicht werden, denn sie ist, was wir immer schon sind. Sie kann nicht verloren gehen, denn sie kann nirgends hin.

Wir erlauben einfach allem, zu sein, wie es ist. Indem wir allem erlauben, zu sein, wie es ist, verweilen wir, zunächst ohne es zu bemerken, in unserer wahren Natur. Tatsächlich haben wir unsere wahre Natur nie wirklich verlassen, aber nun beginnen wir, uns wissentlich dort aufzuhalten.

Irgendwann dämmert es uns dann, dass das ‚ICH' nicht in seiner wahren Natur *verweilt*. Wen gäbe es, der dort in irgendetwas anderem als sich selbst verweilen könnte? Das ‚ICH' *ist* das einfach. Wir *sind* das einfach und waren es schon immer.

Selbst der Begriff ‚immer' ist nicht ganz passend, denn ‚immer' impliziert eine unendliche Zeitspanne. Die Idee einer unendlichen Zeitspanne erscheint von Zeit zu Zeit *im* ‚ICH', im BEWUSSTSEIN, aber das ‚ICH' erscheint niemals in einer unendlichen Zeitspanne.

Es *ist* einfach.

‚ICH', BEWUSSTSEIN, *bin* einfach.

Ein Tropfen Milch

Unsere Erfahrung besteht aus dem, um das gewusst wird, und dem, was darum weiß. Die Welt ist Teil dessen, um das gewusst wird, ebenso wie der Körper und der Geist.

Da die Welt Teil dessen ist, um das gewusst wird, kann sie nicht der WISSENDE sein. Sie kann nicht das sein, was weiß. Auch der Körper und der Geist sind Teil dessen, um das gewusst wird, und können daher nicht das sein, was weiß. Die Welt, der Körper und der Geist werden *erfahren*, können also nicht das sein, was *erfährt*.

Immer, wenn der Körper, der Geist und die Welt gegenwärtig sind, sind sie Teil dessen, *um das gewusst* wird. Das, was um den Körper, den Geist und die Welt weiß, ist *sowohl* während des Erscheinens von Körper, Geist und Welt *als auch* in deren Abwesenheit gegenwärtig.

Dasjenige, um das gewusst wird, kann nicht der WISSENDE sein und über den WISSENDEN kann nichts objektiv gewusst werden.

Meist sind wir nur dessen gewahr, um das gewusst wird. Wird jedoch die Aufmerksamkeit auf die Gegenwart eines WISSENDEN gelenkt, auf das, was weiß und erfährt – was immer das auch sei –, so wird unmittelbar klar, dass etwas gegenwärtig ist, was sich des Körpers, des Geistes und der Welt bewusst ist.

Wenn wir dies tun, so scheint das, was weiß, plötzlich präsenter zu werden. Es leuchtet.

Tatsächlich wird aber einfach nur aufgedeckt, dass es immer schon präsent war, jedoch durch unseren exklusiven Fokus auf das Gewusste scheinbar verblasste.

Der WISSENDE ist BEWUSSTSEIN. BEWUSSTSEIN ist das, was weiß und erfährt. Es ist dieses BEWUSSTSEIN, auf das wir uns beziehen, wenn wir ‚ICH' sagen.

Wenn gesagt wird: „Wir richten unsere Aufmerksamkeit auf das, um das gewusst wird", so bedeutet dies, dass ‚ICH', BEWUSSTSEIN, seine Aufmerksamkeit auf das richtet, um das gewusst wird.

Wenn gesagt wird: „Wir richten unsere Aufmerksamkeit stattdessen auf den WISSENDEN", so bedeutet dies, dass ‚ICH', BEWUSSTSEIN, seine Aufmerksamkeit auf sich selbst richtet.

Natürlich ist BEWUSSTSEIN bereits es selbst. Es braucht die Aufmerksamkeit nicht auf sich zu richten.

Wenn also gesagt wird: „Wir richten unsere Aufmerksamkeit auf den WISSENDEN, auf BEWUSSTSEIN", so bedeutet dies in der Praxis, dass ‚ICH', BEWUSSTSEIN, seine Aufmerksamkeit von dem exklusiven Fokus auf das Gewusste, auf Objekte, zurückzieht.

Indem es dies tut, kehrt BEWUSSTSEIN, zunächst ohne es zu wissen, zu sich selbst zurück, das heißt, es wird seiner selbst gewahr. Es kehrt nicht wirklich zu sich selbst zurück, weil es sich nie verlassen hat. Es ist sich seiner selbst niemals nicht gewahr.

Auch wenn BEWUSSTSEIN exklusiv auf Objekte fokussiert ist, verlässt es sich nie. Es scheint sich nur von Zeit zu Zeit zu vergessen. Es scheint sich zu ignorieren.

Aber sogar, wenn es sich selbst ignoriert, wird um etwas gewusst; und dieses Wissen ist das PURE WISSEN des BEWUSSTSEINS, das um sich selbst weiß. Somit gibt es niemals eine wirkliche Ignoranz.

Daher gibt es keine Antwort auf die Frage nach der Ursache oder dem Grund von Ignoranz. Wie kann es eine Ursache oder einen Grund für etwas geben, was nicht existent ist?

Wir können die Frage nach dem Warum nicht beantworten, denn die Frage selbst *erzeugt* die Ignoranz, auf die sie sich bezieht. Offensichtlich erzeugt sie sowohl Zeit als auch Ursache und Wirkung und somit das Erscheinen von zwei Dingen, die sich als nicht existent herausstellen, wenn die Natur von Erfahrung klar gesehen wird.

Gleichzeitig weiß BEWUSSTSEIN um sich selbst schon im Wissen um diese Frage. Wie kann scheinbare Ignoranz dann als echte Ignoranz bezeichnet werden? Das ist nicht möglich.

Wenn BEWUSSTSEIN sich selbst sucht, verschmilzt es mit sich selbst. Es wird sich selbst offenbart und mit diesem Offenbaren löst sich die Frage auf. Es ist dieses PURE WISSEN jenseits des Geistes, das die echte Antwort auf alle Fragen zur wahren Natur von Erfahrung ist.

BEWUSSTSEIN gibt vor, etwas anderes zu sein, als es ist, und dann, als dieses scheinbar andere, sucht es nach sich selbst. Natürlich kann es sich selbst nie als Objekt finden, da es schon es selbst ist. So, wie das Auge sich nie selbst sehen kann.

Aber es *braucht* sich selbst auch nicht zu finden, da es schon es selbst *ist*. Nur das Vorgeben, *nicht* es selbst zu sein, sollte aufhören.

Was für jenes scheinbar andere ein Suchprozess ist, das ist für BEWUSSTSEIN einfach der Prozess, zu entdecken, dass es schon immer um sich weiß.

Der Geist besteht aus einer Reihe abstrakter Konzepte und Begriffe, die im BEWUSSTSEIN erscheinen. Jeder Gedanke ist ein Objekt. Daher kann das nicht objekthafte BEWUSSTSEIN, in dem Gedanken erscheinen, selbst nie als Gedanke erscheinen.

Alle Gedanken sind Objekte. Daher ist es unmöglich, an BEWUSSTSEIN zu denken.

Wenn wir an irgendetwas anderes denken als an BEWUSSTSEIN (oder WAHRHEIT oder REALITÄT oder welches Wort Sie auch immer dafür benutzen möchten), so gelangen wir zu einem Konzept, einem Begriff, einer Idee dieser Sache, die nicht die Sache *selbst* ist. Es ist eine *Repräsentation* dieser Sache im Code des Geistes – kurz gesagt, ein Begriff oder Konzept.

Das Denken an BEWUSSTSEIN oder REALITÄT ist allerdings einzigartig unter allen Gedanken. Versuchen wir, an BEWUSSTSEIN zu denken, so ist das wie der Blick in ein schwarzes Loch. Es ist noch nicht einmal schwarz. Der Geist kann dort einfach nicht hingehen. Er kann nicht an diesen objektlosen Ort gehen, denn der Geist ist selbst ein Objekt. Wie könnte ein Objekt in einen Raum passen, der keine Dimensionen hat?

Wenn der Geist sich dem BEWUSSTSEIN zuwendet, so löst er sich auf.

Er wird von dem aufgenommen, was aus seiner Sicht das Nichts des BEWUSSTSEINS ist. Aber sein Auflösen ist ein Aufzeigen von PRÄSENZ, das Aufzeigen dessen, in das Gedanken sich auflösen.

Das Denken an oder das Nachdenken über BEWUSSTSEIN ist also dadurch einzigartig, dass es nicht zu einem Begriff oder Konzept führt, zu einem Ersatz für das Ding selbst, sondern stattdessen zur *REALITÄT* von BEWUSSTSEIN. Der Gedanke führt direkt zu dem, worauf er sich bezieht, nicht zu einem Symbol. Er führt zu der direkten Erfahrung von BEWUSSTSEIN, das um sich selbst wissentlich weiß.

Nichts Objektives wird in diesem raumlosen Raum des BEWUSSTSEINS gewusst.

Es ist ein Wissen, aber kein Wissen um *etwas*. Es ist PURES WISSEN.

Das Denken, das nach BEWUSSTSEIN sucht, verschmilzt mit BEWUSSTSEIN. Es offenbart BEWUSSTSEIN.

Dieses suchende Denken ist wie ein Zuckerwürfel. Das Suchen nach BEWUSSTSEIN ist so, als legte man diesen Zuckerwürfel in eine Tasse Tee: Der Tee löst den Zuckerwürfel auf. Ebenso löst BEWUSSTSEIN das suchende Denken auf.

Eine bessere Metapher wäre die von einem Tropfen Milch in einem Glas Wasser. Die Milch ist im Wesentlichen die gleiche Substanz wie das Wasser, auch wenn sie durch einen Hauch Objektivität eingefärbt ist. Sie ist weiß, nicht farblos. Wir beobachten den Tropfen Milch, wie er sich im Wasser ausdehnt, allmählich die Form verliert, bis er völlig mit dem Wasser der Umgebung verschmolzen ist …

So geht es dem Denken, das BEWUSSTSEIN sucht und auf PRÄSENZ gerichtet ist. Es ist im Wesentlichen aus dem gleichen BEWUSSTSEIN gemacht, das es sucht, weiß dies jedoch noch nicht, und so entsteht eine scheinbare Unterscheidung zwischen ihm und BEWUSSTSEIN. Es ist opak. Es ist nicht transparent.

Während es nach BEWUSSTSEIN sucht, wird es mehr und mehr wie BEWUSSTSEIN, das heißt, es verliert sein Anderssein, seine Opazität, seine scheinbare Objektivität.

Das Wasser, das bereits in der Milch gegenwärtig war, verliert seine Weiße und bleibt, wie es ist: Wasser.

Das Ausdehnen des Tropfens Milch im Wasser der Umgebung entspricht dem Prozess des Verfeinerns, den unsere Gedanken durchlaufen, während wir versuchen, dem BEWUSSTSEIN näher zu kommen. BEWUSSTSEIN kann nicht als Gedanke gefunden werden, also wird der Gedanke allmählich von seiner Objektivität gereinigt, während er versucht, BEWUSSTSEIN zu finden.

Und dann kommt der Zeitpunkt, da der Gedanke seine letzte Schicht an Objektivität aufgibt und in PRÄSENZ aufgeht. Tatsächlich ist er PRÄSENZ, die allmählich die Identifikation mit feineren und feineren Schichten der Objektivität aufgibt, bis sie den Gedanken als das eigene Selbst erkennt.

WAHRHEIT *findet* der Geist nicht. REALITÄT *findet* der Geist nicht. Er wird darin *aufgelöst.*

Der Geist kann sich nicht selbst *loslassen.* Er wird in die unendliche Weite des BEWUSSTSEINS *losgelassen*, die seine Grundlage ist.

Verstehen ist das *Auflösen* des Geistes in seine Grundlage, in das, was ihn trägt. Es ist die Erfahrung von BEWUSSTSEIN, das um sich selbst weiß und wissentlich zu sich zurückkehrt.

Es ist keine objektive Erfahrung. Es ist die Erfahrung von *WISSEN*. Diese Erfahrung ist immer gegenwärtig, unabhängig davon, ob Objekte gegenwärtig sind.

Wir werden zu dem, an das wir denken.

Wir sind gleichzeitig das Subjekt und das Objekt des Gedankens, der BEWUSSTSEIN sucht.

Um sich selbst zu wissen bedeutet für BEWUSSTSEIN, es selbst zu sein; und es selbst zu sein bedeutet, um sich selbst zu wissen.

In jeder Erfahrung schimmert Bewusstsein

Meditieren ist keine Aktivität. Es ist das Enden einer Aktivität.

Letzten Endes kann über Meditation nichts absolut Wahres gesagt werden, noch nicht einmal, dass sie das Enden einer Aktivität sei. Denn Meditation findet jenseits des Geistes statt oder präziser, ist jenseits des Geistes *präsent*. Daher hat der Geist, per Definition, keinen Zugang zu ihr.

Um jedoch zu verstehen, dass Meditation keine Aktivität ist, müssen wir zunächst verstehen, dass sie das *Enden* einer Aktivität ist.

Dieses Verständnis ist ein sehr effizientes Hilfsmittel zum Ausräumen der Vorstellung, dass Meditieren etwas sei, was wir *tun*.

Haben wir erst einmal vollständig verstanden, dass Meditation keine Aktivität ist, so kommt die Aktivität, die wir zuvor als Meditation angesehen haben, ganz natürlich zu einem Ende. An diesem Punkt hat das Verständnis, dass Meditation *keine* Aktivität ist, seinen Zweck erfüllt und kann ebenfalls aufgegeben werden.

Hat der Dorn erst einmal den Dorn entfernt, so werden beide weggeworfen.

Um zu verstehen, dass Meditation keine Aktivität ist, verwenden wir das Beispiel einer geballten Faust. Nehmen wir unsere offene Hand, schließen wir sie langsam und drücken sie zusammen, dann bedeuten sowohl das Zusammendrücken als auch das Aufrechterhalten dieser kontrahierten Position eine gewisse Anstrengung.

Halten wir die Hand einige Zeit in dieser kontrahierten Stellung, so gewöhnen sich die Muskeln an die neue Position. Bald werden wir nicht mehr bemerken, dass ständig eine gewisse Anstrengung nötig ist, um sie beizubehalten.

Würde uns nun jemand dazu auffordern, die Hand zu öffnen, wäre unser Eindruck der, dass das Öffnen der Hand eine Anstrengung (Aktivität) erfordert. Irgendwann, während wir die Hand öffnen, werden wir der Tatsache gewahr, dass wir nicht eine neue Anstrengung leisten, um die Hand zu öffnen, sondern eine vorherige Anstrengung *loslassen*, *beenden*, deren wir schon gar nicht mehr gewahr waren.

Die scheinbare Anstrengung, die Hand zu *öffnen*, stellt sich als *Loslassen* oder *Beenden* der ursprünglichen Anstrengung heraus, die Hand zu kontrahieren. Was der *Beginn* einer Anstrengung zu sein schien, erweist sich als das *Beenden* einer Anstrengung.

Bei Meditation ist das ganz ähnlich. Unsere wahre Natur ist offen, unbegrenzt, frei, bewusst, selbstleuchtend und selbstverständlich. Dies ist unsere Erfahrung, von Moment zu Moment, auch wenn wir dessen vielleicht nicht gewahr sind.

Dieses offene, freie, unbegrenzte BEWUSSTSEIN hat von selbst kontrahiert. Es hat sich scheinbar in den engen Rahmen eines Körpers und eines Geistes geschrumpft und sich selbst auf einen winzigen Ort in einem riesigen Raum und auf einen kurzen Moment in einer unendlichen Zeitspanne begrenzt.

Dies ist die primäre „Selbst-Kontraktion“, die das offene, freie, unbegrenzte Bewusstsein von Moment zu Moment aus freiem Willen wählt.

Es zieht in dem nahtlosen Ganzen seiner Erfahrung eine Linie und sagt zu sich selbst: „Dies bin ich, das bin ich nicht.“ – „Ich bin hier, nicht dort.“ – „Ich bin ich und nichts anderes.“

Es fühlt sich isoliert und somit verletzlich und verängstigt. Daher beginnt das offene, freie, unbegrenzte Bewusstsein nun, seine neue, sich selbst auferlegte Identität als Fragment zu unterstützen und zu beschützen.

Dafür verstärkt es seine Grenzen durch viele Schichten von Kontraktionen. Auf der Ebene des Geistes sind diese Kontraktionen auf der einen Seite aus Wünschen und Abhängigkeiten gemacht, auf der anderen Seite aus Ängsten, Widerständen und Ablehnungen. Alle zusammen bilden die vielen Gesichter unserer Vorlieben und Abneigungen, unser „Ich möchte …“ und „Ich will nicht…“.

Auf der Ebene des Körpers sind diese Kontraktionen aus körperlichen Empfindungen gemacht, mit denen das Bewusstsein sich identifiziert. Sie bilden den scheinbaren Ort des ‚Ich‘ im Körper.

Mit jeder neuen Schicht von Kontraktionen vergisst das freie, unbegrenzte Bewusstsein seine eigene unbegrenzte Natur immer mehr. Und verhüllt sich so selbst. Es versteckt sich selbst vor sich selbst.

Trotzdem durchdringt häufig etwas, was das Bewusstsein an seine wahre Natur erinnert, die selbst erzeugte Isolation, etwa das Lächeln eines Fremden, das Weinen eines Kindes, ein unerträglicher Kummer, ein kurzer Moment der Wunschlosigkeit nach der Erfüllung eines Wunsches, ein Moment des Humors, der Friede des Tiefschlafs, eine Pause im Denkprozess, eine Erinnerung an die Kindheit, der Übergang zwischen Schlafen und Aufwachen, das Erkennen von Schönheit, die Liebe eines Freundes, ein flüchtiges Verstehen …

Dies sind Momente, die der mittlerweile verschleierten Präsenz des BEWUSSTSEINS dargeboten werden, unzählige Geschmacksnuancen seiner eigenen FREIHEIT und seiner eigenen FREUDE. Sie erinnern BEWUSSTSEIN kurz an sich selbst, bevor es wieder durch die Effizienz der Verteidigungen verdunkelt wird, durch die es sich scheinbar eingeengt hat.

Mittels dieser vielen Schichten von Kontraktionen hat BEWUSSTSEIN sich so auf ein wehrhaftes, separates und verletzliches Wesen reduziert.

Dies ist keine Aktivität, die irgendwann in der Vergangenheit stattgefunden hat und nun unwiderruflich in Stein gemeißelt ist. Es ist eine Aktivität die nun, in diesem Moment, stattfindet.

Dieses offene, freie, unbegrenzte BEWUSSTSEIN *vollzieht*, ohne es zu wissen, diese Aktivität der Trennung. Diese Aktivität definiert die ‚Person‘, das ‚separate Wesen‘.

Das separate Wesen ist etwas, was wir, als BEWUSSTSEIN, herbeiführen. Es ist nicht etwas, was wir *sind*.

Bewusstsein kontrahiert und sieht sich selbst als ein Fragment. Als Folge davon projiziert es alles, was nicht innerhalb der Grenzen dieser selbst auferlegten und begrenzten Identität ist, nach außen. Nun erscheint die Welt als ‚außen' und als ‚anderes'. Sie wird zu all dem, was ‚Bewusstsein-als-ein-Fragment' nicht ist.

Diese Welt, die jetzt getrennt und außerhalb von Bewusstsein zu sein scheint, wirkt so, als ob sie die neue Sichtweise des Bewusstseins, die Sicht von sich selbst als begrenztem Fragment, perfekt bestätigte. Die Welt wird zu dem riesigen und potenziell gefährlichen Behältnis für dieses ‚Bewusstsein-als-ein-Fragment'.

Ironischerweise ist es gerade deshalb, *weil* die Welt in Wirklichkeit eine Erscheinung im Bewusstsein und ein Ausdruck von Bewusstsein ist, so, dass diese Welt sehr genau den Vorstellungen entspricht, die Bewusstsein über sie hat.

Sieht Bewusstsein sich selbst als ein Fragment, als begrenzt, als gefangen und als Teil von Raum und Zeit, so wird die Welt als passendes Gegenstück zu dieser Vorstellung erscheinen.

Nachdem Bewusstsein sich selbst die eigenen Geburtsrechte, seinen ewigen, alles durchdringenden Status, abgesprochen hat, weist es genau diesen Status der Welt der Erscheinungen zu. Es überträgt seine eigene Realität auf die Welt der Erscheinungen und übernimmt für sich selbst im Tausch dafür die flüchtige Fragilität dieser Welt.

Es verzichtet auf seine eigene Realität als Grundlage und Natur jeglicher Erfahrung und projiziert diese stattdessen auf die eigene Schöpfung, auf die Welt der Erscheinungen.

Bewusstsein tauscht seine Natur mit der Welt der Erscheinungen. Es hat keine Alternative dazu.

Tatsächlich hört Bewusstsein nie auf, sich selbst zu erfahren. Eingebettet in jeder Erfahrung ist der Geschmack seiner eigenen Ewigkeit.

Allerdings muss es, nachdem es sich selbst als ein begrenztes und separates Wesen definiert hat, die eigene vertraute Erfahrung von Präsenz, von Sein, anderweitig zuordnen und überträgt sie daher auf die ‚Welt', auf ‚anderes'.

So *scheinen* Raum und Zeit zur Grundlage und Substanz von Realität zu werden, zum ‚sine qua non' unserer Erfahrung. Bewusstsein wiederum *scheint* die lückenhaften, begrenzten, veränderlichen Eigenschaften zu zeigen, die in Wirklichkeit zur Welt der Erscheinungen gehören.

Bewusstsein vergisst, dass es dies getan hat und dass es dies tut, und als Ergebnis scheint die Welt die Charakteristika von Bewusstsein zu erben. Die Welt *scheint* so zu werden wie Bewusstsein, solide, wirklich, permanent, substanziell.

Und dann *scheint* Bewusstsein seine eigenen, ihm innewohnenden Eigenschaften aufzugeben und stattdessen anzunehmen, dass diese zu Recht zur Welt der Erscheinungen gehören. So wird Bewusstsein *scheinbar* flüchtig, vergänglich, zerbrechlich und substanzlos.

Kurz gesagt, Bewusstsein erschafft sich eine Erscheinung, die mit den eigenen Vorstellungen übereinstimmt.

Genau genommen werden die ‚Vorstellung-von-sich-selbst-als-begrenztes-Fragment' und die ‚Erscheinung-der-Welt-als-solide-und-getrennte-Einheit' als nahtloses, sich gegenseitig bestätigendes Ganzes gemeinsam erschaffen.

William Blake sagte dies mit den Worten, dass ein Mensch das sehe, was er selbst sei. Man könnte das auch so sagen: „So, wie BEWUSSTSEIN sich selbst sieht, so erscheint die Welt." Es ist eine fast wasserdichte Verschwörung, gefertigt aus der Freiheit und der Kreativität des BEWUSSTSEINS selbst.

BEWUSSTSEIN sieht sich selbst als ein Fragment und die gleiche Kraft, die es der Welt ermöglicht, übereinstimmend mit dieser Sicht zu erscheinen, ermöglicht wiederum, dass die Welt übereinstimmend mit einer neuen Sicht des BEWUSSTSEINS erscheint. Mit der Sicht, die entsteht, wenn BEWUSSTSEIN beginnt zu erwachen, die eigene REALITÄT zu sein, sich an sich selbst zu erinnern.

Dies ist die magische Natur der Welt: dass dieselbe Welt sowohl so gesehen werden kann, dass sie Ignoranz bestätigt, als auch so, dass sie Verstehen bestätigt. Im Grunde ist es die magische Natur des *BEWUSSTSEINS*, seine Kreativität, seine Allmacht, die dies ermöglicht!

Wir sind immer dieses offene, freie, unbegrenzte BEWUSSTSEIN, ob wir es wissen oder nicht. Und doch vergessen wir dies manchmal. Wir haben die Freiheit, zu vergessen.

Haben wir erst einmal vergessen, so haben wir keine Freiheit mehr, außer der Freiheit, uns wieder zu erinnern.

Auch wenn wir bereits dieses offene, freie, unbegrenzte BEWUSSTSEIN sind, so scheinen wir doch von Zeit zu Zeit begrenzt. Wir *fühlen* uns begrenzt. BEWUSSTSEIN erlebt sich als durch seine eigene Projektion eingeschränkt.

Es hat diese Einschränkung in seine eigene Unbegrenztheit projiziert und identifiziert sich dann mit dieser Beschränkung. Es vergisst seine wahre Natur. Es ‚verfällt' in Ignoranz.

Daraus entsteht für BEWUSSTSEIN das Gefühl, dass seine eigene, wahre Natur irgendwie merkwürdig, unbekannt und unvertraut sei. Dass es verloren sei und wiedergefunden werden müsse. Dass es vergessen worden sei und wieder erinnert werden müsse. Dass es woanders sei, andersartig und getrennt.

BEWUSSTSEIN erkennt nicht, dass es bereits genau das ist, was es sucht, dass es bereits es selbst ist.

Es sieht nicht klar, dass gerade das PURE WISSEN um alles, um das in einem Moment gewusst wird, das Wissen um sich selbst *darstellt*.

Aber egal, wie tief BEWUSSTSEIN sich mit einem selbst produzierten Fragment identifiziert, egal, wie tief die Ignoranz und die nachfolgenden Gedanken, Gefühle und Aktivitäten sind, die aus dieser Ignoranz entstehen, egal, wie erfolgreich BEWUSSTSEIN die eigene Natur vor sich selbst versteckt – seine Erinnerung an sich selbst ist immer tiefer als sein Vergessen.

Dies trifft immer zu. Schon wegen der Tatsache, dass BEWUSSTSEIN, bevor es etwas anderes zu werden scheint als es selbst, immer nur es selbst ist.

BEWUSSTSEIN ist die primäre Erfahrung in jeglicher Erfahrung, unabhängig vom speziellen Charakter der Erfahrung. Und daher kann die Suche nach sich selbst, der Wunsch, zu sich selbst zurückzukehren, in sich selbst zu ruhen, nie ausgelöscht werden.

Und es ist Ironie, dass aus dem gleichen Grund die Suche beständig unterminiert wird. Denn wenn verstanden wird, dass BEWUSSTSEIN immer sich selbst erfährt, wird gleichzeitig verstanden, dass es nichts gibt, wohin BEWUSSTSEIN gehen oder was es werden könnte.

Daher ist aus dem Blickwinkel der Ignoranz die Suche der erste Schritt, den BEWUSSTSEIN unternimmt, um zu sich selbst zurückzukehren. Aus dem Blickwinkel des Verstehens ist die Suche der erste Schritt, den BEWUSSTSEIN unternimmt, um sich von sich selbst zu entfernen. In beiden Fällen geht BEWUSSTSEIN nie irgendwo hin.

Auch wenn BEWUSSTSEIN sich mit einer Hülle von Vorstellungen, Zweifeln, Ängsten und Gefühlen verschleiert hat, so ist doch der Geschmack seiner eigenen, unbegrenzten, freien und furchtlosen Natur in jeder Erfahrung eingebettet und wird häufig in Form einer Nostalgie oder Sehnsucht erlebt.

Diese Sehnsucht wird oft fälschlich mit einem Ereignis oder einer Zeit in unserem Leben assoziiert. Meistens mit etwas aus der Kindheit, als die Dinge besser zu sein schienen, das Leben glücklicher erschien. Diese Sehnsucht bezieht sich aber nicht auf einen Zustand aus der Vergangenheit, sie bezieht sich auf den Frieden und die Freiheit des dahinter liegenden Bewusstseins, das in jeder aktuellen Erfahrung verborgen ist.

Was ‚damals' als ‚GLÜCK' gegenwärtig war, das war einfach die unverschleierte Präsenz genau jenes Bewusstseins, das diese Worte sieht und versteht.

BEWUSSTSEIN projiziert die aktuelle Erfahrung nach außen. Und dann verliert es sich in dieser Projektion, in Geist/Körper/Welt, die es selbst aus sich heraus nach außen projiziert hat, und identifiziert sich mit einem Teil davon. So, als würde es sich sagen: „Ich bin nicht mehr dieses offene, freie, unbegrenzte BEWUSSTSEIN. Sondern ich bin dieses begrenzte Fragment, das ich gerade in mir selbst erschaffen habe. Ich bin ein Körper."

Dabei vergisst BEWUSSTSEIN sich selbst. Vergisst seine eigene, unbegrenzte Natur. Dieses Vergessen wird als ‚Ignoranz' bezeichnet. Es ist BEWUSSTSEIN, dass sich selbst *ignoriert.*

Als Konsequenz dieses SELBSTVERGESSENS entsteht Nostalgie und BEWUSSTSEIN sehnt sich danach, zu sich selbst zurückzukehren, frei zu sein. Zu diesem Zeitpunkt erkennt es nicht, dass es in jedem Moment dieser Reise schon immer nur es selbst ist.

Meditation ist lediglich die Befreiung dieser Projektion von der Bürde der Trennung. Sie ist das ‚Ent-spannen' dieser Selbstkontraktion, das Entflechten dieses Netzes der Verwirrung.

Anstatt seine Aufmerksamkeit auf das begrenzte Fragment zu beschränken, auf jenes separate Wesen, als dass es sich selbst erschaffen hat, erlaubt BEWUSSTSEIN seiner eigenen Aufmerksamkeit, zu sich selbst zurückzukehren, zu dem, was es wirklich ist. Es kehrt zu sich selbst zurück. Es erinnert sich an sich selbst.

Und anstatt die Welt aus sich heraus, nach außen zu projizieren, fordert BEWUSSTSEIN sie wieder ein, sieht sie wieder als Teil von sich.

Die Aktivität, sich mit einem Fragment zu identifizieren, und die Aktivität, die Welt nach außen zu projizieren, sind ein und dieselbe. Daher hört mit dem Ende der einen Aktivität auch die andere auf.

BEWUSSTSEIN ist daran gewöhnt, sich selbst als begrenztes Wesen zu sehen und, damit einhergehend, die Welt nach außen zu projizieren. Daher erscheint es anfänglich wie eine ‚*Gegen*-aktivität', sich an sich zu erinnern, zu sich zurückzukehren. Es erscheint wie etwas, was BEWUSSTSEIN *tun* müsste, um sich zu finden.

So, wie beim Öffnen der Hand das Entspannen der Selbstkontraktion anfänglich eine Aktivität zu sein scheint.

Aber jedes Mal, wenn BEWUSSTSEIN zu sich zurückkehrt, seine Fixierung auf ein separates Wesen loslässt, jedes Mal, wenn es sich ohne Wahl oder Präferenz dem ganzen Spektrum der gerade erscheinenden Erfahrung öffnet, untergräbt es, ohne das zu wissen, die Gewohnheit, sich selbst und die eigene REALITÄT zu meiden.

So gewöhnt BEWUSSTSEIN sich mehr und mehr daran, in sich selbst als es selbst zu verweilen und nicht länger vorzugeben, etwas anderes zu sein als es selbst.

Der Impuls, in das separate Wesen hinein zu kontrahieren, wird zunehmend unterminiert. Bewusstsein bleibt zu Hause.

Die Impulse, zu suchen, zu vermeiden, vorzugeben, zu kontrahieren, sie erscheinen weiterhin, aber Bewusstsein wird nicht mehr zu ihnen hingezogen. Es bemerkt die Impulse, folgt ihnen aber nicht mehr. So beginnen Häufigkeit und Intensität dieser Impulse nachzulassen.

Bewusstsein geht nicht mehr aus sich heraus und auf Dinge zu. Es bleibt zu Hause bei sich und Dinge kommen zu ihm. Dinge wie Gedanken, Gefühle, Wahrnehmungen, kommen zu ihm, erscheinen ihm, entstehen in ihm, aber Bewusstsein muss sich nicht länger vergessen, um den Körper, den Geist und die Welt zu erfahren.

Bewusstsein leuchtet in jeder Erfahrung.

Es kommt ein Moment, da alles sich zusammenfügt. Dieses offene, freie, unbegrenzte Bewusstsein, dass unser eigenes, innerstes Selbst ist, erkennt, dass es schon immer nur es selbst war und dies auch immer bleiben wird. Dass es sich nie, noch nicht mal für den Bruchteil eines Momentes, verlassen hat, dass das Erinnern an sich selbst, das als Rückkehr zu sich selbst erschien, das *Erkennen* seiner selbst war. Das Erkennen, dass es immer nur als es selbst in sich selbst ruhte.

Bewusstsein erkennt, dass das separate Wesen, von dem es früher annahm, dass es dieses *sei*, in Wirklichkeit nur eine Aktivität ist, die es von Zeit zu Zeit *ausführt*.

Und in diesem Zusammenhang erkennt es, dass die Aktivität, die es von Zeit zu Zeit *auszuführen* schien, die Aktivität, die wir Meditation nennen, in Wirklichkeit das ist, was es immer *ist.*

Es erkennt, dass Meditation kein Zustand ist, der kommt und geht, sondern dass Meditation das ist, *in dem* alle Zustände kommen und gehen.

Meditation ist einfach die natürliche Präsenz des BEWUSSTSEINS, allgegenwärtig, allumfassend, unveränderlich, unendlich, unbegrenzt, selbstleuchtend, selbsterkennend, selbstverständlich.

Aus dem Blickwinkel des begrenzten, separaten Wesens erscheinen alle Beschreibungen von Meditation als etwas, was das separate Wesen ausführt. Sobald klar gesehen wird, dass dieses separate Wesen nichts anderes ist als eine Vorstellung und ein Gefühl, das BEWUSSTSEIN von sich selbst hat, werden genau die Worte, die zuvor einen Prozess oder eine Aktivität namens ‚Meditation' zu beschreiben schienen und scheinbar eine Anordnung darstellten, etwas zu *tun*, nun einfach als eine Beschreibung dessen verstanden, wie die Dinge *sind.*

Aus dem Blickwinkel der Ignoranz ist die ‚Person' das, was wir sind, und ‚Meditation' ist etwas, was wir von Zeit zu Zeit tun. Aus dem Blickwinkel des Verstehens ist ‚Meditation' das, was wir sind, und die ‚Person' etwas, was wir von Zeit zu Zeit tun.

Meditation ist nicht etwas, was wir *tun*. Ob wir es wissen oder nicht, Meditation ist, was wir *sind.*

Ego

Ego bedeutet ‚Ich' und ‚Ich' ist Bewusstsein.

Ein Glas gibt dem in ihm vorhandenen Raum eine Form. Wird das Glas jedoch zerbrochen, verbleibt der Raum genau so, wie er immer war und immer ist, weder innen noch außen.

Genau genommen ermöglicht es der Raum dem Glas, eine Form zu haben, nicht umgekehrt.

Die Form des Glases ist nur eine von unendlich vielen Möglichkeiten, die im Raum potenziell vorhanden sind, inklusive der Möglichkeit, überhaupt keine Form zu haben.

Das, was im Allgemeinen als ‚Ego' bezeichnet wird, ist vergleichbar mit dem Raum, der sowohl innerhalb als auch außerhalb des Glases ist und von sich selbst sagt: „Ich bin das Glas."

Ego ist kein Wesen. Ego ist eine Aktivität. Bewusstsein hat von Moment zu Moment die Freiheit, diese Aktivität zu wählen und sich mit einem Fragment zu identifizieren oder diese Aktivität nicht zu wählen.

Es ist die Aktivität. Sie besteht darin, zu denken und zu fühlen, dass ‚Ich', dieses Bewusstsein, das diese Worte sieht und versteht, nur dieser Körper/Geist bin und nichts von dem anderen, was ‚Ich' wahrnehme.

Diese Gedanken und Gefühle entstehen *im* Bewusstsein und sind *Ausdruck* von Bewusstsein. Es ist die Aktivität des Bewusstseins, *vorzugeben*, ein Körper und ein Geist zu sein, und dann zu *vergessen*, dass es dies vorgibt, und stattdessen tatsächlich zu *denken* und zu *fühlen*, dass es ein Körper und ein Geist sei.

Das Ego, wie man es sich im Allgemeinen vorstellt, ist einfach die Gewohnheit, dies vorzugeben und es dann zu vergessen. Unachtsamkeit erhält dies aufrecht.

Es ist, als ob der Raum innerhalb und außerhalb des Glases vorgäbe, dass seine essenzielle Natur die Eigenschaften, den Namen und die Form des Glases habe.

Bewusstsein gibt vor, dass seine essenzielle Natur die gleichen Charakteristika habe wie der Körper/Geist, in dem Bewusstsein zu erscheinen scheint, die aber tatsächlich in ihm erscheinen.

So, als ob das Gold eines Ohrrings sich selbst erzählte, dass der Name und die Form des Ohrrings Teil seiner eigenen Natur als Gold wäre.

Die Befreiung des Bewusstseins von seiner Identifizierung mit einem Fragment besteht anfänglich, jedenfalls meistens, darin, sich selbst wieder als dieser offene, einladende, bezeugende Raum der Präsenz zu (er)kennen.

Aber es genügt nicht, einfach zu wissen: ‚Ich bin Bewusstsein', denn diese Formulierung lässt alles außen vor, was wir nicht als ‚ich' betrachten – also andere und die Welt. Mit anderen Worten, diese Formulierung hält die Möglichkeit offen, dass Bewusstsein persönlich und begrenzt ist.

Bewusstsein muss weitergehen und seine vollständige Identität mit *allen* Dingen wieder entdecken. Es muss entdecken: ‚Ich bin alles', und dass *dieses* Bewusstsein hier identisch ist mit *jener* Realität dort draußen. Mit anderen Worten, es muss entdecken, dass es unpersönlich und unbegrenzt ist.

Selbst wenn die Welt da draußen eine Illusion ist, so wird immer noch um diese Illusion *gewusst.* Sie wird *erfahren.* Die Erscheinungen, aus denen unsere objektive Erfahrung besteht, verändern sich die ganze Zeit, aber in dieser sich verändernden Abfolge von Erscheinungen sind *Wissen* oder *Erfahren* durchgängig präsent.

Wissen oder Erfahren verändern sich nicht mit jeder sich verändernden Erscheinung. Wissen oder Erfahren fließen nicht mit dem Fluss der Erscheinungen. Sie sind beständig präsent und unverändert.

Dieses pure Wissen, dieses *pure Erfahren*, das in jeder Erfahrung präsent ist, *ist* das Licht des Bewusstseins. Es erleuchtet jede Erfahrung. Dieses pure Wissen ist unter dem Namen ‚Ich' bekannt. Es ist unser innerstes, vertrautestes Selbst.

‚Ich', Identität, *ist* pures Wissen.

pures Wissen ist nicht, was ich *tue.* Es ist das, was ich *bin.*

pures Wissen gehört zum Entstehen jeder Erfahrung.

Daher gehöre ‚ich' zum Entstehen jeder Erfahrung.

‚Ich' *bin* das Erfahren in jeder Erfahrung.

Ebenso *ist* die Welt oder ein Objekt die *Erfahrung* der Welt oder des Objektes. Wir haben keinen Beleg dafür, dass eine Welt außerhalb unserer *Erfahrung* der Welt existiert. Und ein derartiger Beleg ist auch niemals möglich, denn Erfahrung selbst ist der Prüfstein für Belege.

Wenn wir *Erfahren* von einem Objekt abziehen – sei dieses Objekt ein Gedanke, eine Empfindung oder Wahrnehmung –, so verschwindet das Objekt. Erfahren bleibt jedoch zurück, sich selbst erfahrend.

Soweit wir wissen, existiert nichts außerhalb unserer Erfahrung davon.

Wenn also ‚Ich' gleichbedeutend mit *Erfahren* ist und die Welt aus *Erfahren* der Welt gemacht ist, dann sind ‚Ich' und die Welt, das Objekt, eins.

Wenn wir diesen Sachverhalt mit Klarheit sehen, dann fällt die Welt als getrennte und unabhängige Einheit fort.

Wir haben *zwei* Namen – ‚ich' und ‚anderes' – für das, was tatsächlich nur eins ist. Und wir haben *einen* Namen – Einsheit – für das, was in Wirklichkeit gar kein Ding ist. Es ist namenlos.

Im begrenzten Blickwinkel des Geistes ist das Namenlose das Unwissen von allen Dingen. Im Blickwinkel der Realität ist es das pure Wissen im Erfahren aller Dinge.

Ego ist eine Funktionsweise. Es ist eine Aktivität, kein Wesen. Es ist nur in dem Sinne ignorant, dass es auftritt, wenn BEWUSSTSEIN sich selbst *ignoriert.*

Wir können ohne das Gefühl, ein separates Wesen zu sein, immer noch sehr gut in der scheinbaren Welt von Zeit und Raum funktionieren.

Und *ohne* die begrenzende Ansicht, ein separates Wesen zu sein, und ohne die Wünsche und Befürchtungen, die notwendig sind, um diese Position aufrechtzuerhalten, wird das Leben frei, lebendig und pulsierend.

Erfahrung wird von dem Anspruch befreit, für ein nicht existentes Wesen Glücksgefühle zu produzieren, und blüht daraufhin auf.

Beziehungen werden von dem Anspruch befreit, Liebe zu produzieren, und Liebe erblüht daraufhin in ihnen.

Und wenn es keine Bindung an Körper, Geist oder Welt gibt, ist es die Standardhaltung des BEWUSSTSEINS, *nicht* in die isolierte Zelle eines von selbst kontrahierten Wesens zu schrumpfen, nicht zurück in eine Person zu „kollabieren“.

BEWUSSTSEIN bleibt so, wie es ist, transparente, leuchtende PRÄSENZ, offen, leer, still und verfügbar, bereit, jeden Moment seine Form als Totalität der Erfahrung einzunehmen.

Stellen Sie sich vor, Sie haben Ihr ganzes Leben in einem großen Haus gelebt und einem schwierigen alten Mann gedient, der in einem Zimmer im Obergeschoss wohnt.

Den Mann selbst sehen Sie nie, aber Sie sind von morgens bis abends damit beschäftigt, seine Aufgaben zu erledigen. Eines Abends, während einer der seltenen Pausen, klagen Sie einem Freund Ihr Schicksal. Der Freund macht Ihnen den Vorschlag, mit dem alten Mann zu verhandeln.

Als er hört, dass Sie ihn nie sehen, geschweige denn mit ihm sprechen, ist er erstaunt und ermutigt Sie, hinzugehen und ihn aufzusuchen.

Anfänglich zögern Sie noch, doch nach mehreren derartigen Begegnungen mit Ihrem Freund begeben Sie sich in das Zimmer des alten Mannes.

Bei Ihrem ersten Besuch reicht Ihr Mut nur dafür, kurz um die Ecke zu schauen, aber den alten Mann können Sie nicht sehen. Als Sie Ihrem Freund dies berichten, ermutigt er Sie, sich doch mal gründlich im Zimmer umzusehen.

Sie unternehmen mehrere Besuche im Zimmer des alten Mannes und jedes Mal durchsuchen Sie sein Quartier ein wenig gründlicher. Erst nach einigen Besuchen sind Sie davon überzeugt, dass es gar keinen alten Mann gibt.

Trotzdem wachen Sie eine Zeit lang aus reiner Gewohnheit um sechs Uhr morgens auf und erledigen viele der Aufgaben, die Sie immer erledigt haben, während Sie dem imaginären alten Mann dienten. Manche dieser Gewohnheiten hören sofort auf, andere brauchen Zeit, bis sie ein Ende finden.

In dieser Geschichte ist der alte Mann das separate Wesen und der Freund der Lehrer, der Sie ermutigt, nach innen zu schauen und herauszufinden, wer dieser Eine wirklich ist, der Ihr Leben steuert.

Wenn wir unsere Natur tiefer und tiefer erforschen, finden wir heraus, dass es dort kein Wesen gibt. Wir verbringen unser Leben damit, einem nicht existenten Wesen zu dienen. Nur unsere Vorstellung hält uns gefangen; Klarheit befreit uns.

Meistens muss dieses Thema mehrfach angegangen werden. Jedes Mal geht man ein wenig tiefer hinein, um ganz sicher zu sein, dass es dort kein persönliches Wesen gibt.

Selbst nach dieser Entdeckung werden einige der Gewohnheiten des Körper/Geistes beibehalten, die im Dienste des alten Mannes entwickelt wurden. Sie haben ein gewisses Trägheitsmoment, werden aber mit der Zeit verschwinden.

Unsere Unterwerfung unter ein separates Wesen beruht – auf der Ebene des Geistes – auf der Vorstellung, dass ‚ich' ein separates, persönliches Wesen bin, und auf der Ebene des Körpers auf dem Gefühl, dass ‚ich' dieser Körper bin oder dass ‚ich' *in* diesem Körper bin.

BEWUSSTSEIN ist jedoch nie durch diese Vorstellung oder dieses Gefühl gebunden. Es denkt und fühlt einfach, dass es ist. Es gibt vor, sich zu binden, indem es sich dies vorstellt und sich daher selbst so erfährt.

Sobald es diese Täuschung jedoch aufgibt, kehrt es zu seinem natürlichen Zustand zurück. Als Folge davon werden die Gedanken-, Gefühls- und Verhaltensmuster, die mit dieser vorgetäuschten Trennung assoziiert waren, allmählich losgelassen und mehr und mehr durch Gedanken, Gefühle und Verhaltensweisen ersetzt werden, die besser zu seinem natürlichen Zustand passen.

Bewusstsein ist sein eigener Inhalt

Manchmal beziehen sich die Lehren des Advaita oder der Non-Dualität aus pädagogischen Gründen so auf BEWUSSTSEIN und seine Inhalte (die Erscheinungen, die in ihm entstehen), als wären es zwei getrennte Elemente. Dies stellt die Unabhängigkeit des BEWUSSTSEINS von den Erscheinungen und die Abhängigkeit der Erscheinungen vom BEWUSSTSEIN in den Vordergrund.

Dadurch wird das konventionelle Modell eines BEWUSSTSEINS, das von Objekten abhängig ist, und einer Welt, die getrennt und unabhängig vom BEWUSSTSEIN existiert, infrage gestellt. Insofern ist dies ein nützliches Instrument.

Ist diese Wahrheit jedoch erst einmal verankert, so wird die Formulierung selbst wiederum zu einer Einschränkung und verhindert tieferes Verstehen. Was aus dem Blickwinkel des konventionellen, dualistischen Weltbildes wahr war, wird im Angesicht einer tiefer gehenden Untersuchung der Natur von Erfahrung unwahr.

Schauen wir uns also noch einmal die Formulierung an, dass Objekte im BEWUSSTSEIN erscheinen und dass, wenn sie verschwinden, BEWUSSTSEIN ohne Inhalt zurückbleibt.

Nehmen wir als Analogie den Ozean. Die Wellen sind eine Metapher für die Erscheinungen, die auf oder im Ozean des BEWUSSTSEINS entstehen.

Der Inhalt der Wellen ist Wasser, so, wie der Inhalt einer Erscheinung BEWUSSTSEIN ist.

Die Gestalt der Welle ist die Form, die das Wasser annimmt. Es ist die *Form* der Erscheinung. ‚Welle' ist ihr Name. Aber der *Inhalt* dieser Erscheinung ist nicht Welle. Es ist Wasser.

Entsprechend ‚kleidet' sich BEWUSSTSEIN in Name und Form, um zu ‚erscheinen'. Es nimmt die Gestalt einer Erscheinung an, indem es sich selbst mithilfe des Geistes und der Sinne projiziert.

Der *Inhalt* einer jeden Erfahrung ist aber BEWUSSTSEIN selbst.

Objekte – also Gedanken, Empfindungen und Wahrnehmungen – sind nicht der *Inhalt* von BEWUSSTSEIN. *BEWUSSTSEIN* ist der einzige Inhalt von BEWUSSTSEIN. Gedanken, Empfindungen und Wahrnehmungen sind die Namen und Formen, die BEWUSSTSEIN im Prozess der Manifestation annimmt.

Wenn die Wellen abebben, verschwindet dann ihr *Inhalt*? Nein, die *Erscheinung* der Wellen schwindet, aber ihr *Inhalt*, das Wasser, bleibt genau so, wie es immer ist.

Entsprechend ist der *Inhalt* von Erscheinungen BEWUSSTSEIN, und wenn die *Erscheinung* verschwindet, geschieht dies nicht mit dem *Inhalt*. Der *Inhalt* von BEWUSSTSEIN *ist* also BEWUSSTSEIN selbst. BEWUSSTSEIN ist sein eigener Inhalt. Es wird nie zu etwas anderem.

Wir können dies auch so formulieren, dass es besser zu unserer tatsächlichen Erfahrung passt, indem wir sagen, dass der Inhalt von allem BEWUSSTSEIN ist und dass dieses BEWUSSTSEIN das ist, von dem wir in unserem Innersten wissen, dass wir selbst es sind.

BEWUSSTSEIN ist unsere eigene REALITÄT und die REALITÄT aller Erscheinungen.

Jede Formulierung der WAHRHEIT offenbart die Grenzen vorheriger, weniger vollständiger Formulierungen und ersetzt sie. Um daraufhin selbst wieder an einer vollständigeren Formulierung, die näher an direkter Erfahrung ist, gemessen und durch diese ersetzt zu werden.

Im Zuge des immer tieferen Erforschens der Natur der Erfahrung werden selbst die subtilsten Formulierungen als inadäquat erkannt. Der Punkt, an dem sie die Erfahrung berühren, auf die sie sich beziehen, ist genau der Punkt, an dem sie in die STILLE kollabieren, die ihre Quelle ist.

Jemand, der Angst hat, sein Haus zu verlassen, projiziert alle möglichen unangenehmen Dinge auf die Außenwelt, um seinen Wunsch, im Haus zu bleiben, zu rechtfertigen. Alles, was er von der Außenwelt sieht und hört, scheint seine Einstellung ihr gegenüber zu rechtfertigen. Es wäre sehr schwierig, so jemanden davon zu überzeugen, dass es in Wirklichkeit seine ängstliche Sichtweise ist, die dieses Erscheinen der Welt *verursacht*, und dass dies nicht das *Ergebnis* von etwas ist, was der Welt innewohnt.

Ebenso gewöhnt sich BEWUSSTSEIN daran, zu denken und zu fühlen, dass es in einem Körper/Geist wohne, und festigt diese Gewohnheit mit vielen Schichten von Vorstellungen und Gefühlen. Hat es diese Position dann erst einmal eingenommen, so scheint seine Erfahrung die Wahrheit dieser Vorstellungen und Gefühle zu bestärken.

Die Natur von Maya, dem kreativen Schauspiel der Manifestation, ist jedoch so, dass auch die Umkehrung wahr ist: Wenn BEWUSST-

SEIN beginnt, sich selbst aus der exklusiven Identifizierung mit einem Körper/Geist zu lösen, so bekommt es von der Welt vielfältige Rückmeldungen, dass es auf dem richtigen Weg sei.

Das Ego (also ‚BEWUSSTSEIN-das-vorgibt-ein-separates-Wesen-zu-sein') ist ein erfahrener Meister, der alles, was zur Verfügung steht, nutzt, um weiter zu bestehen. ‚WAHRHEIT' verwendet es dafür genau so wie alles andere. In gewisser Hinsicht ist ‚WAHRHEIT' die ultimative Sicherheit, denn sie kann nicht übertrumpft werden.

So verwendet das Ego zum Beispiel die vorgebliche Einsicht, dass ‚BEWUSSTSEIN alles ist, was es gibt', und dass daher ‚alles so gut ist wie alles andere', als Entschuldigung für seine Aktivität der Isolation.

Aber das Ego ist eine Täuschung. Eine Täuschung, zu deren Erzeugen BEWUSSTSEIN sich aus eigener Freiheit entschließt.

Die Einstellung, dass BEWUSSTSEIN alles ist, was es gibt, ist wahr, wenn sie aus Verstehen entsteht. Sie ist aber nicht wahr, wenn sie einer Vorstellung, einer Annahme, wenn sie dem Ego, entspringt. Das Ego ist, per Definition, die exklusive Mixtur von BEWUSSTSEIN mit einem Körper/Geist und kann daher nicht behaupten, gleichzeitig alles zu sein.

Die *Vorstellung*, dass BEWUSSTSEIN alles sei, was es gibt, beendet nicht das Leiden, das der exklusiven Identifizierung des BEWUSSTSEINS mit einem einzigen Körper/Geist innewohnt. Und daher wird die Suche, wenn sie auch zeitweilig durch die scheinbare Haltung von Toleranz und Akzeptanz gedämpft wird, unvermeidbar irgendwann wieder auftauchen.

Es ist unredlich, zu sagen: „Alles ist BEWUSSTSEIN, daher akzeptiere ich mein Leiden und meine Negativität als Ausdruck dieses BEWUSSTSEINS und daher kann ich auch nichts dagegen tun."

Leiden ist bereits ein Zurückweisen der momentanen Situation, ein Mangel an Akzeptanz gegenüber der gegenwärtigen Situation, wie sie ist. Dieses Zurückweisen ist das Gegenstück zur exklusiven Identifikation des BEWUSSTSEINS mit einem Körper/Geist. Darauf reduziert sich Leiden.

Wenn unser Credo lautet: „Alles ist BEWUSSTSEIN, daher ist alles so gut wie alles andere und daher kann und muss ich mein Leiden nicht ändern", warum dann nicht diese Einstellung direkt auf die aktuelle Situation anwenden und sie so willkommen heißen, wie sie ist? Anstatt unser *Zurückweisen* der *aktuellen* Situation zu akzeptieren, warum nicht die aktuelle Situation selbst akzeptieren? Leiden würde geradewegs aufhören.

Diese sogenannte Akzeptanz des Zurückweisens des Moments ist nicht das wahre, unvoreingenommene, wohlwollende, allumfassende Willkommenheißen im BEWUSSTSEIN. Es ist als Verstehen verkleidete Angst, Pseudo-Advaita. Als solches ist es genau die Aktivität ‚Ego'. Und das Ego erhält dadurch seine eigene Isolation und Misere aufrecht.

Ego ist einfach nur die exklusive Kreuzung von unpersönlichem BEWUSSTSEIN – das, was diese Worte gerade sieht und versteht – mit einem einzelnen Körper und Geist.

Es ist eine *Aktivität* des BEWUSSTSEINS oder, genauer gesagt, die *Gestalt*, die dieses unpersönliche BEWUSSTSEIN von Zeit zu Zeit annimmt.

Daher sind der FRIEDE und das GLÜCKSGEFÜHL, die BEWUSSTSEIN innewohnen, ebenso dem *Ego* innewohnend, diesem vermeintlich separaten Wesen. Genau so, wie Gold dem Ohrring innewohnt.

Tatsächlich könnten wir sagen, dass Ego der *Geschmack* von FRIEDEN und GLÜCK sei, gemischt mit der *Vorstellung* und dem *Gefühl*, dass FRIEDE und GLÜCK nicht da sind.

So, als würde sich der Ohrring sagen: „Ich sehne mich danach, mit der Schönheit und dem Glanz des Goldes zu funkeln", ohne zu bemerken, dass Gold bereits das ist, von dem seine EXISTENZ, seine SCHÖNHEIT herkommt.

Genauso ist jede Erfahrung nur die leuchtende Präsenz von BEWUSSTSEIN.

Wir müssen nirgends anders hingehen, nichts anderes tun, um dies zu wissen oder zu erfahren. Es ist alles, was wir je erfahren.

Der Versuch, woanders hinzugehen oder etwas anderes zu sehen, um PRÄSENZ zu erfahren, ist exakt das Leugnen genau dieser PRÄSENZ, die hier in diesem Moment leuchtet. Die *als* dieser Moment leuchtet. Gleichzeitig leuchtet BEWUSSTSEIN genau in dem Leugnen seiner selbst und der nachfolgenden Suche nach sich selbst.

Sich selbst als Objekt zu suchen, das ist so, als sagte sich der Ohrring: „Ich muss etwas anderes werden, etwas anderes tun, um mich selbst als Gold zu erfahren." Aber er ist bereits Gold und nur Gold. Ob Gold nun für ein Armband oder für eine Halskette verwendet wird, es wird immer und nur Gold sein. Das Gold ist nicht hinter oder in dem Ohrring versteckt. Es leuchtet *als* Ohrring. Der Ohrring *ist* sein Leuchten.

Es stimmt, dass der Name und die Gestalt des Ohrrings unsere Aufmerksamkeit so stark anziehen können, dass wir nicht bemerken, dass wir uns Gold anschauen. Wir sehen nur den Namen und die Gestalt des Ohrrings. Sobald wir das Gold sehen, erkennen wir, dass wir im Betrachten des Ohrrings gleichzeitig Gold anschauen.

So, wie wir im herkömmlichen physikalischen Weltmodell wissen, dass wir, wenn wir etwas sehen, tatsächlich nur Licht sehen, so ist es auch in der REALITÄT, wenn wir die Erscheinungsformen von Objekten sehen und gleichzeitig wissen, dass wir tatsächlich nur BEWUSSTSEIN sehen.

Das heißt, BEWUSSTSEIN, unser SELBST, nimmt immer nur sich selbst wahr, erfährt immer nur sich selbst.

Aus dem Blickwinkel des Geistes verschleiern Objekte BEWUSSTSEIN.
Aus dem Blickwinkel der Realität offenbaren Objekte BEWUSSTSEIN.

Stellen Sie sich vor, Sie sehen im Fernsehen ein Fußballspiel. Dieses „Schauspiel“ ist so aufregend, dass wir nur noch die Spieler, das Spielfeld, den Ball und Ähnliches sehen. Am Ende des Spiels schalten wir den Fernseher aus und sehen den Bildschirm.

In diesem Moment erkennen wir, dass wir die ganze Zeit über tatsächlich den Bildschirm gesehen haben, aber der Bildschirm selbst schien die Namen und die Gestalt von Spielern, Spielfeld und Ball angenommen zu haben.

Der Bildschirm wird durch das Erscheinen des Spiels nie verdeckt. Nur ihn sehen wir überhaupt, bemerken das aber manchmal nicht mehr. Die Spieler *scheinen* den Bildschirm zu verdecken, ohne dass sie dies in Wirklichkeit tun. Sie *offenbaren* ihn. Und offenbaren damit nichts, was *verborgen* wäre. Sie offenbaren etwas (den Bildschirm), was vor aller Augen ist, etwas, was immer wahrgenommen, aber manchmal nicht bemerkt wird.

Der Bildschirm wird nicht durch das Ausschalten des Fernsehers *erschaffen*. Er wird dadurch *offensichtlich* und andererseits offenbart er damit, dass er immer schon da gewesen ist.

Schalten wir den Fernseher dann wieder an, so wird klar, dass wir den Bildschirm *und* die Spieler gleichzeitig sehen. Der Bildschirm ist der Träger und die Substanz der Spieler.

Der Bildschirm ist nicht *hinter* den Spielern verborgen. Solange die Spieler anwesend sind, sind Bildschirm und Spieler ein und dieselbe Sache. Wir können sie nicht trennen. Sie sind identisch.

Wir müssen nichts Besonderes tun, um zu verstehen, dass wir den Bildschirm und die Spieler gleichzeitig sehen. Wenn dies erst offensichtlich ist, so wird es absurd zu denken, dass Bildschirm und Spieler voneinander getrennt oder unterschiedlich seien.

Gleichwohl ist das Ausschalten des Fernsehers meist notwendig, um die Aufmerksamkeit auf die Gegenwart des Bildschirms zu lenken, um zu zeigen, dass der Bildschirm *zuerst* da war, dass die Spieler vom Bildschirm abhängig sind, aber der Bildschirm nicht von den Spielern.

Ist dies erst einmal klar, können wir den Fernseher wieder anschalten, ohne dieses Verstehen aus den Augen zu verlieren.

Den Fernseher auszuschalten ist das Äquivalent dazu, den Standpunkt eines Zeugen einzunehmen, der alle Dinge bezeugt. Es verschafft den bezeugten Objekten – das heißt dem Geist, dem Körper und der Welt – sozusagen eine Distanz und lenkt die Aufmerksamkeit auf die Gegenwart und die Vorrangstellung des BEWUSSTSEINS.

Ist dies erst einmal offensichtlich, so können wir wieder das volle Spektrum an Objekten betrachten, die dem Zeugen erscheinen. Wir sehen nun, dass BEWUSSTSEIN nicht nur deren *Träger*, sondern auch deren *Substanz* ist, so, wie der Bildschirm sowohl Träger als auch Substanz der Spieler, des Spielfelds und des Balls ist.

Dadurch wird der Zeuge von seiner letzten Schicht Begrenzungen und Objektivität befreit und wird als unbegrenztes, unpersönliches BEWUSSTSEIN offenbart, *in* dem und *als* das (anstelle von einfach nur für das) alle Erscheinungen erscheinen.

BEWUSSTSEIN *nimmt* nicht einfach REALITÄT *wahr*. Es *ist* REALITÄT.

Wir können nach wie vor das Fußballspiel genießen. Dieses Schauspiel kann uns immer noch begeistern oder enttäuschen, aber so oder so wissen und fühlen wir, dass es nur der Bildschirm ist. Es ist nur PRÄSENZ, die in diesem und in jedem Moment tanzt.

In den traditionellen vedantischen Lehren wird manchmal der *verschleiernde* Aspekt der Erscheinungen betont und daher werden manchmal Erscheinungen als etwas betrachtet, was den Hintergrund aus BEWUSSTSEIN verdeckt.

In dieser Tradition wird ‚Maya', Erscheinung, mit dem Wort ‚Illusion' übersetzt, mit einem leicht negativen Beigeschmack. Aber eine Erscheinung ist nicht illusionär. Es ist ihre scheinbare Unabhängigkeit und Trennung vom Bewusstsein, die illusionär ist.

Im tantrischen Ansatz werden genau diese Erscheinungen als etwas verstanden, was den Hintergrund selbst *offenbart* und *aufzeigt*. In dieser Tradition wird Maya als das kreative Spiel von Energien angesehen, das sich von ihrem Ursprung ableitet und somit wieder zu ihm zurückführt.

Also kann von genau denselben Erscheinungen gesagt werden, dass sie ihren Ursprung verschleiern *oder* offenbaren, je nachdem, von welchem Gesichtspunkt oder von welcher Stufe aus wir sie betrachten.

Pures Wissen – die Substanz aller Dinge

Die scheinbare Kontinuität eines jeden Objekts ist tatsächlich die Kontinuität des BEWUSSTSEINS. Wir könnten sagen, dass im Strom der Erfahrung ‚PURES WISSEN' oder ‚PURES ERFAHREN' das ist, was bleibt und beständig ist. Und ebenso könnten wir sagen, dass eine Erscheinung lediglich eine Modulation dieses PUREN WISSENS ist. Eine Erscheinung hat keine eigene Substanz oder Kontinuität.

PURES WISSEN ist vor, während und nach jeder Erfahrung gegenwärtig.

Während einer Erscheinung nimmt PURES WISSEN die Gestalt dieser Erscheinung an. Ist keine Erscheinung anwesend, so bleibt es einfach so, wie es immer ist.

Als *Erscheinung* ist jedes Objekt begrenzt. Zum Beispiel ist der Körper/Geist als eine Erscheinung begrenzt. Aber in der REALITÄT ist die *Substanz* dieser Erscheinung BEWUSSTSEIN selbst und als solches nicht begrenzt.

Aus dem Blickwinkel der Unwissenheit scheint BEWUSSTSEIN die Eigenschaften des Körper/Geistes anzunehmen. Das heißt, es scheint persönlich und begrenzt zu werden.

Aus dem Blickwinkel des Verstehens sind unser wahrer Körper und unser wahrer Geist das unpersönliche, unbegrenzte BEWUSSTSEIN selbst.

Vor und nach jeder Erscheinung weiß PURES WISSEN um sich selbst *als* es selbst. Dieses Wissen um sich selbst ist farblos, transparent, selbstleuchtend und selbstverständlich.

Was auch immer nach dem Verschwinden eines Objekts zurückbleibt, es hat keine objektiven Eigenschaften. Allerdings bleibt ‚PURES ERFAHREN', das, was BEWUSSTSEIN ist. Es ist reines Erfahren.

Wenn keine Objekte gegenwärtig sind, so verbleibt dieses PURE ERFAHREN, wie es immer ist, sich selbst erfahrend.

‚PURES ERFAHREN' oder ‚PURES WISSEN' sind Synonyme für ‚BEWUSSTSEIN'.

Der Wunsch, PURES ERFAHREN als Objekt zu erfahren oder um PURES WISSEN als Objekt zu wissen, ist genau das, was verhindert, dass wir wissentlich *als* PURES ERFAHREN oder PURES WISSEN verweilen. Wenn BEWUSSTSEIN sich auf diese Weise anderswo sucht, so übersieht es sich.

Es ist diese Unruhe, der Wunsch, BEWUSSTSEIN als Objekt zu erfahren, der die Erfahrung von BEWUSSTSEIN, das um sich weiß, zu verschleiern scheint.

Trotzdem weiß BEWUSSTSEIN tatsächlich *immer* um sich. Es kann nicht *nicht* um sich wissen, denn zu *wissen* ist seine Natur. Aber manchmal weiß es um sich selbst, ohne zu wissen, dass es weiß, ohne sich selbst zu erkennen. Es ist nicht dessen gewahr, dass es seiner selbst gewahr ist.

Der Wunsch, BEWUSSTSEIN als Objekt zu erfahren, entspringt der Vorstellung, dass BEWUSSTSEIN nicht schon gegenwärtig ist. Diese

Vorstellung wird auf der Körperebene durch ein tiefes Gefühl von Mangel genährt und begründet. Von dem Gefühl: „Ich möchte etwas. Ich brauche etwas."

Jedes Mal, wenn dieses Gefühl durch das Erlangen eines gewünschten Objekts verringert wird, erblickt BEWUSSTSEIN sich kurz selbst und diese Erfahrung ist als GLÜCK bekannt. Genau genommen ist es kein *kurzer* Moment. Es ist ein *zeitloser* Moment.

Aber dieses GLÜCK wird nicht durch das erlangte Objekt verursacht. Es ist das Aufheben des Mangelgefühls, scheinbar ausgelöst durch das Erlangen des Objekts, das dem schon *vorher existierenden* GLÜCK erlaubt, sich zu zeigen.

Der Wunsch, BEWUSSTSEIN als Objekt zu erfahren, hindert uns daran, wissentlich als BEWUSSTSEIN zu verweilen. Diesen Wunsch loszulassen erfordert mehr als nur das Verstehen, dass BEWUSSTSEIN kein Objekt ist.

Dieses Loslassen bedarf einer tiefen Sensibilität für das Gefühl von Mangel, für das Gefühl, dass wir, um glücklich zu sein, etwas bräuchten, was nicht da ist, für Gefühle und Impulse auf der Körperebene und dafür, wie wir ihnen durch Denken entfliehen.

Ist dies erst einmal verstanden, müssen wir kein Objekt mehr erlangen, um das Gefühl von Mangel aufzulösen. Wir gehen direkt zu dem Gefühl von Mangel selbst und stellen uns ihm so, wie es ist. Einem Impuls, dem Gefühl durch Denken, Wünschen oder Handeln zu entfliehen, wird nicht gefolgt. Wir haben den Mut, uns ihm zu stellen. Wir haben den Mut, nicht zu versuchen, es loszulassen oder etwas damit zu tun.

Wir erlauben dem Gefühl von Mangel einfach, völlig präsent zu sein. Wir fügen nichts hinzu. Dies ist leicht, denn wir, BEWUSSTSEIN, sind bereits das Zulassen oder Einladen aller Dinge.

Wir erlauben einfach dem BEWUSSTSEIN, sich um alles zu kümmern.

Das klare Sehen dieser Gefühle zeigt, dass sie in der Tat nichts anderes als neutrale Körperempfindungen sind. Sie haben keine ihnen innewohnende Macht, die Denken, Wünschen oder Fürchten hervorrufen könnte, geschweige denn ein Gefühl von Mangel oder Trennung.

Dass Gefühle als Körperempfindungen verstanden werden, wird mühelos durch klares Sehen erreicht.

Wir *machen* nichts mit den Gefühlen. Genau genommen *hören* wir damit *auf*, etwas mit ihnen zu machen. Wir hören damit auf, ihnen die Macht zuzuschreiben, REALITÄT zu verschleiern. Wir hören damit auf, ihnen die Macht zuzuschreiben, Unglücklichsein und das damit verbundene Suchen hervorzurufen.

Sobald wir aufhören, Körperempfindungen mit Gefühlen zu überlagern, sind diese kein Hort der Unwissenheit und Verwirrung mehr. Stattdessen offenbaren sie sich als ein herrliches Spiel kreativer Energien, die in der Leere der PRÄSENZ tanzen und deren Fülle von Moment zu Moment aufzeigen.

Wünsche entstehen natürlich weiterhin. Aber ihr Zweck besteht nicht mehr darin, Gefühle zu *vermeiden* oder GLÜCK zu *erreichen.* Ihr Zweck ist, GLÜCK *zum Ausdruck zu bringen.* Ihr Zweck – in der Tat ihre *Natur* – besteht darin, GLÜCK zu manifestieren, zu teilen und zu feiern.

Unser wahrer Körper

Erfahrung geschieht stets *jetzt*, in der Gegenwart. Wollen wir also die Natur der REALITÄT erforschen, steht uns nur die momentane Erfahrung zur Verfügung.

In dieser momentanen Erfahrung haben wir alle Informationen, die benötigt werden, um unsere eigene Natur und die Natur von REALITÄT zu verstehen. Denn beides ist gegenwärtig: wir, was immer das auch sei, und REALITÄT, was immer das auch sei.

Wir müssen nur unserer aktuellen Erfahrung sehr nahe bleiben und uns nicht auf Konzepte oder Ideen aus der Vergangenheit verlassen, die uns sagen, wie die Dinge unserer Vorstellung nach seien. Wir müssen sehr präzise an dieses Erforschen der Erfahrung herangehen und nur das zulassen, von dem wir selbst wissen, dass es wahr ist.

In diesem Moment gibt es *etwas*, was erfahren wird. Vielleicht wissen wir nicht, was dieses *etwas* ist. Es könnte zum Beispiel ein Traum oder eine Halluzination sein, aber wir wissen, da ist *etwas*.

Da ist *etwas*, um das gewusst wird – das sind der Körper, der Geist und die Welt –, und da ist *etwas* – das, was wir als ‚ich' bezeichnen –, was diese Erfahrung erfährt oder das Gewusste weiß.

Diese beiden, die nur scheinbar zwei sind, das Erfahrene und der ERFAHRENDE, das Gewusste und der WISSENDE, das Wahrgenommene und der WAHRNEHMENDE, sind immer ein nahtloses Ganzes. Sie sind in unserer aktuellen Erfahrung nicht zwei Dinge.

Allerdings haben wir die Tendenz, uns hauptsächlich, wenn nicht sogar exklusiv, auf den objektiven Aspekt dieses nahtlosen Ganzen zu fokussieren. Meist ist unsere Aufmerksamkeit zum größten Teil mit Gedanken und Bildern beschäftigt, mit Gefühlen und Empfindungen und Sinneswahrnehmungen – das heißt, mit dem Geist, dem Körper und der Welt.

Im Gegensatz dazu fokussieren wir uns in dieser Betrachtung hier auf den subjektiven Aspekt von Erfahrung anstatt auf den objektiven. Wir richten unsere Aufmerksamkeit auf den WAHRNEHMENDEN anstatt auf das Wahrgenommene.

Trotz der Tatsache, dass Erfahrung immer ein nahtloses Ganzes ist, trennen wir künstlich den WAHRNEHMENDEN vom Wahrgenommenen, den ERFAHRENDEN vom Erfahrenen, den subjektiven Aspekt der Erfahrung vom objektiven Aspekt.

Wir tun dies, um die Aufmerksamkeit auf den subjektiven Aspekt zu lenken, auf den WISSENDEN, den WAHRNEHMENDEN, den ERFAHRENDEN, auf die Präsenz des BEWUSSTSEINS, die bezeugt, was auch immer gerade von Moment zu Moment erfahren wird.

Meist sind wir so vom objektiven Aspekt unserer Erfahrung absorbiert, dass wir die Präsenz von BEWUSSTSEIN in und hinter jeder Erfahrung übersehen.

BEWUSSTSEIN oder das, was wir als ‚ICH' bezeichnen, ist das, was *wahrnimmt* oder *erfährt*. Es ist das, was den Geist, den Körper und die Welt bezeugt. Es ist das, was diese Worte jetzt gerade sieht und versteht.

In diesem Moment wird etwas erfahren, und was immer dieses etwas ist – sei es der Geist, der Körper oder die Welt –, es wird *durch* BEWUSSTSEIN, durch das, was wir ‚ICH‘ nennen, wahrgenommen oder erfahren.

Dieses BEWUSSTSEIN ist ein unleugbarer Teil unserer Erfahrung. Selbst das Leugnen von BEWUSSTSEIN erfordert BEWUSSTSEIN.

Wir haben aber vergessen, dass die wahre Natur dieses ‚ICH‘, unseres SELBST, BEWUSSTSEIN ist, die Präsenz, die bezeugt und erfährt, was auch immer gerade in diesem Moment erfahren wird.

Diese Präsenz des BEWUSSTSEINS ist eigenständig, unabhängig von allen Objekten des Geistes, des Körpers und der Welt, die ihr erscheinen. So, wie ein Spiegel eigenständig ist, unabhängig von dem, was sich in ihm widerspiegelt.

Jedoch haben wir dieses bezeugende BEWUSSTSEIN mit dem Körper und dem Geist identifiziert und damit verwechselt. Eine Folge davon ist, dass wir angefangen haben, zu denken und zu fühlen, dass dieses ‚ICH‘ *etwas* sei, dass es ein Körper/Geist sei.

Körper, Geist und Welt sind alle gleichermaßen Objekte des BEWUSSTSEINS. Durch die fälschliche Identifizierung des BEWUSSTSEINS mit dem Körper/Geist haben wir aber den Status des Subjekts, der eigentlich nur dem BEWUSSTSEIN zusteht, auf Körper/Geist übertragen.

So sind wir dahin gelangt, zu denken und zu fühlen, dass ‚ich‘ als Körper/Geist es bin, der die Welt erlebt.

Aber der Körper/Geist bezeugt oder erlebt nichts. Er wird selbst bezeugt, erlebt.

Wir erleben den Geist (Gedanken und Bilder) und den Körper (Empfindungen) auf die genau gleiche Art und Weise, wie wir die Welt (Sinneswahrnehmungen) erleben.

Jede dieser Erfahrungen ist gleichermaßen ein *Objekt* des Bewusstseins. Der Geist und der Körper sind nicht weniger Objekte des Bewusstseins als die Welt.

So lassen wir in unserem Verständnis den Geist und den Körper an ihren angestammten Ort zurückkehren. Sie sind *Objekte* des Bewusstseins, genau wie die Welt.

Und indem wir Geist und Körper in den objektiven Bereich zurückverlagern, verlagern wir, in unserem Verständnis, das ‚Ich' zurück zum Bewusstsein.

In unserer Betrachtung richten wir unsere Aufmerksamkeit auf dieses bezeugende Bewusstsein.

Dies bedeutet lediglich, dass wir *wissentlich* als das bezeugende Bewusstsein verweilen. Das heißt, dieses Bewusstsein verweilt wissentlich in sich selbst als es selbst.

Wir gestatten dem Geist, dem Körper und der Welt, in der Präsenz des Bewusstseins zu erscheinen, da zu sein und wieder zu verschwinden. Das tun sie ohnehin, also kooperieren wir mit dem, was ohnehin immer schon geschieht.

In diesem Zustand wissen wir, dass unser SELBST – BEWUSSTSEIN – nichts Vorstellbares oder Wahrnehmbares ist, und doch wissen wir, dass wir *sind*.

Wo wir zuvor fälschlicherweise das ‚ICH' (BEWUSSTSEIN) mit dem Körper/Geist identifiziert hatten und uns in der Folge als *etwas* ansahen, verstehen wir uns nun als den Zeugen, als nichts Objektives.

BEWUSSTSEIN, ‚ICH', das Subjekt, ist bereits zur Ruhe gekommen. Es ist bereits friedvoll. Genau genommen ist es der FRIEDE selbst.

FRIEDE ist dem BEWUSSTSEIN innewohnend.

Die Unruhe des Geistes, des Körpers und der Welt erscheint *in* BEWUSSTSEIN, aber BEWUSSTSEIN wird durch sie nicht beunruhigt.

Es ist unsere Erfahrung, dass BEWUSSTSEIN, das, was wir als unser SELBST kennen, immer präsent ist, immer so bleibt, wie es ist, unverändert und unbewegt. Es heißt stets unvoreingenommen die Totalität unserer objektiven Erfahrung in sich willkommen, unabhängig von der Natur der jeweiligen Erfahrung.

Nehmen wir den Standpunkt dieses allgegenwärtigen BEWUSSTSEINS ein, so können wir unsere Erfahrung erneut betrachten und bemerken, dass wir den Geist, den Körper oder die Welt nie wirklich so erfahren, wie wir uns das normalerweise vorstellen.

Der Geist besteht aus dem momentanen Gedanken oder Bild, aus dem, was wir gerade denken oder uns vorstellen. Es gibt kein Behältnis namens Geist, in dem all unserer Erinnerungen, Hoffnungen, Befürchtungen und Wünsche und Ähnliches gespeichert wären. Immer, wenn eine Erinnerung, eine Hoffnung, eine Befürchtung, ein Wunsch oder Ähnliches erscheinen, so erscheinen sie als momentaner Gedanke.

Die Vorstellung, dass es einen Geist gebe, der all unsere Erinnerungen, Hoffnungen, Befürchtungen und Wünsche beinhalte, ist selbst einfach ein Gedanke, der von Zeit und Zeit – wie andere Gedanken auch – im BEWUSSTSEIN erscheint.

Ein Geist als solcher existiert nicht. Die Erfahrung eines Geistes ist einfach eine Idee, ein Konzept. Es ist ein nützliches Konzept, aber keine auf Erfahrung basierende Tatsache.

Ebenso erfahren wir den Körper nicht so, wie wir uns das normalerweise vorstellen. Tatsächlich existiert der Körper als solcher nicht. Es gibt eine Reihe von Empfindungen und Wahrnehmungen, die im BEWUSSTSEIN erscheinen. Und von Zeit zu Zeit gibt es einen Gedanken oder ein Bild des ‚Körpers', der als Gesamtsumme all dieser Empfindungen und Wahrnehmungen angesehen wird.

Dieser Gedanke oder dieses Bild erscheinen allerdings im BEWUSSTSEIN, genau so, wie die Empfindungen und Wahrnehmungen, auf die der Gedanke oder das Bild sich scheinbar beziehen. Und dieser scheinbare Körper besteht aus der gleichen Substanz wie ein Gedanke. Er besteht aus Geist, wobei hier der Begriff Geist im weitesten Sinne des Wortes verwendet wird, sodass sowohl Spüren und Wahrnehmen als auch Denken dazu gehören.

Achten wir ganz genau auf die momentane Erfahrung unser Körperempfindungen, so sehen wir, dass sie formlos und konturlos sind. Wir erleben vielleicht eine visuelle Wahrnehmung der Haut und leiten aus mehreren verschiedenen Wahrnehmungen eine klar definierte Grenze her, die alle anderen Körperempfindungen beinhaltet. Diese Vorstellung beschreibt aber nicht die REALITÄT unserer Wahrnehmung.

Die visuelle Wahrnehmung der Körperoberfläche ist eine Wahrnehmung. Eine Körperempfindung ist eine andere Wahrnehmung. Wenn eine dieser Wahrnehmungen da ist, ist die andere nicht da. Sind sie beide da, dann sind sie *eine* Wahrnehmung, *eine* Erfahrung.

Eine Wahrnehmung kann nicht in einer anderen erscheinen. Alle Wahrnehmungen erscheinen im BEWUSSTSEIN. Wir erfahren eine Empfindung nie *im* Körper. Was wir Körper nennen, ist die Erfahrung einer Empfindung.

Eine Empfindung erfahren wir nicht *in* der wohl definierten Kontur einer Haut. Wir erfahren eine Empfindung *im* BEWUSSTSEIN und wir erfahren eine visuelle Wahrnehmung *im* BEWUSSTSEIN.

Wir können dies weiter erforschen, indem wir uns vorstellen, wie es wäre, unsere tatsächliche Körpererfahrung auf ein Blatt Papier zu malen. Würde das auch nur in etwa so aussehen wie der Körper, den wir uns normalerweise vorstellen? Wäre es nicht eher eine Sammlung kleiner, amorpher, abstrakter Markierungen, die auf dem Papier verteilt sind, ohne Form, ohne eine Grenze?

Ist die tatsächliche *Körpererfahrung* nicht eine Sammlung kleiner, amorpher, kribbelnder Empfindungen, die frei im Raum des BEWUSSTSEINS schweben?

Und wenn wir uns diese Empfindungen anschauen, sind sie nicht mit der Präsenz des BEWUSSTSEINS, in dem sie erscheinen, durchdrungen und von dieser Präsenz gesättigt?

Die Kontinuität und Kohärenz, die wir im Allgemeinen dem Körper zuschreiben, gehört tatsächlich zum BEWUSSTSEIN.

Tatsächlich *ist* BEWUSSTSEIN unser wahrer Körper. BEWUSSTSEIN beherbergt all die Empfindungen, die wir normalerweise als ‚der Körper' bezeichnen.

Unser wahrer Körper ist offen, transparent, gewichtslos und grenzenlos. Er ist leer und beinhaltet doch alle Dinge. Daher ist ein derartig leerer Körper von sich aus auch liebend.

Er ist die einladende Umarmung aller Dinge.

‚Ich' bin alles

Um die Aufmerksamkeit auf die Präsenz und das Primat des bezeugenden BEWUSSTSEINS zu lenken, können wir die nahtlose Totalität unserer Erfahrung aufteilen in ein wahrnehmendes Subjekt (BEWUSSTSEIN) und ein wahrgenommenes Objekt (Körper, Geist, Welt).

Wie wir gesehen haben, ermöglicht uns dies, die Erfahrung des BEWUSSTSEINS zu erforschen und zu sehen, ob die Behauptung, dass es auf einen individuellen, persönlichen Körper/Geist begrenzt sei, etwa Gültigkeit besitzt.

Ferner ermöglicht es uns, die Natur des Objekts zu erforschen. Aus was besteht ein Objekt tatsächlich?

Welche Beziehung besteht zwischen Körper, Geist und Welt, die im BEWUSSTSEIN erscheinen, und dem BEWUSSTSEIN selbst?

Nehmen wir zum Beispiel ein Geräusch, das gerade gegenwärtig ist. Erleben wir eine Grenze zwischen diesem Geräusch und dem BEWUSSTSEIN, das es wahrnimmt? Gibt es eine derartige Grenze dazwischen?

Die Wahrnehmung eines Geräuschs, die Empfindung, die wir ‚meine Hand' nennen, und der momentane Gedanke erscheinen alle frei schwebend im gleichen Raum des BEWUSSTSEINS. Entspricht dies nicht unserer tatsächlichen Erfahrung?

Ist es zutreffend, dass unsere Gedanken im Innern dieses BEWUSSTSEINS sind und Geräusche im Außen?

Wie ist unsere tatsächliche Erfahrung dieser Grenze zwischen dem, was ‚in' mir ist, und dem, was ‚außerhalb' von mir ist? Die Erfahrung einer derartigen Grenze gibt es nicht!

Wenn wir glauben, eine solche Grenze zu erleben, ist diese Grenze dann nicht selbst wiederum eine Wahrnehmung, ein Objekt, das frei im BEWUSSTSEIN schwebt, zusammen mit dem, was in diesem Moment sonst gerade noch erlebt wird?

Trennt diese scheinbare Grenze tatsächlich den Gedanken ‚in' mir von dem Geräusch ‚außen'?

Stimmt es, dass zum Beispiel die Empfindung, die wir unsere Hand nennen, uns näher ist – also näher am bezeugenden BEWUSSTSEIN – als das Geräusch, das wir in der Ferne hören?

‚In der Ferne' ist ein Konzept, ein Begriff, ein theoretisches Konstrukt. Das Geräusch erscheint *hier*, in mir, im BEWUSSTSEIN, an genau dem Ort, wo auch die Empfindung, die wir unsere Hand nennen, erscheint.

Erscheinen sie nicht beide mit der gleichen Distanz zum BEWUSSTSEIN, nämlich mit gar keiner Distanz?

Sind sie nicht beide gleichermaßen eins mit BEWUSSTSEIN, mit ‚ICH', mit dem, wodurch sie erfahren werden?

Und ‚ich', BEWUSSTSEIN, bin *hier*. Ich bin immer *hier*.

Dieses ‚*hier*' ist kein Ort. Es ist absolute Vertrautheit, absolute Unmittelbarkeit, absolute Identität.

Warum denken wir, dass die Empfindung, die wir unsere Hand nennen, uns näher sei als das Geräusch ‚in der Ferne'? Ist dies tatsächlich unsere Erfahrung?

Wenn Bewusstsein verglichen wird mit dem physischen Raum in diesem Zimmer und der Geist, der Körper und die Welt verglichen werden mit den Objekten, die darin erscheinen, stimmt es dann, dass – sagen wir – der Stuhl, auf dem wir sitzen, dem Raum in diesem Zimmer näher ist als der Tisch? Ist der Fußboden dem Raum in diesem Zimmer näher als die Decke? Das ist absurd!

Wenn wir also behaupten, dass unsere Hand uns, dem Bewusstsein, näher sei als ‚das Geräusch in der Ferne' oder dass ein Gedanke uns näher sei als unsere Hand, so ist dies genauso absurd. Das entspricht nicht unserer Erfahrung. Unsere Erfahrung ist, dass sie alle mit der gleichen „Null-Distanz" zum Bewusstsein erscheinen.

Und schauen wir uns nun sehr genau die *Substanz* des Objekts an, das im Bewusstsein erscheint, so bemerken wir, dass wir die Substanz in keiner Weise vom Bewusstsein unterscheiden können. Es gibt keinen Teil der Erfahrung eines Objekts, der nicht in höchstem Maße mit Bewusstsein gesättigt und von Bewusstsein durchdrungen wäre.

Bewusstsein ist nicht einfach nur *Zeuge* jedes Objekts, das in ihm erscheint, sondern auch seine *Substanz.*

Jedes Objekt ist aus Bewusstsein *gemacht.* Es ist ein *Ausdruck* von Bewusstsein.

Zunächst einmal verstehen wir, dass Objekte *dem* Bewusstsein erscheinen.

Dann verstehen wir, dass sie *im* Bewusstsein erscheinen.

Dann verstehen wir, dass sie *als* Bewusstsein erscheinen.

So absorbiert Bewusstsein den Körper, den Geist und die Welt wieder, holt sie in sich zurück.

Und selbst diese Formulierung ist nicht ganz richtig, denn sie deutet an, dass ein Objekt irgendwie von außen gekommen und *im* Bewusstsein erschienen ist. Dass Bewusstsein dieses Objekt in sich aufnimmt.

Aber Bewusstsein ist zuerst da, vor dem Erscheinen irgendeines Objekts. Die allererste Erfahrung, die wir als Neugeborene je gemacht haben, wurde *durch* genau dieses Bewusstsein erfahren, das nun gegenwärtig ist und diese Worte sieht.

Natürlich ergibt es keinen Sinn, so etwas wie „zuerst", „vor" zu sagen, denn wenn es keine Objekte gibt, dann gibt es auch keine Zeit. Aber diese Unzulänglichkeit der Sprache müssen wir akzeptieren.

Bewusstsein nimmt das Objekt nicht in sich auf. Vielmehr nimmt Bewusstsein, mittels der Fähigkeiten des Spürens und des Wahrnehmens, die Gestalt des scheinbaren Objekts *an* und bleibt gleichzeitig immer es selbst.

Anfänglich identifiziert sich BEWUSSTSEIN mit dem Objekt und scheint sich dabei zu vergessen. Später nimmt es die Gestalt des Objekts an, ohne sich zu vergessen.

Wenn BEWUSSTSEIN sich zu vergessen scheint, dann wird das ‚Objekt' als ein Objekt mit einer eigenen, scheinbar getrennten Existenz erlebt. Wenn BEWUSSTSEIN die Gestalt des Objekts annimmt, *ohne* sich zu vergessen, dann wird das ‚Objekt' als ein Ausdruck der PRÄSENZ selbst erfahren.

BEWUSSTSEIN nimmt die Gestalt jeder Erfahrung an, die wir machen. In dieser Befindlichkeit wissen wir, dass wir, BEWUSSTSEIN, *alles* sind.

Die transparente, leuchtende, leere, sich selbst erkennende „Nichtsheit" des BEWUSSTSEINS nimmt die Gestalt der Totalität unserer Erfahrung an. Es (er)kennt sich selbst als alles.

BEWUSSTSEIN ist immer nur es selbst und doch *scheint* es, indem es sich exklusiv mit einem Objekt, dem Körper/Geist, identifiziert, zu *etwas* zu werden. Es *scheint* ein Objekt zu werden.

Indem es sich von dem Objekt „disidentifiziert", erkennt es sich selbst als Subjekt. Es erkennt sich selbst als nichts, als leer. Das heißt, es erkennt, dass es kein Objekt ist, kein ‚Ding'.

Wenn es das Objekt nun wieder aus der Position des Subjekts betrachtet, bemerkt es, dass das Subjekt – also *es selbst* – mit in das Erzeugen des Objekts eingeht. Es erkennt sich selbst als *alles*.

Diesen Zustand könnte man Liebe nennen. Es ist der natürliche Zustand, in dem die „Nichts-heit" des Zeugen von jeglicher Objektivität oder Begrenzung befreit ist und sich selbst als die Substanz von allem erkennt. Bewusstsein (er)kennt sich selbst als *alles*.

Es erkennt, dass alles in ihm enthalten und ein Ausdruck seiner selbst ist.

Es geht über Subjekt und Objekt hinaus. Subjekt und Objekt kollabieren in das hinein, was hinter, jenseits und in beiden ist. Das könnten wir Sein nennen.

Bewusstsein wird etwas, dann nichts, dann alles, und bleibt doch immer es selbst.

Bewusstsein wird als das Wahrgenommene erkannt, dann als der Wahrnehmende, dann als Wahrnehmen, und doch bleibt in dem gesamten Prozess Bewusstsein immer es selbst.

Bewusstsein *geht* nie irgendwo hin. Bewusstsein *wird* nie zu etwas.

Es gibt nur Bewusstsein, es gibt nur Sein, das sich selbst in jeder Erfahrung, die wir machen, gleichzeitig erschafft, bezeugt, ausdrückt und erfährt.

Unser Selbst – die Realität aller Dinge

Die Tatsache, dass es Erfahrung gibt, sagt uns zweierlei.

Zum einen, dass es Bewusstsein gibt. Etwas – was immer es auch sei –, was bewusst, präsent und gewahr ist, was bezeugt oder erfährt, was auch immer gerade erfahren wird.

Wir nennen dieses Bewusstsein ‚Ich'. Es ist das subjektive Element in jeder Erfahrung. Wir wissen nicht, was jenes Bewusstsein ist, aber wir wissen, *dass* es ist.

Das, *dessen* wir bewusst sind, sagt uns nichts über die Natur des Bewusstseins, außer, dass es bewusst und präsent ist, dass es *ist*. Wir wissen, dass es *präsent* ist, dass es Sein besitzt.

Zum zweiten sagt uns die Tatsache, dass es Erfahrung gibt, dass es *etwas* gibt, was erfahren wird, dass etwas gegenwärtig ist. Dieses *Etwas* ist das objektive Element in jeder Erfahrung. Es ist alles, was nicht ‚Ich' ist, nicht Bewusstsein ist. Wir nennen es ‚das' oder ‚es'.

Wir wissen vielleicht nicht, *was* dieses ‚Etwas' ist, jedoch gibt es keinen Zweifel, dass *etwas* erfahren wird.

Es könnte eine Illusion sein, ein Traum oder eine Halluzination, und doch ist es immer noch *etwas*. Es hat Existenz. Es hat Sein. Es hat Realität.

Das bisher Gesagte könnte man einfach so formulieren, dass ‚ich' (das Subjekt) ‚es' oder ‚das' (jenes Objekt) erlebe oder erfahre. Dies ist die gebräuchliche Sicht auf Erfahrung.

Nicht so gebräuchlich ist, klar zu sehen, dass wir eigentlich nicht wissen, was irgendetwas wirklich ist. Die wahre Natur der Erfahrung kennen wir nicht. Wir kennen nichts Objektives mit Bestimmtheit.

Der Geist kann, per Definition, *nie* die wahre Natur von Erfahrung (er)kennen. Allerdings ist es auch nicht notwendig, die wahre Natur von Erfahrung zu *kennen*, denn wenn wir unsere Erfahrung tiefer erforschen, entdecken wir, dass das, was wir ganz grundsätzlich *sind*, diese wahre Natur ist, diese REALITÄT von allem, das wahrgenommen wird.

Es ist, was wir *sind*.

Aber dass unser SELBST und die REALITÄT aller Dinge identisch sind, ist kein objektives Wissen.

In diesem Nichtwissen ist schon allein die Tatsache, dass da *etwas* ist, dass da SEIN ist, dass da BEWUSSTSEIN ist, eine höchst außergewöhnliche Sache.

In diesem Licht betrachtet ist auf dem Wasser zu gehen oder sich durch das Weltall zu teleportieren nicht bemerkenswerter als eine Staubflocke oder die Fliege, die gerade auf dem Tische gelandet ist.

Dass die Präsenz von BEWUSSTSEIN und SEIN in dem Wissen um die Staubflocke als eins erkannt werden, verwandelt die Staubflocke in ein höchst außergewöhnliches Wunder.

Aus diesem Grund nennen die Anhänger des Kashmir-Shivaismus dieses Erforschen der Erfahrung ein Yoga des „Wunderns, Staunens und Entzückens".

Wir bleiben einfach offen, leer, ruhig, nichtwissend und voller Verwunderung.

Natürlich entstehen in diese Offenheit hinein Formulierungen, die angemessene Antworten auf die momentane Situation sind. Sie kommen aus der Situation selbst und passen daher wie maßgeschneidert.

Ein Beispiel für eine derartige Antwort könnte eine Formulierung über die Natur der REALITÄT sein. Diese Formulierung wäre eine vorläufige Antwort auf eine Frage oder eine Situation. Wenn die Situation sich dann wieder auflöst, löst sich auch die Antwort auf.

Die Antwort engt REALITÄT nie ein, obwohl sie ein Ausdruck von REALITÄT ist und auf sie hinweist.

Die Antwort entsteht aus diesem ‚Nichtwissen', tanzt eine Weile mit der Frage und verschmilzt dann mit ihr, sodass sie zu ihrem Ursprung, der STILLE, zurückkehrt.

Tatsächlich ist die wirkliche Antwort die STILLE selbst. STILLE ist es, die die Frage zu ihrem Ende kommen lässt.

Nehmen wir uns zunächst den subjektiven Aspekt von Erfahrung vor, so sehen wir, dass es unmöglich ist, irgendetwas Objektives über diesen subjektiven Aspekt, über ‚Ich' oder über Bewusstsein zu wissen. Der Grund dafür ist einfach, dass alles, was gewusst wird, per Definition ein Objekt ist.

Alles, was wir über das Subjekt zu wissen glauben, wird sofort in den Status eines ‚Objekts' transferiert. Es wird zum Gewussten, nicht zum Wissenden.

Normalerweise identifizieren wir dieses wissende ‚Ich' oder das Bewusstsein mit dem Geist und dem Körper. Wir denken, Geist und Körper seien ‚ich', das ‚Subjekt', und alles andere sei ‚die Welt', ‚das', ‚es', das ‚Objekt'.

Diese Sicht lässt es bereits an Klarheit fehlen, denn der Geist und der Körper sind etwas *Gewusstes*. Sie sind nicht der *Wissende*. Daher können sie nicht das sein, was wir mit ‚Ich' bezeichnen.

Damit ist klar, dass es kein Wissen um ‚Ich' (um Bewusstsein) als *Objekt* geben kann, obwohl es unleugbar präsent ist. ‚Ich' (Bewusstsein) ist der *Wissende*, der um das weiß, was gerade *gewusst* wird.

Bewusstsein weiß allerdings auch um *sich selbst*, denn *Wissen* ist seine Natur. Es ist immer präsent und weiß daher immer um sich selbst.

In diesem Sinne um sich zu *wissen* heißt für Bewusstsein, es selbst zu *sein*. Sein ‚es selbst sein' *ist* sein Wissen um sich selbst.

Wissen und Sein sind identisch, wenn sie sich auf Bewusstsein beziehen.

Wenden wir uns nun dem objektiven Aspekt der Erfahrung zu. Der Verstand (als Teil des Geistes) und die Sinne sind die Instrumente, durch die um das, was erfahren wird, gewusst wird. Sie sind die Instrumente der Wahrnehmung.

Wir wissen nicht, was es ist, was erfahren wird, aber was es auch sein mag, es wird durch die Fähigkeiten des Verstandes und der Sinne erfahren.

Wollen wir also die wahre Natur des ‚Gewussten' entdecken, die Realität der ‚Welt', unabhängig von den Instrumenten, mittels derer darum gewusst wird, so müssen wir vom Gewussten die Eigenschaften entfernen, die ihm durch die Werkzeuge der Wahrnehmung verliehen werden.

Vom Geist (in Form des Verstandes) wird der Name verliehen, der Begriff, das Konzept, die Vorstellung davon, was ein Objekt ist. Aus der nahtlosen Totalität der Erfahrung abstrahieren wir ein Objekt und nennen es zum Beispiel ‚Stuhl'.

Durch die Sinne wird die Form verliehen – das heißt Gestalt, Farbe, Haptik, Geschmack, Geruch, Geräusch. Wären diese Eigenschaften anders, so würde die Welt anders erscheinen. Wir füllen die Abstraktion, die wir als ‚Stuhl' etikettiert haben, mit Eigenschaften wie ‚hart' oder ‚rot'.

Wir kleiden REALITÄT in Name und Form.

Welche Eigenschaften des Gewussten sind unabhängig von den Instrumenten, mittels derer darum gewusst wird?

Was bleibt vom Gewussten übrig, wenn die Eigenschaften, *durch die* darum gewusst wird, entfernt werden? Die *EXISTENZ* oder *REALITÄT* des Gewussten verbleibt. Also das – was auch immer es sein mag –, was zum *Gewussten* gehört und nicht zum Geist oder den Sinnen.

Mit dem Entfernen der Wahrnehmungsinstrumente, mit dem Entfernen des Geistes wird alles entfernt außer der EXISTENZ oder dem SEIN oder der REALITÄT eines Objekts.

Alles Objektive, was über diese REALITÄT gesagt werden könnte, gehört in den Bereich des Geistes oder der Sinne, also zu dem Bereich, *durch* den REALITÄT manifestiert wird, und kann daher nicht der REALITÄT selbst innewohnen.

Wir können jedoch sagen, dass REALITÄT *existiert*, dass sie *ist*, dass sie SEIN hat.

So gelangen wir zu dem Verständnis, dass nur die Präsenz von BEWUSSTSEIN und EXISTENZ verbleibt, wenn Erfahrung von Name und Form entkleidet wird und somit entkleidet wird von den individuellen Fähigkeiten, mittels derer sie wahrgenommen oder erfasst wird.

Welche Beziehung besteht zwischen BEWUSSTSEIN und EXISTENZ?

Sowohl BEWUSSTSEIN als auch EXISTENZ sind in jeder Erfahrung gegenwärtig und sie haben beide keine objektiven Eigenschaften.

Wären sie unterschiedlich, dann müssten sie Eigenschaften haben, die sie bestimmen, unterscheiden und voneinander trennen.

Wir haben bereits gesehen, dass all solche bestimmenden Eigenschaften in das Reich des Geistes oder der Sinne gehören, zu den Instrumenten des Wissens, Spürens und Wahrnehmens, und dass sie daher nicht BEWUSSTSEIN oder EXISTENZ innewohnen können.

Wenn BEWUSSTSEIN und EXISTENZ in jeder Erfahrung gegenwärtig sind und doch keines von beiden irgendwelche Eigenschaften hat, so können sie nicht unterschiedlich sein.

BEWUSSTSEIN und EXISTENZ sind ein und dasselbe. Dies ist unsere Erfahrung von Moment zu Moment.

Angefangen haben wir mit einem Modell der Erfahrung, das die Vorstellung zu untermauern schien, es gäbe ein Subjekt, das mittels des Mediums des Geistes und der Sinne um ein Objekt weiß. Wird der Umhang oder Schleier aus Geist und Sinnen, also aus Name und Form, entfernt, so bleiben uns BEWUSSTSEIN und EXISTENZ.

Betrachten wir unsere *Erfahrung* von BEWUSSTSEIN und EXISTENZ, so stellen wir fest, dass sie identisch sind.

Das mag wie eine abstrakte und komplexe Argumentation erscheinen, die wenig mit unserer alltäglichen Erfahrung zu tun hat, aber tatsächlich ist das Erkennen der Identität von BEWUSSTSEIN und EXISTENZ eine sehr gewöhnliche und vertraute Erfahrung.

Man kennt sie als GLÜCK oder FRIEDEN.

Wir könnten sagen, dass, wenn das Wissen um ein Objekt von seinen objektiven Eigenschaften befreit wird, die Identität von BEWUSSTSEIN und EXISTENZ sich offenbart. Dieses Offenbaren ist auf der Ebene des Körpers als GLÜCK bekannt, auf der Ebene des Geistes als FRIEDE und auf der Ebene der Welt als SCHÖNHEIT.

Geist und Sinne scheinen die ‚EINSHEIT' von BEWUSSTSEIN/EXISTENZ in zwei Teile zu teilen, in ‚ich' und ‚anderes', dies und das, Subjekt und Objekt.

Geist und Sinne sind wie ein Prisma, durch das die EINSHEIT von BEWUSSTSEIN/EXISTENZ in ‚zehntausend Dinge' gebrochen zu werden scheint.

Diese verschleiernde Kraft von Geist und Sinnen hat einige spirituelle Traditionen dazu veranlasst, den Körper und die Welt zu ächten, sie als gefährliches Reich der Illusionen zu betrachten, die die Aufmerksamkeit von der EINSHEIT von BEWUSSTSEIN/EXISTENZ ablenken.

Es gibt im sich entfaltenden Prozess des Verstehens einen Platz für diese Interpretation von Geist und Sinnen, da eine solche Sicht es uns ermöglicht, Abstand von deren verschleiernden Kräften zu bekommen. Aber auf Dauer hält diese Sicht den Körper und die Welt auf Distanz und erhält daher die Illusion der Dualität aufrecht.

Genau genommen trennen Geist und Sinne nicht wirklich Bewusstsein von Existenz. Es scheint nur so.

An der Welt ist nichts Illusionäres. Die Trennung zwischen der Existenz der Welt und der Präsenz des Bewusstseins ist das Illusionäre. Geist und Sinne erschaffen die Illusion einer separaten und unabhängigen Existenz.

Es ist die Kreativität des Bewusstseins, die mittels der Fähigkeiten von Geist und Sinnen die Einsheit in einen Tanz scheinbarer Vielfalt bricht.

Zeit ist die Muttersprache des Geistes. Raum ist die Muttersprache des Körpers. Entferne Zeit und Raum aus der Erfahrung – das heißt, entferne Name und Form – und uns verbleibt die Einsheit von Bewusstsein/Existenz. Uns bleibt zeitlose, raumlose Präsenz, das Sein.

Sein erstrahlt im Selbst als Bewusstsein und in der Welt als Existenz.

Geist und Sinne werden der Einsheit von Bewusstsein/Existenz allerdings nicht von außen aufgezwungen. Sie *entspringen* dieser Einsheit.

Erforschen wir die tatsächliche Erfahrung von Geist und Sinnen, so stellen wir fest, dass ihre Substanz Bewusstsein/Existenz ist, aus der sie entspringen.

Wir könnten sagen, dass Bewusstsein/Existenz Geist und Sinne gebärt, die wiederum Zeit und Raum gebären, die wiederum die Welt, die ‚zehntausend Dinge' gebären.

Und wir könnten sagen, dass Bewusstsein/Existenz eine Reise unternimmt, *scheinbar* hinaus aus dem eigenen Königreich und hinein in das Reich von Geist und Materie. So, als würde die Nahtlosigkeit von Bewusstsein/Existenz sich selbst zur Welt entfalten und sich dann wieder zusammenfalten, die Welt wieder in sich zurückfalten.

Dies erfahren wir jedes Mal, wenn wir den Übergang zwischen Tiefschlaf und Traumzustand und zwischen Traumzustand und Wachsein vollziehen.

Als Erstes wird in der zeitlosen Einheit des Tiefschlafs, wo die Einsheit in ihrem eigenen unmanifestierten Zustand verweilt und alles potenziell umfasst wird, der Geist erschaffen.

Wir könnten sagen, dass die Einsheit des Tiefschlafs sich in den Geist verwandelt, die Form des Geistes annimmt. Dies erschafft die Welt der Träume, der subtilen Bilder, wo Zeit, aber nicht Raum gegenwärtig ist.

Dann erschafft die Einsheit des Tiefschlafs in sich die Fähigkeiten des Spürens und Wahrnehmens oder *wird* zu ihnen. Ohne dabei je etwas anderes zu werden als sie selbst. In der Folge wird der Raum erschaffen.

Mit dem Auftauchen dieser neuen Dimension erscheint der Wachzustand und mit ihm die Welt.

In diesem Prozess gibt es zu keinem Zeitpunkt ein Wesen, das aufwacht, das vom Tiefschlaf zum Traumzustand wechselt oder vom Traumzustand zum Wachzustand.

Vielmehr ist es eher so, dass die EINSHEIT des Tiefschlafs in sich selbst die Welten des Träumens und Wachens empfängt, sie wachsen lässt und gebärt. Diese *scheinen* dem Mutterleib der PRÄSENZ zu entspringen, aber in Wirklichkeit bleiben sie immer in ihm.

Das, was im Tiefschlaf gegenwärtig ist, oder genauer gesagt, das, was Tiefschlaf *ist*, verbleibt als Hintergrund und Substanz von Traum- und Wachzustand.

Sobald dies klar als eine Tatsache unserer Erfahrung gesehen wird, wird die verschleiernde Kraft von Geist und Sinnen in eine offenbarende Kraft transformiert.

Geist und Sinne sind sozusagen Doppelagenten. Sie arbeiten für Unwissenheit und für Verstehen.

Diese Erkenntnis ist der Moment, da der verlorene Sohn umkehrt und wieder zum Vater zurückgeht. Auf genau dem gleichen Pfad, den er genommen hatte, als er von ihm fortlief.

Dies ist auch der Moment, in dem der traditionelle spirituelle Pfad des Entsagens sich zum tantrischen Pfad des Annehmens und Einbeziehens wandelt. Es ist der Moment, in dem das volle Spektrum der Erfahrung als das, was es wirklich ist, begrüßt, erforscht und gefeiert wird.

Es ist der Übergang von „Ich bin nichts“ zu „Ich bin alles“, vom Weg der Unterscheidung zum Weg der LIEBE.

Es ist der Moment, da die Leere des BEWUSSTSEINS sich als Fülle der Erfahrung erkennt.

Es ist der Moment, in dem BEWUSSTSEIN erkennt, dass es die Welt *in* sich selbst projiziert, anstatt *aus* sich heraus.

Wir haben nicht mehr das Gefühl, dass wir ein Wesen sind, hier und jetzt lokalisiert, nicht mehr das Gefühl, *in* einem Körper und an einem bestimmten *Zeitpunkt* zu sein. Sondern wir verstehen das ‚JETZT' als zeitlose PRÄSENZ, nicht als einen Moment in der Zeit, und das ‚HIER' als ortlose PRÄSENZ, nicht als einen Ort im Raum.

Geist, Körper und Welt werden als *Ausdrucksformen* des BEWUSSTSEINS verstanden und nicht als *Ablenkungen* vom BEWUSSTSEIN.

Die Identität von ‚ich' und ‚das' wird erkannt. Sie vereinen sich nicht. Sie waren immer schon vereint. Ja, tatsächlich waren und sind sie nicht einmal „vereint", weil sie niemals zwei Dinge waren. Nur wird ihre Einheit jetzt erkannt. Sie erkennt sich selbst.

Friede und Glück sind dem Bewusstsein innewohnend

Geist, Körper und Welt erscheinen im BEWUSSTSEIN, im ‚ICH', in ‚mir'. Sie sind Objekte und BEWUSSTSEIN ist ihr Subjekt, das, wodurch sie erfahren werden.

BEWUSSTSEIN, das, was wir ‚ICH' nennen, ist immer in jeder Erfahrung präsent und verschwindet nicht zwischen den Erfahrungen.

Haben wir je die Erfahrung gemacht, dass unser SELBST, BEWUSSTSEIN, verschwindet? Das ist unmöglich. Irgendetwas müsste gegenwärtig sein, um dieses Verschwinden zu bezeugen, und dieses Etwas müsste bewusst sein. Es wäre dann wieder das, was wir ‚ICH', BEWUSSTSEIN, nennen.

Wenn ein Objekt in dieser bewussten PRÄSENZ erscheint, so weiß diese PRÄSENZ um sich selbst als Zeuge dieses Objekts.

Im Tiefschlaf verbleibt ‚ICH', diese bewusste, bezeugende PRÄSENZ, genau so, wie sie im Wach- und Traumzustand immer ist.

Im Tiefschlaf sind keine Objekte gegenwärtig, daher gibt es keine Erinnerung an diesen Zustand. Beim Aufwachen interpretiert der Geist diesen Zustand als eine Leere, ein Nichts. Aber das Fehlen einer Erinnerung ist kein Beweis von Nichtexistenz.

Beim Einschlafen werden die gut organisierten Bilder, Empfindungen und Wahrnehmungen des Wachzustandes allmählich durch die weniger gut organisierten Bilder des Traumzustandes ersetzt, aber während dieses Übergangs wird keine Veränderung in der Präsenz des Bewusstseins erlebt.

Und auch während die Bilder des Traumzustands verblassen, bleibt Bewusstsein, wie es ist, und diese Präsenz von Bewusstsein ohne Objekte wird als Tiefschlaf bezeichnet.

An keiner Stelle dieses Übergangs von Wachzustand zu Tiefschlaf erlebt Bewusstsein eine Veränderung der eigenen Präsenz oder Kontinuität.

So, wie Bewusstsein während des Wachzustands völlig von dem sich verändernden Fluss der Erfahrungen unberührt bleibt, so bleibt Bewusstsein auch unverändert während des Übergangs vom Wach- zum Traumzustand, während des Traumzustands und während des Übergangs vom Traumzustand zum Tiefschlaf.

Genau genommen werden die drei Zustände des Wachens, des Träumens und des Tiefschlafs falsch benannt. Diese drei Kategorien basieren auf der Annahme, dass es ein Wesen namens ‚Ich' gibt, das den Übergang durch diese drei Zustände vollzieht. Wird erst einmal klar gesehen, dass es kein individuelles Wesen gibt, so wird auch gesehen, dass es keine drei Zustände gibt.

Ein Zustand ist etwas, was eine bestimmte Zeit lang anhält. Er kommt und geht. Es wäre präziser zu sagen, dass es eine Verfassung gibt, ein allgegenwärtiges Befinden, das wir ‚Ich', Bewusstsein, Präsenz nennen und in dem alle scheinbaren Zustände kommen und gehen.

Die scheinbaren Zustände des Wachens und des Träumens sind Modulationen dieser einen Präsenz.

Tiefschlaf ist in Wirklichkeit einfach die Präsenz des Bewusstseins, wie es aus sich selbst heraus erstrahlt. Daher ist er so friedlich und genussvoll!

Er wird erst dann zum Zustand, *scheint* zum Zustand zu werden, wenn er vom Geist fälschlich so verstanden wird, als ob er eine bestimmte Zeitspanne gedauert hätte. Aber im Tiefschlaf gibt es keine Zeit.

Diese drei Zustände sind keine wohldefinierten Kategorien. Es wäre präziser zu sagen, dass es ein Fließen von Objekten gibt, von offenkundigen wie subtilen, der im allgegenwärtigen Bewusstsein stattfindet.

Während des Wachzustands scheinen die Objekte dicht, zusammenhängend und nahe beieinander. Es gibt nicht viel Raum zwischen ihnen. Wenn der Traumzustand beginnt, werden die Objekte leichter und der Zusammenhalt lockerer. Es gibt mehr Raum zwischen ihnen. Im Tiefschlaf gibt es keine Objekte. Es gibt leeren Raum.

Dieser leere Raum ist die Präsenz des Hintergrunds, die Präsenz von Bewusstsein, von ‚Ich'. Als leer wird er nur aus dem Blickwinkel des Geistes bezeichnet, denn es gibt dort nichts Objektives. Aus seinem *eigenen Blickwinkel* heraus wird er als Fülle erfahren, als Präsenz, selbstleuchtend, selbstwissend und selbstverständlich.

Es ist der gleiche Raum, der während der Intervalle zwischen dem Erscheinen von Objekten im Traum- und Wachzustand gegenwärtig ist. Und es ist auch der gleiche Raum von Bewusstsein, der während des *Erscheinens* von Objekten im Wach- oder Traumzustand gegenwärtig ist.

Im Traum- und Wachzustand scheint die Leere des Bewusstseins durch das Erscheinen von Objekten gefärbt zu sein. Jedoch wird Bewusstsein nie von etwas außerhalb seiner selbst gefärbt.

Bewusstsein nimmt die Gestalt einer jeden Erfahrung an, obwohl es selbst formlos ist, so, wie das Wasser die Gestalt einer Welle annimmt, obwohl es selbst formlos ist.

Dieses Bewusstsein, das während des Erscheinens eines subtilen Objekts namens Gedanke gegenwärtig ist, ist genau das gleiche Bewusstsein, dass während des Erscheinens des subtilen Objekts namens Traum gegenwärtig ist.

Ebenso ist das Bewusstsein, das während des Erscheinens des offensichtlichen Objekts namens Welt gegenwärtig ist, das gleiche Bewusstsein, das während des Erscheinens des Traumes gegenwärtig ist.

In dieser Hinsicht ist die Welt eine Art Gedanke. Die Welt besteht aus Wahrnehmungen. Diese Wahrnehmungen bestehen aus Wahrnehmen. Sie sind aus Geist gemacht, aus der gleichen Substanz, aus der ein Gedanke gemacht ist.

Ein Gedanke, eine Empfindung, eine Wahrnehmung und ein Traum – sie alle sind aus dem gleichen ‚Zeug' gemacht und sie erscheinen alle im gleichen Raum. Sie sind aus dem gleichen BEWUSSTSEIN und erscheinen im gleichen BEWUSSTSEIN. Und dies ist das gleiche BEWUSSTSEIN, das während der Lücken zwischen Erscheinungen gegenwärtig ist und während des objektlosen Tiefschlafs.

Während das Objekt sich verändert oder verschwindet, sei es während eines der Zustände oder während des Übergangs zwischen den Zuständen, bleibt das BEWUSSTSEIN, das *hinter* dem Objekt als sein Zeuge und *in* dem Objekt als seine Substanz gegenwärtig ist, genau so, wie es immer ist, allgegenwärtig und unverändert. Alle Veränderungen, die in Körper, Geist oder Welt erfahren werden, sind Veränderungen, die diesem BEWUSSTSEIN erscheinen.

BEWUSSTSEIN selbst wird von den Bildern, die *ihm* oder die *in* ihm erscheinen, genau so wenig verändert, wie ein Spiegel durch die unterschiedlichen Bilder verändert wird, die in ihm reflektiert werden.

In der Tat ist BEWUSSTSEIN nicht nur als dieser beständige, unveränderte *Zeuge* der Objekte präsent, sondern es *bringt sich* gleichzeitig auch selbst in Gestalt dieser Objekte *zum Ausdruck*. Es ist die *Substanz* dieser Objekte.

Aber obwohl Objekte aus BEWUSSTSEIN gemacht sind, verändert sich dieses BEWUSSTSEIN nicht, wenn die Objekte sich verändern, genauso wenig, wie Wasser sich verändert, wenn sich die Wellen verändern.

Bewusstsein weiß immer um sich selbst. Wie könnte etwas, dessen Natur pures Wissen ist, nicht immer um sich wissen?

Wie könnte etwas, dessen Natur Bewusstsein ist, nicht immer seiner selbst bewusst sein?

Im Tiefschlaf gibt es keine Objekte, daher gibt es keine Erinnerung an ihn. Und doch hängt beim Aufwachen noch etwas nach, etwas ist übrig geblieben. Die Redewendung „Ich habe gut geschlafen" bezieht sich auf eine Erfahrung. Es bezieht sich auf die Erfahrung von Frieden, die im tiefen, ungestörten Schlaf gegenwärtig war.

Die Redensart „Ich habe schlecht geschlafen" bezieht sich auf eine Störung, also auf ein Objekt. Entweder meinen wir damit, dass wir nachts aufgewacht sind und wach blieben, obwohl wir schlafen wollten. In diesem Fall bezieht sich „schlecht geschlafen" auf diesen Wachzustand, nicht auf den Tiefschlafzustand. Oder wir meinen, dass wir verstörende Träume hatten, die uns den Frieden des Tiefschlafs nahmen, und in diesem Fall bezieht sich „schlecht geschlafen" auf den Traumzustand.

In beiden Fällen wird nicht die Erfahrung des Tiefschlafs als schlechte Erfahrung bezeichnet. Wenn wir sagen, dass wir schlecht geschlafen haben, beziehen wir uns immer auf die *Abwesenheit* von Tiefschlaf.

Im Tiefschlaf gibt es, per Definition, keine Objekte und aus diesem Grund ist er friedvoll. Und weil Tiefschlaf und Friede immer gleichzeitig vorhanden sind, kann man sagen, dass Friede dem Tiefschlaf *innewohnt*. Auch dies ist eigentlich nicht wahr, denn wir erleben dort keine zwei Dinge, sondern Tiefschlaf *ist* Friede.

Wenn also Friede identisch ist mit Tiefschlaf und, wie wir gesehen haben, Tiefschlaf die Präsenz von Bewusstsein ohne Objektivität *ist*, folgt, dass Friede dem Bewusstsein *innewohnt*, dass Friede und Bewusstsein eins sind.

Diese Erfahrung bestätigen wir jedes Mal, wenn wir sagen, dass wir gut geschlafen haben. Diese Aussage beruht auf Erfahrung.

Im Tiefschlaf sind keine Objekte gegenwärtig und daher kann Friede nicht von Objekten abhängig sein. Das wiederum impliziert, dass Friede unabhängig ist von irgendwelchen Zuständen oder irgendeinem Befinden von Körper, Geist oder Welt.

Bewusstsein ist *immer* gegenwärtig, nicht nur im Tiefschlaf, sondern auch im Traum- und Wachzustand. Da Friede dem Bewusstsein innewohnt, muss auch Friede jederzeit und in jeglichem Zustand oder Befinden gegenwärtig sein.

Es ergibt keinen Sinn, von der Präsenz des Bewusstseins „zu jedem Zeitpunkt" zu sprechen, denn Bewusstsein existiert nicht in der Zeit. Zeit ist eine Idee im Bewusstsein. Diese Unzulänglichkeit der Sprache müssen wir aber akzeptieren, wenn wir über Präsenz sprechen wollen.

Wenn Friede unabhängig ist von jeglichem Befinden des Körpers, des Geistes und der Welt, so folgt, dass Friede kein Zustand ist, dass er nicht kommt und geht. Er ist hinter und in *allen* Erscheinungen von Körper, Geist und Welt präsent.

Daher kann Friede nicht die Folge einer Aktivität von Körper, Geist oder Welt sein. Er kann nicht das Ergebnis einer Übung sein.

Er kann nicht erschaffen, aufrechterhalten oder verloren werden. Er *ist* immer.

Wir können sogar noch weiter gehen und sagen, dass – da letztlich alles ein Ausdruck von Bewusstsein ist – alles letztlich auch ein Ausdruck von Frieden ist.

Jede Erfahrung ist die Gestalt von Stille.

Aus der Erfahrung des Tiefschlafs ist klar, dass Friede dem Bewusstsein innewohnt, dass er keine Eigenschaft von Objekten, Situationen, Umständen oder Ereignissen ist.

Allerdings gibt es auch Gelegenheiten im Wachzustand, bei denen die Erfahrung von Bewusstsein ohne Objekt gegenwärtig ist. Zum Beispiel die Momente des Wachzustands zwischen einer Wahrnehmung und der nächsten, wenn Bewusstsein für sich ist, ohne Objekt.

Diese Lücken oder Intervalle sind Erfahrungen in dem Sinne, dass Bewusstsein immer sich selbst erfährt, ob ein Objekt da ist oder nicht, aber sie haben keinen objektiven Inhalt.

Es macht natürlich keinen Sinn, diesen Intervallen eine Zeitspanne zuzuordnen. Zeit ist die Distanz zwischen zwei Ereignissen und während dieser Intervalle gibt es keine Objekte und daher keine Ereignisse. Wenn es dort keine Objekte gibt, dann gibt es dort auch keine Zeit.

Diese zeitlose ‚Nicht-Erfahrung' kann genauso wenig erinnert werden wie der Tiefschlaf. Es taucht keine Erinnerung an dieses Intervall im Bewusstsein auf, weil dort nichts gegenwärtig war außer der transparenten, objektlosen Präsenz des Bewusstseins.

In diesem Sinne sind die Intervalle ‚Nicht-Erfahrungen'. Es wäre allerdings nicht korrekt zu sagen, dass es während dieser Momente keine Erfahrung gäbe. Es gibt keine *objektive* Erfahrung und doch ist Bewusstsein ‚dort' gegenwärtig und erfährt sich selbst.

Bewusstsein ist der Zeuge und die Substanz jeder objektiven Erfahrung, und wenn kein Objekt da ist, wie in den Intervallen zwischen Wahrnehmungen, bleibt Bewusstsein so, wie es immer ist, um sich selbst wissend. Dieses objektlose ‚Selbst-Wissen' ist die *Substanz* dieser Intervalle.

Erfahrung hört also nicht auf, wenn das Objekt entschwindet, nur der *objektive* Aspekt von Erfahrung, also Name und Form, endet. Erfahrung selbst, Erfahren selbst, geht weiter.

Sehen wir erst einmal klar, dass es nur Bewusstsein ist, was während des Wach- und Traumzustandes erfahren wird, so wird auch klar, dass, wenn kein Objekt da ist, die gleiche Erfahrung von Bewusstsein, das sich selbst erfährt, einfach weitergeht. Tatsächlich ist nie irgendetwas anderes geschehen als die Erfahrung von Bewusstsein, das um sich selbst weiß.

Diese Intervalle sind allgegenwärtig und zeitlos, genau so, wie der blaue Himmel, der nur in den Lücken zwischen den Wolken präsent zu sein scheint, tatsächlich sowohl hinter als auch in den Wolken vorhanden ist.

Diese Intervalle sind der zeitlose Hintergrund von BEWUSSTSEIN, in dem Objekte, auch das Konzept von Zeit, von Zeit zu Zeit erscheinen. Das Gefühl von Dauer, das durch den Begriff Intervall suggeriert wird, verdankt sich nur der Unzulänglichkeit der Sprache und sollte nicht so interpretiert werden, dass er diesen Intervallen implizit eine Zeitspanne zuweist.

Die Erfahrungen von VERSTEHEN, LIEBE und SCHÖNHEIT sind lauter Erfahrungen dieses zeitlosen, objektlosen SELBST-WISSENS, SELBST-ERKENNENS.

Während der zeitlosen Intervalle ist BEWUSSTSEIN einfach präsent, wie im Tiefschlaf. BEWUSSTSEIN weiß unmittelbar um sich selbst.

Nach einem zeitlosen Intervall nimmt BEWUSSTSEIN die Gestalt der nächsten Erscheinung an und identifiziert sich vielleicht mit einem Teil davon, zum Beispiel mit einem Körper. Dabei „vergisst" es sich selbst und scheint sich so vor sich selbst zu verschleiern.

Dies trifft auch morgens zu, wenn wir aufwachen und unsere Erfahrung noch vom FRIEDEN des Tiefschlafs durchdrungen ist und sich die Erscheinung von Trennung noch nicht völlig etabliert hat. Der Wachzustand erhebt sich aus diesem FRIEDEN und ist, eine Zeit lang, mit ihm gesättigt.

Meist verliert BEWUSSTSEIN sich allerdings sofort und unbeabsichtigt in der Identifikation mit einem Fragment. Es verdichtet sich selbst zu einem Körper/Geist und die Welt wird entsprechend nach ‚außen' projiziert.

Die Illusion der Trennung entsteht wieder. Eins gibt vor, zwei zu sein. Bewusstsein wird zu einem Fragment, zu ‚ich', und die Welt wird entsprechend ‚anderes' und ‚getrennt'.

Bewusstsein/Existenz wird zu Bewusstsein *und* Existenz.

Als Folge davon, dass es sich vergisst und scheinbar ein Objekt wird, gehen Friede und Glück, die während des Intervalls erlebt werden und die dieses Intervall *sind*, anscheinend verloren.

Somit beginnt die Suche und das kontrahierte ‚Ich' wird zu einem Sucher.

Dieses kontrahierte ‚Ich', das einfach ‚Bewusstsein-das-vorgibt-ein-separates-Wesen-zu-sein' ist, vergisst oder übersieht, dass Friede und Glück seiner eigenen Natur innewohnen. Stattdessen scheinen diese zu einer periodischen Erfahrung zu werden, die verloren gehen kann. Daher sollte das Erleben von Dingen oder Personen, die uns früher friedlich oder glücklich gemacht haben und uns nun aufregen oder unglücklich machen, ein ausreichender Hinweis darauf sein, dass Friede und Glück nicht von Objekten stammen.

Friede und Glück sind dem Bewusstsein innewohnend.

Wenngleich Bewusstsein immer präsent ist und wenngleich daher auch immer und unter allen Umständen Friede und Glück präsent sind, erfahren wir sie doch nicht immer.

Aber es sind nicht die Objekte selbst, die Frieden und Glück verschleiern. Sondern es ist die Tatsache, dass wir sie im *Denken* und *Fühlen* zu Objekten machen, die außerhalb unserer selbst und getrennt von uns sind.

Mit diesem Gefühl, dass Objekte da *draußen* und von mir *getrennt* sind, kommen entsprechend der Gedanke und das Gefühl, dass ‚ICH', die Präsenz von BEWUSSTSEIN, im *Innern* ist und ebenfalls *getrennt*.

Durch das Aufteilen des nahtlosen Ganzen unserer Erfahrung in ein wahrnehmendes Subjekt und ein wahrgenommenes Objekt werden FRIEDE und GLÜCK, die immer und unter allen Umständen gegenwärtig sind, verschleiert.

Aus diesem Grund wird Meditieren manchmal beschrieben als ‚Schlafen, während man wach ist'. In der Meditation haben wir Objekten gegenüber die gleiche Einstellung wie im Tiefschlaf, also gar keine Einstellung.

Wir verweilen einfach so, wie wir sind.

Die meisten Handlungen werden von dem Wunsch gesteuert, glücklich zu sein. GLÜCK ist eine nicht-objektive Erfahrung. Es ist einfach die Präsenz von BEWUSSTSEIN.

Da BEWUSSTSEIN seiner Natur gemäß bewusst ist, könnte man sagen, dass GLÜCK die Erfahrung von BEWUSSTSEIN ist, das wissentlich um sich selbst weiß.

Diese Erfahrung zeigt sich jedes Mal, wenn ein Verlangen oder ein Wunsch zu Ende gehen. Verlangen bedeutet Unruhe und Aufregung und GLÜCK ist der allgegenwärtige Hintergrund aller Zustände, der sich zeigt, wenn Unruhe und Aufregung enden.

Natürlich ist GLÜCK auch während der Unruhe und Aufregung präsent, da es der Hintergrund *aller* Zustände ist, aber es wird nicht als solches erlebt.

Dieser Wunsch nach GLÜCK entstammt nicht der Erinnerung. GLÜCK kann nicht erinnert werden, da es keine objektiven Eigenschaften hat. Es ist dem BEWUSSTSEIN innewohnend, das in seiner unmanifestierten Verfassung, zum Beispiel in der Erfahrung des Tiefschlafs, objektlos ist.

BEWUSSTSEIN kann nicht als ein Objekt erfahren und daher auch nicht erinnert werden. Aber es ist immer gegenwärtig und daher muss alles, was ihm innewohnt, ebenfalls allgegenwärtig sein.

Das jeweilige Objekt verändert sich ständig, aber der *Wunsch* nach GLÜCK bleibt immer derselbe. Daher kann GLÜCK nicht durch das *Objekt* geschaffen werden, das gerade da ist.

Ebenso ist die *Erfahrung* von GLÜCK immer dieselbe, unabhängig vom Objekt, das GLÜCK hervorzurufen scheint; also kann das Objekt nicht das *Ziel* der Suche nach GLÜCK sein.

Wird erst einmal verstanden, dass GLÜCK keine Erinnerung sein kann, muss daraus geschlossen werden, dass der Wunsch nach GLÜCK aus der aktuellen Erfahrung selbst stammt, selbst wenn diese Erfahrung unangenehm ist. Woher sonst sollte er kommen?

GLÜCK wird allerdings nicht beim *objektiven* Aspekt der aktuellen Erfahrung gesucht, sondern beim *wissenden* oder *erfahrenden* Aspekt.

Die Tatsache, dass GLÜCK in einer derartigen Vielfalt von Objekten und Aktivitäten gesucht wird, weist darauf hin, dass GLÜCK im *wissenden* oder *erfahrenden* Anteil einer Erfahrung oder eines Objekts zu Hause ist, im Aspekt des BEWUSSTSEINS, nicht im objektiven Aspekt. Denn der wissende oder erfahrende Anteil ist bei allen Erfahrungen immer gleich.

Aber der wissende oder erfahrende Aspekt einer Erfahrung wird durch Name und Form der Erfahrung verschleiert und daher suchen wir GLÜCK in immer neuen, unterschiedlichen Objekten.

Unsere Beschäftigung mit Objekten erfolgt meistens genau mit dem Ziel, FRIEDEN und GLÜCK, die jeder Erfahrung innewohnen, zu entschleiern. Dabei verbinden wir aber FRIEDEN und GLÜCK fälschlicherweise mit dem objektiven Aspekt der Erfahrung.

Unser ausschließlicher Fokus auf den objektiven Anteil von Erfahrung verschleiert dieses GLÜCK. Und da wir nicht bemerken, dass GLÜCK tatsächlich immer gegenwärtig ist, suchen wir anderweitig nach ihm. Wir suchen es in neuen Situationen, in neuen Objekten.

Tatsächlich entspringt der Wunsch nach GLÜCK dem GLÜCK selbst.

Die Form des GLÜCKS ist das Verlangen, der Wunsch. Es ist die Gestalt, die GLÜCK selbst annimmt, wenn es seine eigene Gegenwart übersieht und anfängt, anderweitig nach sich zu suchen.

Es ist das GLÜCK selbst, das sich sucht.

Wir sind bereits das, was wir suchen.

Welche Objekte unsere Suche nach Glück steuern, hängt davon ab, welche Objekte in der Vergangenheit der nicht-objektiven Erfahrung von Glück direkt vorausgingen.

Diese Objekte *können* im Gegensatz zu Glück erinnert werden und so versuchen wir, sie zurückzuholen, in der Hoffnung, dass sie uns das gleiche Glück vermitteln.

Wird dies erst einmal klar gesehen, so verändert sich die Natur des Wünschens radikal. Ein Objekt wird nicht mehr gewünscht mit dem Ziel, Glück zu *erzeugen*, sondern zu dem Zweck, Glück *zum Ausdruck zu bringen.*

Ist das Wünschen und Verlangen von dem Anspruch befreit, Glück zu produzieren, so verschwindet es nicht. Es ist einfach von den Schranken befreit, einem nicht existenten Wesen zu dienen.

Wünschen als solches wird als Energie erlebt, als Leben. Und es ist bereits seine eigene Erfüllung.

Bewusstsein ist selbstleuchtend

Wenn du die Sonne aufgehen siehst, siehst du dann nicht eine runde Feuerscheibe, die einer Guinee ähnelt? – Oh, nein! Ich sehe einen Zug unzählbarer himmlischer Heerscharen, die ausrufen: „Lob, Preis und Ehre dem allmächtigen Gott.“

William Blake

Der Spiegel des Bewusstseins ist der Bildschirm, auf dem alles erfahren wird, und ist gleichzeitig das, was alles erfährt.

Das Bild im Spiegel besteht nur aus Spiegel.

Wird ein materielles Objekt vor einem Spiegel platziert, so färbt es den Spiegel und dieses Färben des Spiegels scheint dem Spiegel objektähnliche Eigenschaften zu geben. Der Spiegel *scheint* die Eigenschaften dessen anzunehmen, was gerade von ihm reflektiert wird.

Verschwindet das materielle Objekt, so wird der Spiegel wieder farblos. So, wie er tatsächlich immer nur war.

Bewusstsein ist transparent und kann nicht als ein Objekt gesehen werden. So, wie das Glas, aus dem der Spiegel besteht, nicht gesehen werden kann, solange es kein materielles Objekt reflektiert.

Wenn ein Gedanke, eine Empfindung oder eine Wahrnehmung gegenwärtig ist, wird Bewusstsein dadurch ebenso ‚gefärbt‘, wie die Reflexion im Spiegel den Spiegel färbt.

Der Gedanke, die Empfindung oder die Wahrnehmung verweisen auf Bewusstsein in der gleichen Weise, wie die Reflexion auf den Spiegel verweist.

Das Objekt, das im Bewusstsein erscheint, ist nichts anderes als Bewusstsein, so wie das Objekt, das im Spiegel erscheint, nichts anderes als Spiegel ist.

Wenn wir ein Objekt sehen – das heißt, wenn ein Gedanke, eine Empfindung oder eine Wahrnehmung im Bewusstsein erscheinen –, so erfährt Bewusstsein sich selbst. Genau genommen erfährt Bewusstsein immer nur sich selbst.

Die Metapher des Spiegels ist hilfreich, weil wir dadurch verstehen, dass Bewusstsein nicht als Objekt erfahren werden kann.

Aber anders als der Spiegel ist Bewusstsein bewusst. Es nimmt wahr. Es erfährt sich selbst die ganze Zeit über, egal, ob Gedanken, Empfindungen oder Wahrnehmungen da sind oder nicht.

Der Spiegel braucht eine Quelle *außerhalb* seiner selbst, um gesehen zu werden. Das ist anders beim Bewusstsein, das *gleichzeitig* das ist, was sieht, *und* der Bildschirm, auf dem etwas gesehen wird. Es erfährt sich selbst per Definition immer, auch wenn diese Erfahrung, falls kein Objekt gegenwärtig ist, keine objektiven Eigenschaften hat.

Eine präzisere Metapher wäre die eines riesigen, grenzenlosen Raumes, von dem jeder Teil bewusst, empfindungsfähig und gewahr ist.

Die Natur dieses Raumes ist es, bewusst zu sein. Er kann dieses Bewusstsein nicht ausschalten.

Stellen Sie sich vor, dass in diesem grenzenlosen Raum mehrere holografische Bilder projiziert werden, und jedes zeigt ein Haus mit vielen Zimmern. Jedes Zimmer entspricht einem getrennten Körper/Geist.

Was geschieht mit dem grenzenlosen Raum, wenn das Hologramm projiziert wird? Verändert er sich in irgendeiner Weise?

Was geschieht mit dem Raum, wenn einige der Bilder zurückgezogen werden und neue erscheinen?

Gibt es in diesen Bildern irgendeinen Punkt, an dem kein Raum gegenwärtig ist?

Ist der Raum, der innerhalb der fiktiven Wände der Häuser liegt, durch diese Wände begrenzt?

Ist es nicht überall der gleiche Raum, innerhalb der Wände, außerhalb der Wände und auch in den Wänden selbst?

Tatsächlich gibt es kein Innen und kein Außen in diesem Raum, denn die Häuser sind aus genau der gleichen Substanz gemacht wie der Raum, in dem sie erscheinen.

Selbst die Aussage, dass die Häuser *im* Raum erscheinen, ist nicht ganz akkurat, da sie nicht in diesen Raum *hinein*kommen. Sie entstehen aus dem Raum selbst.

Ihre Substanz ist aus dem *gemacht*, worin sie entstehen. Das, was ihnen EXISTENZ verleiht, ist die Substanz, *aus der heraus* sie entstehen. Der Raum ist ihre EXISTENZ. Sie sind aus der Substanz des Raumes *gemacht*.

Ihre *Erscheinung* jedoch ist der Name und die Form eines Hauses.

So ist es auch mit unserer Erfahrung. Die Substanz aller Erscheinungen ist die PRÄSENZ, in der sie entstehen.

Die *EXISTENZ* eines Objekts erhält ihr Sein aus der PRÄSENZ, in der es entsteht. Seine *Erscheinung* wird aus seinem Namen und seiner Form hergeleitet.

Das, was sieht, *ist* das, was gesehen wird.

Das BEWUSSTSEIN, das die Welt wahrnimmt, ist eins mit der REALITÄT der Welt.

BEWUSSTSEIN und REALITÄT sind eins.

Eine Erfahrung besteht aus dem *Erschaffen* eines ‚Objekts', der *Substanz* des ‚Objekts' und dem *Wissen* um das ‚Objekt'. Diese drei sind gleichzeitig eins.

Der Raum des BEWUSSTSEINS ist ein wissender Raum. Er ist selbstleuchtend, selbstwissend, allgegenwärtig, selbstverständlich.

Er kennt sich selbst in der aktuellen Erfahrung und als die aktuelle Erfahrung.

Er ist die REALITÄT aller Dinge und seine eigene REALITÄT.

Die Wahl der Freiheit

Hat das Individuum einen freien Willen?

Selbst die konventionelle Wissenschaft sagt, dass es im Universum keine separaten Wesen gebe, dass vielmehr alles mit allem verbunden sei. Die Frage, ob ein scheinbar separates Wesen einen freien Willen oder die freie Wahl habe oder nicht, wird daher hier gar nicht erst angesprochen.

Wir schauen uns stattdessen direkt die Frage nach der Existenz eines separaten Wesens an, und nachdem wir diese gründlich untersucht haben, werden wir sehen, was mit der Frage nach freiem Willen oder freier Wahl geschieht.

Nichts hält BEWUSSTSEIN gefangen, außer seinem eigenen Wunsch, sich durch Vorstellungen selbst zu binden.

Jede Erfahrung entsteht spontan aus der absoluten und jeden Moment vorhandenen Freiheit des BEWUSSTSEINS. In diesem Sinne hat BEWUSSTSEIN die Freiheit, aus einer unendlich großen Anzahl von Formen jede anzunehmen, die es annehmen möchte.

Jede scheinbare Wahl, jede scheinbare Entscheidung ist ein Ausdruck der absoluten Freiheit des BEWUSSTSEINS. Das Gefühl von Freiheit und Wahl, wie wir es erleben, ist die intuitive Erkenntnis der immanenten Freiheit des BEWUSSTSEINS, von der wir (auf einer bestimmten Ebene) wissen, dass sie unsere eigene ist.

Lehren, die ständig betonen, dass wir keine Wahl und keine Freiheit hätten, wirken irgendwie bedrückend. Eine derartige Aussage richtet sich an ein nicht existentes persönliches Wesen und bestätigt dadurch stillschweigend genau das Wesen, das von ihr geleugnet wird.

Es stimmt, dass das separate Wesen keine Freiheit hat, aber da es ein solches separates Wesen nicht gibt, warum sollte man das dann erwähnen?

Bewusstsein, das, was wir sind, ist die Freiheit selbst. Wir, als Bewusstsein, haben absolute Freiheit. Wir *sind* absolute Freiheit.

Das Gefühl, dass wir die Freiheit haben, eine Wahl zu treffen, ist eine farblose und meist fehlinterpretierte Widerspiegelung dieses intuitiven Wissens von der uns eigenen immanenten Freiheit.

Als *Widerspiegelung* der realen Freiheit ist sie wahr. Nur die *Interpretation*, dass diese Freiheit die Freiheit eines individuellen Wesens sei, ist falsch.

Dieses Erforschen der Natur von Erfahrung findet im Bewusstsein statt und ist ein Ausdruck von Bewusstsein.

Es gibt kein Wesen, das diese Untersuchung durchführt. Selbst aus dem Blickwinkel des wissenschaftlichen Materialismus gibt es keine separaten Wesen im Universum. Alles ist mit allem verbunden.

Wenn jeder Geist und Körper und jede Welt in einem nahtlosen System mit allen anderen verbunden sind, wie könnte dann Bewusstsein, das der wissenschaftliche Materialismus als Nebenprodukt dieses Systems ansieht, seinerseits individuell und separat sein?

Und wenn es kein separates, unabhängiges BEWUSSTSEIN gibt, wie könnte es dann einen separaten, unabhängigen Denkenden, Auswählenden, Handelnden, Genießenden, Erfahrenden geben?

Unsere Erfahrung ist die Erfahrung eines Stroms von Erscheinungen im BEWUSSTSEIN. Diese Ereignisse sind Gedanken, Gefühle, Empfindungen und Wahrnehmungen, eins dem anderen folgend ... A, B, C, D, E ... Jedes ist höchst einzigartig und jedes verschwindet völlig, bevor das nächste erscheint.

Stellen Sie sich die Kette folgender Ereignisse vor:

Ereignis A ist, den Regen zu hören. Ereignis B ist, zu denken: „Trinken wir doch eine Tasse Tee." Ereignis C ist, den Tee zu schmecken. Ereignis D ist das Gefühl von Befriedigung. Ereignis E ist, den Straßenverkehr wahrzunehmen. Ereignis F ist, zu denken, dass ‚ich' den Regen nicht verursacht habe, dass ‚ich' die Wahl getroffen habe, Tee zu trinken, und es genossen habe, dass ‚ich' den Straßenverkehr wahrgenommen, aber nicht erschaffen habe, und schließlich, dass ‚ich' immer noch da bin, nachdem all diese Erfahrungen geendet haben.

Das ‚ICH' in dieser Kette von Ereignissen ist einfach eine weitere Erscheinung, genau wie der Rest. Das ‚ICH' ist der *Gedanke* ‚ICH'.

Allerdings ist, wenn gerade das Hören des Regens gegenwärtig ist, der ‚ICH'-Gedanke nicht gegenwärtig. Ebenso ist, wenn der Gedanke „Trinken wir doch einen Tee" gegenwärtig ist, der ‚ICH'-Gedanke nicht gegenwärtig. In dem Zwischenraum zwischen diesen beiden Gedanken liegt die zeitlose Präsenz des BEWUSSTSEINS, der blaue Himmel, der zwischen den Wolken leuchtet. Der ‚ICH'-Gedanke wird erzeugt, um dieses Intervall zu füllen, um das *wahre* ‚Ich' des Bewusstseins zu imitieren.

Der kurze ‚Ich'-Gedanke verschwindet, bevor der nächste Gedanke auftaucht, und erscheint dann wieder, um die Lücke zu füllen.

Auf diese Art werden unzählige ‚Ich'-Gedanken aneinandergereiht und dies wird in einem nachfolgenden Gedanken so verstanden, als existiere da ein dauerhaftes Wesen, das zwischen und hinter all diesen Erscheinungen präsent sei.

Aber es ist Bewusstsein, nicht ein separates Wesen, das zwischen und hinter allen Wahrnehmungen allgegenwärtig ist.

Das „separate Wesen" wird mit und durch den Gedanken kreiert, der an es denkt, und ist nichts anderes als jener Gedanke in jenem Moment. Im nächsten Moment verschwindet es, genau wie jeder andere Gedanke. Es ist ein Betrüger!

Zu denken, dass Ereignis F, der ‚Ich'-Gedanke, *nicht* Ereignis A verursacht habe, *dafür aber* Ereignis B, stimmt nicht mit unserer Erfahrung überein, ist inkonsequent und widerspricht der Logik. Diesen Mangel an Konsequenz nennt man eine ‚Person', das ‚separate Wesen', den ‚Auswählenden'.

Wenn wir in den Kategorien von Ursache und Wirkung denken, sollten wir sagen, dass A B verursacht habe, B wiederum C, das verursachte D und so weiter. Anders gesagt: Alles ist dann in einer Kette von Kausalitäten miteinander verknüpft.

Alles verursacht alles. Die Totalität verursacht in jedem Moment die Totalität.

Oder wir können sagen, dass alles spontan aus BEWUSSTSEIN entstehe und dass BEWUSSTSEIN daher die einzige und ultimative Ursache sei.

Von beiden Positionen können wir sagen, dass sie zu unserer tatsächlichen Erfahrung passen. Sie ergeben sogar das Gleiche, dann bei näherer Betrachtung stellt sich die Totalität in der ersten Aussage als identisch mit dem BEWUSSTSEIN in der zweiten Aussage heraus.

Die Vorstellung von Kausalität zerfällt sogar vollständig, wenn verstanden wird, dass Erfahrung nicht eine Kette von Ereignissen ist, die im BEWUSSTSEIN erscheinen, sondern dass BEWUSSTSEIN selbst die Gestalt des Hörens, Denkens, Schmeckens, Genießens, Wahrnehmens ... annimmt.

Unsere Erfahrung ist *nicht* eine Kette von Ereignissen, sie ist *ein* allgegenwärtiges Ereignis, ein allgegenwärtiges Nicht-Ereignis. BEWUSSTSEIN. SEIN. REALITÄT. Unerschütterlich, unveränderlich, homogen.

Was sollte es geben, das irgendetwas anderes verursachen könnte, wenn BEWUSSTSEIN alles ist, was es gibt?

Die Leichtigkeit des Seins

Bewusstsein ist nicht automatisch mit dem Körper oder dem Geist identifiziert. Bewusstsein *ist*, vor Körper, Geist und Welt.

Die natürliche Verfassung von Bewusstsein ist Freiheit, Glück, Friede.

Erscheint ein Objekt, so erscheint es als *Modulation* des Bewusstseins.

Bewusstsein ist Substanz und gleichzeitig Zeuge von allem, was erscheint.

Und Bewusstsein ist dabei weder vom Objekt getrennt noch distanziert, es nimmt das Objekt nicht aus einer Entfernung wahr. Wenn ein Objekt da ist, so ist dieses Objekt eins mit Bewusstsein. Trennen sie sich, so verschwindet das Objekt völlig, während Bewusstsein so bleibt, wie es immer ist.

Sprache kann dies nicht beschreiben, weil sie sich im Versuch, es zu beschreiben, bereits auf zwei Dinge bezieht, auf das Objekt und auf Bewusstsein. Es werden zwei Worte verwendet, wo es tatsächlich nie zwei Dinge gibt.

Ein Objekt ist die Gestalt, die das Bewusstsein annimmt, so, wie eine Welle die Gestalt ist, die vom Wasser angenommen wird.

Bewusstsein ist mit jedem Objekt eins. Letztlich gibt es, bei genauer Analyse, gar keine Objekte. Es gibt nur Bewusstsein, das von Moment zu Moment die Gestalt unserer Erfahrung annimmt.

Die Identität eines Objekts ist die Identität des Bewusstseins.

Ein Objekt könnte nicht erscheinen, wenn es nicht mit Bewusstsein eins wäre. Bewusstsein ist jede Erscheinung, aber das bedeutet nicht, dass Bewusstsein auf diese Erscheinung beschränkt ist.

Der Gedanke ‚Ich-bin-der-Körper' entsteht im Bewusstsein, so wie jede andere Erscheinung, und ist daher die Form, die Bewusstsein in jenem Moment annimmt.

Dass diese Idee im Bewusstsein entsteht, bedeutet nicht, dass sie wahr ist. Genau so wenig, wie die Idee wahr ist, dass zwei plus zwei fünf ergibt, wenn diese im Bewusstsein entsteht.

Diese Idee ist ein *Ausdruck* von Wahrheit, aber sie ist nicht wahr.

Die Empfindung oder der Cluster von Empfindungen, die mit „Körper" bezeichnet werden, erscheinen selten, ohne dass auch Wahrnehmungen der Welt erscheinen.

Dieses Konglomerat von Empfindungen und Wahrnehmungen ist eine nahtlose Erfahrung.

Aber Bewusstsein teilt diese nahtlose Erfahrung von Empfindungen/Wahrnehmungen willkürlich in zwei auf, in Empfindung *und* Wahrnehmung.

Dafür identifiziert sich Bewusstsein exklusiv mit den Empfindungen, mit dem Körper, und disidentifiziert sich von den Wahrnehmungen, von der Welt.

Es denkt: „Ich bin *dieser* Cluster von Empfindungen, der Körper, aber nicht *jene* Gruppe von Wahrnehmungen, die Welt."

Daher ist nicht so sehr der Gedanke ‚Ich-bin-der-Körper' problematisch, sondern der Gedanke ‚Ich-bin-*nur*-der-Körper'.

Um dieser Idee von Exklusivität entgegenzuwirken, geben einige Lehren die Empfehlung, das wahrnehmende BEWUSSTSEIN von dem Erscheinen von Körper/Geist zu trennen, um klarzumachen, dass BEWUSSTSEIN für sich steht und vor allen Erscheinungen ist.

Dies ebnet dann den Weg zu einem vollständigeren Verstehen, in dem gesehen wird, dass Erfahrung in jedem Moment ein nahtloses Ganzes ist.

BEWUSSTSEIN ist eins mit der *Totalität* jeder Erfahrung und nicht nur eins mit einem Fragment, dem Körper/Geist.

Um auf diese zweite Stufe des Verstehens hinzuwirken, lässt BEWUSSTSEIN zunächst seine exklusive Identifikation mit einem einzelnen Körper/Geist los und lernt sich selbst als Nichts, als ‚Kein-Ding', als kein Objekt, keine Erscheinung kennen. Es entdeckt sich selbst als Zeugen aller Objekte, bevor es sich wieder auf die *Totalität* seiner Erfahrung einlässt und sich selbst als alles erkennt.

BEWUSSTSEIN vollzieht den Übergang von ‚Ich bin etwas' zu ‚Ich bin nichts' und dann von ‚Ich bin nichts' zu ‚Ich bin alles', ohne je etwas anderes als es selbst zu sein oder zu werden.

In den traditionellen Lehren wird diese zweite Stufe aber manchmal nicht so betont, sondern man neigt dazu, sich stärker auf den bezeugenden Aspekt von BEWUSSTSEIN zu fokussieren, auf den Aspekt ‚Ich-bin-nicht-der-Körper', auf den Aspekt ‚Ich-bin-nichts'. Dies führt manchmal zu einer Vorgehensweise, die Körper oder Erfahrung ablehnt.

Diese Lehren sehen oft Nirvikalpa Samadhi als Ziel an, also die Erfahrung von BEWUSSTSEIN, das ohne Objekte um sich selbst weiß. Diese Erfahrung muss meist durch Anstrengungen aufrechterhalten werden, um auf Abstand zu halten, was als das gefährliche und ablenkende Reich des Denkens, Fühlens, Spürens und Wahrnehmens angesehen wird.

Es wäre jedoch ein Missverständnis, zu unterstellen, dass durch das Etablieren des BEWUSSTSEINS als eines unabhängigen Zeugen, getrennt von dem Bezeugten, ein dualistisches Weltbild von Subjekt und Objekt gebilligt würde.

Wenn man das Primat und die Unabhängigkeit des BEWUSSTSEINS nicht erkennt, gibt es keinen Hinweis darauf, dass es mehr zu erfahren gibt als einen ununterbrochenen Strom von Erscheinungen. Dieses Verständnis könnte mit den Worten ‚Es gibt nur *dies*' ausgedrückt werden, und das bedeutet, dass es nur diesen aktuellen Gedanken, diese aktuelle Empfindung oder Wahrnehmung gibt.

Wird jedoch erst einmal die Erfahrung gefestigt, dass BEWUSSTSEIN vor allen Erscheinungen und unabhängig von ihnen existiert, so sieht man klar, dass es nur BEWUSSTSEIN selbst ist, das die Gestalt des Stroms der Erscheinungen annimmt. In diesem Falle bezieht sich das Wort ‚dies' in der Aussage ‚Es gibt nur *dies*' auf BEWUSSTSEIN und nicht auf Objekte.

Diese Unterscheidung ist der Unterschied zwischen Solipsismus und Weisheit, die beide durch die gleiche Aussage dargestellt werden können.

Kehren wir zurück zur Identifikation des Bewusstseins mit einem Fragment, mit einem Ausschnitt aus der Totalität von Erfahrung: Es gibt einen großen Unterschied zwischen ‚Ich bin nicht der Körper' und ‚Ich bin nicht *nur* der Körper'.

‚Ich bin nicht der Körper' ist zutreffend, da es darauf verweist, dass ‚ich', Bewusstsein, nicht der Körper bin, *falls* wir mit ‚Körper' ein Objekt meinen, das außerhalb von Bewusstsein und von ihm getrennt ist.

Wird jedoch erst einmal verstanden, dass alle Objekte wie Wellen im Bewusstsein sind und dass Bewusstsein die Gestalt jeder Erfahrung annimmt, dann *bin* ‚ich', Bewusstsein, der Körper. Wenn der Körper gegenwärtig ist, ist er Bewusstsein, das die Gestalt des Körpers annimmt.

In diesem Falle ist jedoch die Aussage, dass ‚ich', Bewusstsein, nicht *nur* der Körper bin, immer noch wahr. ‚Ich' bin ebenso die Welt und alles andere, was in diesem Moment erscheint. ‚Ich' bin die *Totalität* von allem, was auch immer in mir erscheint, und ‚ich' bin auch mehr als das, genau so, wie der Ozean mehr ist als die Gesamtsumme der Wellen.

Wenn keine Objekte da sind, ist Bewusstsein ganz natürlich eins mit sich selbst. Wenn Objekte da sind, ist Bewusstsein ganz natürlich eins mit dem, was gerade da ist.

Ein Objekt ist begrenzt, wenn es als vom Bewusstsein getrennt und unabhängig verstanden wird, aber unbegrenzt, wenn es als Ausdruck von Bewusstsein selbst verstanden wird.

Bewusstsein *lernt*, sich exklusiv mit einem Teil der Totalität von allem, was in ihm selbst erscheint, zu identifizieren – das heißt mit einem Körper/Geist. Es *wählt* diese Identifikation aus seiner eigenen, immanenten Freiheit heraus. In diesem Sinne ist auch dies natürlich.

Unwissenheit ist eine Wahl, die Bewusstsein aus der eigenen Freiheit heraus trifft.

Diese exklusive Identifikation ist jedoch nichts, was einmal gewählt wurde und dann immer so bleibt. Es ist etwas, was wir, Bewusstsein, von Moment zu Moment wählen. Ebenso hat Bewusstsein die Freiheit, sich von Körper/Geist zu disidentifizieren, wann immer es dies möchte.

Einige spirituelle Traditionen betonen die Anstrengungen, denen sich Bewusstsein unterwerfen muss, um sich von Körper/Geist zu disidentifizieren. Aber tatsächlich disidentifiziert sich Bewusstsein mühelos mehrfach täglich.

Diese Disidentifikation geschieht recht natürlich und mühelos jedes Mal, wenn wir einschlafen, sowie in den Intervallen zwischen Wahrnehmungen. Bewusstsein disidentifiziert sich auch dann jedes Mal von Körper/Geist, wenn ein Wunsch sich erfüllt.

Der Tiefschlaf ist ein weiteres Beispiel für die Disidentifikation des Bewusstseins von Körper/Geist. Friede und Glück, die wir im Tiefschlaf erfahren, sind genau derselbe Friede und dasselbe

Glück, die wir bei der Erfüllung eines Wunsches fühlen oder – genauer gesagt – die wir fühlen, wenn die Aufregung und die Unruhe, die dem Erfüllen eines Wunsches vorausgehen, zu einem Ende kommen.

Bewusstsein, Glück oder Friede sind wie ein unterirdischer Fluss, der zwischen den Objekten des Körpers, des Geistes und der Welt an die Oberfläche steigt. Sie sind eine natürliche und vertraute Erfahrung, die im Tiefschlaf gegenwärtig ist und die sich beim Erfüllen eines Wunsches, während eines Augenblicks von Liebe, Humor, Schönheit oder bei vielen anderen Gelegenheiten zeigt.

Aus dem Blickwinkel des Verstandes dauern diese Momente eine Zeit lang. Die Objekte, die ihnen vorangegangen sind, werden als ihre Ursache angesehen und man denkt, dass diese Momente wiederum die Objekte beeinflussten, die danach kommen. Sie werden als flüchtig und vorübergehend angesehen, um die scheinbar kontinuierliche Erscheinung von Körper, Geist und Welt zu unterstreichen.

Aus dem Blickwinkel des Bewusstseins jedoch ist es *selbst* diese kontinuierliche Präsenz, aus der von Zeit zu Zeit die flüchtigen Erscheinungen von Körper, Geist und Welt aufsteigen, und es, Bewusstsein, ist selbst deren Ursache.

Diese Momente zwischen dem Erscheinen von Objekten sind tatsächlich zeitlos. Weder sind sie durch Zeit oder Raum verbunden noch durch sie getrennt.

Glück ist keine flüchtige Erscheinung in einem permanenten Substrat von Zeit und Raum, sondern Zeit und Raum sind flüchtige Erscheinungen in dem permanenten Substrat der zeit- und raumlosen PRÄSENZ.

Tiefschlaf ist einfach ein anderer Begriff für diese zeit- und raumlose PRÄSENZ. Wie GLÜCK ist auch Tiefschlaf ohne Ursache. Einzuschlafen ist eine höchst mühelose Angelegenheit. Es ist sogar schwierig, sich anzustrengen, um einzuschlafen. Es ist das *Zu-Ende-Gehen* einer vorausgehenden Aktivität, das Tiefschlaf ermöglicht.

Dasselbe trifft auf BEWUSSTSEIN zu. Sein natürlicher Zustand ist, sich mit nichts exklusiv zu identifizieren. Es erfordert eine Anstrengung, BEWUSSTSEIN *exklusiv* mit dem Körper oder dem Geist zu identifizieren.

Wir aber haben uns so an diese exklusive Identifikation unseres SELBST, des BEWUSSTSEINS, mit einem Körper/Geist gewöhnt, dass wir meist noch nicht einmal dessen gewahr sind, dass diese Identifikation eine subtile Anstrengung erfordert.

Daher *scheint* es so, als müsse BEWUSSTSEIN sich anstrengen, um sich zu disidentifizieren, aber wenn es dies tut, wird es lediglich der zuvor nicht entdeckten Anstrengung gewahr, die es unternommen hatte, um sich exklusiv mit einem Körper/Geist zu *identifizieren*.

Diese exklusive Identifikation mag *natürlich* sein, aber sie ist nicht essenziell. Nichts erlegt dem BEWUSSTSEIN diese Exklusivität auf. Nichts verpflichtet es dazu.

Der Zustand der Identifikation mit einem einzigen Körper/Geist gehört zum Repertoire des BEWUSSTSEINS, aber er ist nicht seine ursprüngliche Verfassung und auch nicht seine einzige Möglichkeit.

Bewusstsein ist Freiheit und zu den Freiheiten, die ihm zur Verfügung stehen, gehört die Freiheit, sich zu identifizieren oder zu disidentifizieren.

Seine natürliche Verfassung ist frei von exklusiver Identifikation, aber Bewusstsein ist frei, sich exklusiv mit einem Körper/Geist zu identifizieren, um zu genießen und zu erleiden, was ihm dies zu bieten hat.

Wenn Bewusstsein sich einmal exklusiv mit einem Körper/Geist identifiziert hat, so scheint es sich daran zu binden und als Ergebnis scheinen viele der nachfolgenden Erfahrungen, die in ihm erscheinen, diese neue Identität zu untermauern.

Scheinbar auf einen Körper/Geist begrenzt, genießt und erleidet Bewusstsein die unvermeidlichen Konsequenzen, die es nach sich zieht, wenn es nur ein Fragment in einem riesigen Universum ist.

Eine Zeit lang versucht es, seine Erfahrung so zu manipulieren, dass Glück entsteht, ohne schon verstanden zu haben, dass Glück und separates Wesen einander ausschließende Positionen sind.

Nachdem es eine Zeit lang das Spiel gespielt hat, ein separates Wesen zu sein, beginnt Bewusstsein zu ermüden. Es sehnt sich nach etwas Substanziellerem als den flüchtigen und unsicheren Momenten des Glücks, die von der Gnade unzähliger Ursachen abhängig sind, die es scheinbar nicht unter Kontrolle hat.

Wenn die konventionellen Möglichkeiten, sich GLÜCK zu verschaffen, erschöpft sind, dann beginnt ‚BEWUSSTSEIN-das-vorgibt-ein-getrenntes-Wesen-zu-sein' auf anderen, ihm weniger vertrauten Gebieten zu suchen. Eine Version dessen ist die *spirituelle* Suche.

Früher oder später, allmählich oder spontan erkennt BEWUSSTSEIN dann jedoch, dass es bereits genau das ist, was es sucht, und dass die Suche selbst diese Einsicht verhindert.

Diese SELBSTERKENNTNIS wird nicht durch irgendetwas verursacht, was bei der Suche selbst geschieht, denn die SELBSTERKENNTNIS ist genau die Erkenntnis, dass BEWUSSTSEIN selbst GLÜCK, ERFÜLLUNG oder FRIEDE ist. Und dass diese ERFÜLLUNG bereits und immer schon vor und in jeder einzelnen Erfahrung ist.

Dieses Verständnis ist gleichbedeutend mit dem völligen Zusammenbruch der Suche, die aber dennoch, wegen der „Trägheit" von Gewohnheiten, von Zeit zu Zeit wieder aufleben kann.

BEWUSSTSEIN hat die Freiheit, seine exklusive Identifikation mit dem Körper/Geist zurückzunehmen, wann immer es dies möchte.

Wir vergessen, dass wir als Kind allmählich *gelernt* haben, unser SELBST (BEWUSSTSEIN) mit immer neuen Schichten von Körper und Geist zu identifizieren.

Meist geschieht das Zurücknehmen dieser Identifikation in umgekehrter Reihenfolge, in einer Reihe von Schritten, angefangen bei den offensichtlichsten Schichten der Identifikation mit dem Körper und dem Geist und dann weiter bis zu den innersten Schichten.

Wir sind wie ein tiefer Brunnen und die Gegenwart von INTELLIGENZ, LIEBE und SCHÖNHEIT in unserem Leben ist ähnlich dem Erscheinen der mittäglichen Sonne, die direkt in den Brunnen hineinscheint.

Meist sind nur *die* Geschöpfe aktiv, die an der Oberfläche des Brunnens leben, da weiter unten das Licht fehlt. Aber für eine kurze Zeitspanne, wenn die Sonne direkt über ihnen am Himmel steht, wachen auch die Lebewesen auf, die in tieferen Schichten des Brunnens leben.

So steht es auch mit der Gegenwart von INTELLIGENZ in unserem Leben. Je häufiger sich die Sonne der INTELLIGENZ, LIEBE und SCHÖNHEIT über dem Brunnen zeigt, desto mehr kommen immer tiefere Schichten der Identifikation ans Licht und werden offensichtlich.

Auf diese Weise sieht BEWUSSTSEIN seine Identifikation mit immer neuen Schichten des Körper/Geistes und versteht, wie es sich selbst damit einschränkt. Dieses Verständnis erzeugt eine natürliche Lockerung dieser Identifikation.

Jedes Mal, wenn BEWUSSTSEIN diese Identifikation lockert, erinnert es sich an sich selbst und beginnt, zu sich zurückzukehren. Und zwar anfänglich, ohne dies zu bemerken.

Tatsächlich kehrt BEWUSSTSEIN nie zu sich „zurück". Es verweilt wissentlich in sich selbst als es selbst. Es gibt nicht länger vor, etwas anderes zu sein, als es ist.

Am Anfang ist es dieses In-sich-Verweilen nicht gewohnt und greift nach den alten Objekten, den alten Vermeidungsstrategien, alten Widerstandsmethoden, die ihm so vertraut und angenehm geworden waren.

Aber diese Identifikation mit Schichten um Schichten von Körper/Geist wird immer und immer wieder durch Verständnis losgelassen und BEWUSSTSEIN fühlt sich zunehmend wohler damit, in sich selbst als es selbst zu verweilen. Die Leichtigkeit des SEINS beginnt damit, Erfahrung zu durchdringen.

Ab und zu tauchen wieder alte Schichten der Identifikation mit Körper/Geist auf. Aber sie verlieren ihre trennenden Kräfte und damit auch ihre Fähigkeit, Leiden hervorzurufen.

Diejenigen, die für das Funktionieren im Alltag notwendig sind, zeigen sich, wo und wann sie benötigt werden. Die, die nicht funktional sind, fallen ganz natürlich fort und wir finden uns immer häufiger in unserer natürlichen Verfassung wieder.

Das ist kein außergewöhnlicher Zustand. Er ist einfach und natürlich und kann sich sogar in uns entwickeln, ohne dass der Geist besonderer Dinge gewahr wäre.

Anstelle des subtilen Gefühls von Mangel, das in der Vergangenheit unsere Gedanken, Gefühle und Aktivitäten durchdrang, beginnt ein Gefühl von Wohlergehen und Leichtigkeit im Hintergrund unseres Lebens zu leuchten und von dort in den Vordergrund unserer Aktivitäten und Beziehungen hinüberzufließen.

Die Erfahrung von LIEBE ist genau dieses Lockern der exklusiven Identifikation des BEWUSSTSEINS mit einem separaten Körper/

Geist und die Folge dieses Lockerns oder Loslassens ist das unvermeidliche Einbeziehen des anderen, aller ‚anderen', in sich selbst.

Aus diesem Grund fühlt man und sagt man von LIEBE, dass sie bedingungslos, grundlos, unveränderlich, universell sei. Es gibt kein Gegenstück zu ihr. Sie wohnt unserer wahren Natur inne.

Stellen Sie sich einmal einen König vor, der bisher das Leben in seinem Palast genossen hat. Eines Tages möchte er das Leben eines seiner Untertanen erleben und weist daher seine Minister an, ihn wie eine normale Person zu behandeln, bis er ihnen anderweitig gebietet.

Am nächsten Tag begibt sich der König, als Bauer verkleidet, auf den Marktplatz. Seine Minister beobachten ihn aus der Ferne, dürfen aber nicht einschreiten.

Anfänglich bemerkt der König nicht, dass das Vergnügen, das er auf dem Marktplatz empfindet, von der gleichen Natur ist wie das Vergnügen, der Genuss, den er im Palast erlebt hat. Bald vergisst er daher, dass er seine Rolle nur vorgibt.

Doch bald beginnt er zu leiden und probiert, da er seinen angeborenen Status, sein Geburtsrecht vergessen hat, alle möglichen Strategien auf dem Markt, um dieses Leiden zu lindern.

Aber nichts, was zur Verfügung steht, kann ihn an seinen Palast erinnern oder ihn dorthin zurückbringen. Die Minister, die seine

Misere sehen und sich machtlos fühlen, verkleiden sich als einfache Männer und ab und zu begegnet der König einem verkleideten Minister. Sie deuten ihm, ohne ihr Versprechen zu brechen, an, dass er nicht das ist, was er zu sein glaubt oder zu sein fühlt.

Wegen des Ausmaßes seiner Amnesie braucht der König einige Zeit, bis er sich früher oder später daran erinnert, wer er wirklich ist, und in den Palast zurückkehrt. Dort befiehlt er seinen Ministern, ihre offiziellen Pflichten wieder wahrzunehmen.

In dem Augenblick, als der König seine königliche Macht abgab, gab er – aus freiem Willen – seine FREIHEIT auf. Seine FREIHEIT fand ihren Ausdruck in dem Wunsch, nicht frei zu sein. Von dem Moment an *schien* er gefangen zu sein und seine Lebensumstände *schienen* seinen neuen Status zu bestätigen.

In diesem Zustand ist die einzig verfügbare Freiheit für den ‚König-der-vorgibt-eine-gewöhnliche-Person-zu-sein' die Freiheit, sich an sich selbst zu erinnern, an das, was er wirklich ist.

Erst als der König seine königliche Identität wieder eingefordert hat, erkennt er, dass er – obwohl er sich gefangen wähnte und sich gefangen fühlte und sich auch entsprechend verhalten hatte – tatsächlich doch immer frei war. Er erkennt, dass er sich seinen Status als gewöhnliche Person selbst auferlegt hatte und dass dieser Status ein imaginärer Status war. Und dass er, auch wenn er tief in den Traumata einer gewöhnlichen Person verwickelt war, trotzdem doch immer der König blieb.

Es gab nichts, was hätte getan werden können oder, noch wichtiger, hätte getan werden müssen, um sein Geburtsrecht einzufordern, außer: dieses einfach zu erkennen und anzufangen, sich entsprechend zu verhalten.

Als Bauer hatte der König keine andere Freiheit, als sich an seine wahre Identität zu erinnern. Als König hatte er immer und stets völlige Freiheit.

Wenn Bewusstsein erst einmal aus seiner eigenen, immanenten Freiheit heraus beschlossen hat, sich mit einem Fragment zu identifizieren, besteht seine einzige Freiheit darin, sich von dem Fragment zu disidentifizieren und sich wieder als das zu kennen, was es immer ist.

Daher sind die Aussagen ‚Du hast keine Freiheit' und ‚Du hast völlige Freiheit' aus unterschiedlichen Blickwinkeln beide wahr.

Pures Wissen

Die Natur von BEWUSSTSEIN ist ‚wissen' oder PURES WISSEN.

Es ist das *Wissen* um das, was gewusst wird, das *Erfahren* dessen, was erfahren wird, das *Wahrnehmen* dessen, was wahrgenommen wird.

Wenn BEWUSSTSEIN um *irgendetwas* weiß, dann weiß es um sich selbst.

BEWUSSTSEIN ist das PURE WISSEN in jeder Erfahrung und daher weiß es in jeder Erfahrung um sich selbst, einfach weil es es selbst *ist.*

BEWUSSTSEIN *ist* das Wissen um sich selbst.

BEWUSSTSEIN muss nichts tun, um um sich selbst zu wissen. Es selbst zu sein *ist* sein Wissen um sich selbst. BEWUSSTSEIN weiß *immer* um sich selbst.

Die Natur der Sonne besteht darin, zu beleuchten, zu erhellen. Daher beleuchtet sie, ihrer Natur gemäß, sich selbst. ‚Beleuchten' ist das, was sie *ist*, nicht etwas, was sie *tut.* Sie braucht sich nicht selbst zu beleuchten, denn per Definition ist sie immer beleuchtet. Sie ist selbstleuchtend.

In gleicher Weise ist BEWUSSTSEIN selbstleuchtend. Es ist das Licht, mit dem es sich selbst sieht.

Wissen ist das, was BEWUSSTSEIN *ist*, und nicht etwas, was es *tut.*

PURES WISSEN ist die Natur von BEWUSSTSEIN, daher weiß es im Wissen um alles auch um sich selbst.

Im Wissen um jegliches Objekt ist das Wissen des Bewusstseins präsent und, da Wissen seine Natur ist, *ist* seine Präsenz das Wissen um sich selbst.

Wissen und Sein sind im Bewusstsein identisch.

Es muss nicht um *etwas* wissen, damit es um sich *selbst* weiß. Sein Wissen um irgendetwas *ist* sein Wissen um sich selbst.

Und wenn kein Objekt gegenwärtig ist, verbleibt dieses Wissen genau so, wie es immer ist, nur um sich selbst wissend.

Bewusstsein kann nicht ‚nicht um sich wissen'.

Wird dies klar gesehen, so beendet Bewusstsein seine Suche nach sich selbst *außerhalb* von sich selbst, weil tief verstanden wurde, dass es in jeder Erfahrung, die geschieht, sich selbst erfährt.

Wenn keine Objekte gegenwärtig sind – zum Beispiel im Tiefschlaf oder in den Intervallen zwischen Gedanken oder Wahrnehmungen – dann *ist* das ‚Es-selbst-Sein' des Bewusstseins sein ‚Um-sich-selbst-Wissen'.

Da in dieser Erfahrung jedoch kein objektiver Inhalt vorhanden ist, gibt es ‚dort' nichts zu erinnern. Nichts Objektives wird erfahren, also kann der Geist, der nur Objekte erfasst, diese Erfahrung nicht beanspruchen. Er war währenddessen nicht gegenwärtig. Es gab dort keinen Geist und daher nichts, was erinnert werden könnte.

Wenn der Geist zurückkehrt, so interpretiert er diese Erfahrung zeitloser Präsenz des Bewusstseins als eine Leere, denn er kann nur Objekte erfassen. Präziser wäre die Aussage, dass Bewusstsein diese Erfahrung seiner eigenen formlosen Präsenz im Geist als ein leeres Objekt repräsentiert. Denn selbst eine Leere ist ein subtiles Objekt.

Sobald diese Erfahrung der formlosen Präsenz von Bewusstsein im Geist repräsentiert wird, nimmt sie eine Form an, denn Geist *ist* Form.

Die genaueste Repräsentation der formlosen Präsenz des Bewusstseins ist im Geist daher ein leeres Objekt, eine Leere. Es ist, sozusagen, eine Form ohne eine Form. Es ist eine Repräsentation, die versucht, die formlose Präsenz des Bewusstseins darzustellen.

Es ist das Bestmögliche, was der Geist tun kann, aber es ist irreführend, denn indem Bewusstsein versucht, sich selbst im Geist so zu repräsentieren, legt es sich darauf fest, sich im Reich der Objekte zu suchen.

So wird Bewusstsein durch die eigene Kreativität verführt. Es erschafft diesen Zustand von Leere als eine Darstellung seiner selbst und interpretiert diesen Zustand dann als eine Abwesenheit von sich selbst. Wenn es dies tut, glaubt Bewusstsein an seine eigene Schöpfung, dieses leere Objekt. Es übernimmt die ‚Ich-bin-nicht-da'-Theorie, die das Bewusstsein selbst im Geist kreiert.

Kurz gesagt, Bewusstsein vergisst sich selbst.

Übernimmt Bewusstsein auf diese Weise die Theorie vom ‚leeren Objekt', so ergibt sich als eine Konsequenz, dass Bewusstsein dazu verdammt ist, im Bereich der Objekte nach sich selbst zu suchen.

Dies ist der Moment, wenn der verlorene Sohn den Palast verlässt. Er wendet sich vom Vater ab und der Welt der Objekte zu.

Bewusstsein scheint sich von sich selbst abzuwenden und den Blick nach außen, in den Bereich des Geistes, zu richten.

Tatsächlich findet die Erfahrung, dass Bewusstsein um sich selbst weiß, immer statt. Sie findet während der Abwesenheit von Objekten statt *und* in der Gegenwart von Objekten. Deswegen ist es nicht ganz zutreffend, zu sagen, dass Bewusstsein sich selbst vergesse. Zutreffender wäre, zu sagen, dass es *vorgebe*, sich selbst zu vergessen.

Der verlorene Sohn verlässt den Palast, weiß aber noch nicht, dass er das Königreich nie verlässt.

Weil die Erfahrung von Bewusstsein, das um sich selbst weiß, farblos und transparent ist, da es nicht als ein Objekt erfahren werden kann, übersieht Bewusstsein seine eigene Präsenz.

Es vergisst, dass es bereits immer sich selbst erfährt, und sucht daher im Außen nach sich selbst, im Reich der Objekte.

In diesem Moment wirft Bewusstsein sich einen Schleier über, vergisst sich selbst und die Suche nach sich selbst beginnt.

Ab und zu kommt die Suche zu einem Ende, in einem Moment des Verstehens, der Liebe oder der Schönheit. In solchen Momenten erfährt Bewusstsein sich selbst wissentlich.

Bewusstsein wird an sich selbst erinnert. Bewusstsein erinnert sich an sich selbst. Es schmeckt sich selbst.

Es gibt keine zwei Dinge

Wir erfahren nur eines.

Zu jedem Zeitpunkt ist immer nur *eine* Erfahrung gegenwärtig. Das ist bereits ein Hinweis, eine Einladung, BEWUSSTSEIN und REALITÄT als eins zu sehen.

Die Natur dieser Erfahrung wird von uns jedoch falsch interpretiert. Eine andere Bezeichnung für diese falsche Interpretation ist Leiden.

Vom konventionellen Standpunkt aus betrachtet besteht unsere Erfahrung aus einer Vielzahl von verschiedenen Objekten, umfasst unterschiedliche Kombinationen von Körper, Geist und Welt. Das heißt, sie umfasst Gedanken, Bilder, körperliche Empfindungen und Sinneswahrnehmungen.

Von jedem dieser Objekte wird im Allgemeinen angenommen, dass es unabhängige EXISTENZ besitze. Die Objekte gelten sowohl als unabhängig von dem, was sie beobachtet, als auch als unabhängig voneinander.

Wir denken, dass wir ‚Zehntausende von Dingen' gleichzeitig erfahren und dass jedes dieser ‚Dinge' in seiner eigenen Zeit kommt, verweilt und wieder geht, seinem Charakter und den herrschenden Umständen entsprechend. Wir denken zum Beispiel, dass ein Berg länger bestehe als ein Baum und ein Baum länger als ein Gedanke.

Aber keines dieser ‚Zehntausende von Dingen' wird je als Objekt nur für sich wahrgenommen. Die Totalität unserer Erfahrung ist zu jedem Zeitpunkt ein nahtloses Ganzes.

Dieses nahtlose Ganze mag scheinbar ein komplexes, zusammengesetztes Objekt aus Körper, Geist und Welt umfassen – und doch ist es eine zusammenhängende, einheitliche Erfahrung.

Es mag komplex sein, ist aber nicht fragmentiert. Es ist eine *nahtlose* Erfahrung. Es ist *eine* Erfahrung.

Der Geist jedoch fragmentiert dieses nahtlose Ganze. Er zerlegt die Totalität unserer Erfahrung.

Er abstrahiert einzelne Objekte, zum Beispiel ein ‚Auto' oder einen ‚Stuhl', und verleiht jedem den Status unabhängiger Realität. Das Objekt, auf das man sich mit ‚Auto' oder ‚Stuhl' bezieht, ist ein Konzept, ein Begriff, ein Konstrukt. Es ist keine Erfahrung. Es ist ein nützliches Konzept und doch nur ein Konzept, keine Erfahrung.

Das Konzept ‚Auto' oder ‚Stuhl' ist selbst Teil des komplexen und vielseitigen Objekts, das erfahren wird, aber wir erfahren nie nur das eine Objekt ‚Auto' oder ‚Stuhl', auf das sich das Konzept bezieht.

In diesem Abstraktionsprozess werden auch Körper und Geist als Objekte konzeptualisiert, die eine separate und unabhängige Existenz besitzen und die, auch wenn sie mit einigen der anderen konzeptualisierten Objekten in Beziehung stehen, dennoch ihre eigene separate und getrennte Realität besitzen.

Die Enklave von Objekten, die ‚Körper und Geist' genannt wird, erhält in diesem Abstraktionsprozess einen besonderen Status.

Sie wird von den anderen konzeptualisierten Objekten abgetrennt und ihr wird, merkwürdigerweise, der Status des Subjekts verliehen. Sie wird als ‚ich' betrachtet, während all die anderen konzeptualisierten Objekte – natürlich inklusive aller anderen Personen – als ‚anderes' betrachtet werden.

Wir grenzen bestimmte Objekte ab mit einer Grenze, die nur aus einer Idee besteht. Diese Idee scheint die nahtlose Totalität der Erfahrung in ‚ich' und ‚nicht ich' aufzuteilen. Alles *innerhalb* dieser Grenze wird als ‚ich' bezeichnet und alles *außerhalb* als ‚Welt' oder ‚anderes'. *Tatsächlich* aber findet diese Trennung nicht statt.

Ein sehr einfaches Experiment wird zeigen, dass diese Interpretation von Erfahrung falsch ist: Legen Sie Ihre Hand auf eine Oberfläche in Ihrer Nähe, zum Beispiel auf einen Tisch. Durch den Kontakt zwischen Hand und Tisch wird eine neue Empfindung erzeugt. Es ist eine einzelne Erfahrung.

Fragen Sie sich nun: „Spüre ich den Tisch?" Die Antwort ist offensichtlich „Ja". Nun fragen Sie sich: „Spüre ich meine Hand?" Die Antwort ist offensichtlich wieder „Ja". Somit haben wir bereits zugegeben, dass wir in dieser Erfahrung sowohl unsere Hand als auch den Tisch fühlen.

Ist nun aber diese neue Empfindung, die durch das Berühren des Tischs mit der Hand erzeugt wird, *eine* Empfindung oder sind es *zwei*? Nein, es ist eine. Und doch haben wir zugegeben, dass unserer Hand *und* der Tisch in ihr erfahren werden.

Daher ist die neue Empfindung, die dort erfahren wird, weder ‚Hand' noch ‚Tisch'. Es wäre noch nicht einmal korrekt zu sagen, dass sie eine Kombination von ‚Hand' und ‚Tisch' sei, denn in einer derartigen Aussage kombinieren wir zwei konzeptualisierte Objekte, die als solche nie erfahren werden. Als separate und unabhängige Einheiten existieren sie nicht.

Würden wir das Ergebnis des Experiments mit solchen Begriffen beschreiben, so bedeutete dies, Konzepte zu verwenden, die durch genau das Experiment, das wir durchführen, widerlegt werden.

Bezeichnen wir diese neue Empfindung, die durch den Vorgang ‚Die Hand berührt den Tisch' erzeugt wird, also lieber als Empfindung ‚A'. Natürlich kann dieses Experiment im realen Leben nicht genau so durchgeführt werden, da es unmöglich ist, eine ‚Hand' oder einen ‚Tisch' zu isolieren. Es sind stets auch andere Elemente gegenwärtig.

Fügen wir nun ein weiteres Element hinzu. Stellen Sie sich vor, dass hinter der Hand und dem Tisch eine blaue Wand platziert wird. Eine neue Empfindung taucht auf, eine Kombination von Empfindung ‚A' und der ‚blauen Wand'.

Aber analog zu unserer vorherigen Schlussfolgerung gibt es in dieser neuen Erfahrung keine separate Empfindung ‚A' und keine separate ‚blaue Wand'. Beide Empfindungen, ‚A' und die ‚blaue Wand', sind Konzepte, die als solche nie erfahren werden.

Würden wir unsere neue Erfahrung als eine Kombination von ‚A' und ‚blaue Wand' formulieren, so würden wir, ähnlich wie oben dargestellt, wieder Konzepte verwenden, die durch das neue Experiment widerlegt wurden. Nennen wir also die neue Empfindung, die durch Hinzunahme der ‚blauen Wand' entsteht, Empfindung ‚B'.

Führen wir dieses Experiment *ad infinitum* weiter, indem wir immer neue Objekte hinzufügen, so kommen wir zu einer Empfindung namens ‚Z', die ‚Zehntausende von Dingen' umfasst. Dies wäre tatsächlich die Totalität unserer momentanen Erfahrung.

Dieses Experiment zeigt, dass wir nicht wirklich die Erfahrung von isolierten, separaten Objekten haben. Das Konzept von separaten, isolierten Objekten ist eine *Interpretation* unserer Erfahrung. Es ist keine *Beschreibung* unserer Erfahrung. Die Interpretation ist eine nützliche Hypothese, aber es ist ein Fehler, die Interpretation mit der tatsächlichen Erfahrung zu verwechseln.

Dieses Experiment demonstriert im Hinblick auf Erfahrung zwei Tatsachen:

Es zeigt, dass wir nicht ‚Zehntausende von Dingen' erfahren. Wir erfahren keine *Vielfalt* von Objekten. Zwei Objekte können nicht zur gleichen Zeit existieren. Wir erfahren ‚*eine* Sache', ein facettenreiches Objekt, das Körper, Geist und Welt umfasst, und diese ‚eine Sache' bezieht sich auf die Totalität unserer Erfahrung zu jedem Zeitpunkt.

Weiterhin lernen wir aus diesem Experiment, dass die Grenzlinie, die wir rund um eine kleine Enklave innerhalb der Totalität unserer Erfahrung ziehen und die wir mit ‚ich' etikettieren, beliebig ist. Sie steht in keinem Zusammenhang mit der tatsächlichen Erfahrung. Es ist zum Beispiel nicht möglich, eine klare Linie zwischen dem Körper und der Welt zu ziehen.

Das wird klar, wenn wir uns fragen, ob die Empfindung ‚A', also ‚Hand/Tisch', sich auf der *Innenseite* (der ‚ich'-Seite) oder der *Außenseite* (der ‚anderes'-Seite) der Grenze befindet.

Als ‚Hand'-Empfindung ist sie auf der ‚Innenseite'. Als ‚Tisch'-Empfindung ist sie auf der ‚Außenseite'. Und zusätzlich haben wir gesehen, dass sie weder Hand noch Tisch ist. Sie ist *eine Sache*. Wenn sie *eine* Sache ist, eine nahtlose Erfahrung, so kann die Linie, die sie in ‚ich' und ‚anderes' teilt, nicht existent sein. Dies ist unsere tatsächliche Erfahrung von Moment zu Moment.

Man kann diese letzte Entdeckung auch so beschreiben, dass wir – durch das Entfernen der begrifflichen Grenze zwischen ‚ich' und ‚nicht-ich' – den Status dessen, was zuvor als Subjekt, als ‚ich', Körper und Geist erachtet wurde, auf den Status eines Objektes reduziert haben – ein Objekt wie der Rest der Welt.

Genau genommen ist es aber noch nicht einmal ganz zutreffend zu sagen, dass durch das Entfernen der willkürlichen Grenze Körper und Geist auf den Status eines Objekts reduziert werden. Denn wenn wir diese willkürliche Grenze entfernen, so entfernen wir gleichzeitig die Kategorien ‚ich' *und* ‚nicht-ich', die Kategorien von ‚Subjekt' und ‚Objekt', da das eine das andere impliziert und somit nicht für sich alleine existieren kann.

Was uns bleibt, ist daher ‚ein Ding', die nahtlose Totalität der Erfahrung, *bevor* sie in ‚Zehntausende von Dingen' konzeptualisiert wird; die „unverarbeitete" REALITÄT unserer Erfahrung, bevor das ‚ich' willkürlich vom ‚nicht-ich' getrennt wird, bevor die Vorstellung von Subjekt und Objekt überhaupt auftaucht.

Es gibt keine zwei Dinge.

Nun, tatsächlich geht die Aussage, dass es nur ‚ein Ding' gibt, zu weit. Sobald wir es in ein Objekt verwandeln, wird ein Subjekt impliziert und schon sind wir wieder im Bereich der Dualität, der zwei Dinge. Also impliziert ‚ein Ding' unvermeidlich ‚zwei Dinge'.

Sobald wir einen Namen vergeben – egal, wie transparent das Wort, das wir verwenden, auch ist –, wird ein gewisses Maß an ‚Objekt-heit' und, als Folge davon, auch von ‚Subjekt-heit' impliziert.

Gleichzeitig müssen wir anerkennen, dass das, wovon wir zu sprechen versuchen, was immer es auch sein mag, nicht ‚nichts' ist.

Bezeichnen wir dies also als eine ‚nahtlose Totalität' oder ‚EINSHEIT' – mit dem Verständnis im Hinterkopf, dass selbst diese Worte einen Schatten von ‚Objekt-heit' dem zuweisen, was in keiner Weise mit Worten oder vom Verstand beschrieben werden kann und was seinerseits alle Worte und jeglichen Verstand erhellt.

Dieser ‚nahtlosen Totalität' innewohnend ist die Gegenwart eines bezeugenden BEWUSSTSEINS. Was auch immer diese ‚nahtlose Totalität' erfährt, ist per Definition *in* dieser Totalität gegenwärtig.

Das bezeugende BEWUSSTSEIN ist jedoch nicht als kleine Wesenseinheit irgendwo innerhalb dieser Erfahrung gegenwärtig, sondern überall in der *Totalität* der Erfahrung.

Es gibt keinen Teil einer Erfahrung, wo das bezeugende BEWUSSTSEIN nicht gegenwärtig ist.

Um ein gründlicheres Erforschen der Natur unserer Erfahrung zu ermöglichen, ziehen wir noch einmal eine künstliche Linie in der nahtlosen Totalität der Erfahrung, in dieser ‚EINSHEIT', und trennen vorläufig das bezeugende BEWUSSTSEIN vom Bezeugten – Körper/Geist/Welt.

Diese Trennung ist nur begrifflicher Natur und dient der Klarheit und dem Verständnis. Sie findet nicht wirklich statt.

In jeder Erfahrung gibt es *etwas*, was wahrnimmt, und es gibt *etwas*, was *wahrgenommen* wird, was auch immer dieses Etwas sei.

Das, was *wahrnimmt*, was immer es auch sei, wird als ‚Subjekt' bezeichnet und das, was wahrgenommen wird, was immer das auch sei, wird als ‚Objekt' bezeichnet.

Wir trennen so konzeptuell den WAHRNEHMENDEN vom Wahrgenommenen, auch wenn es dieses Mal nicht Körper und Geist sind, die als Subjekt gelten, als WAHRNEHMENDER, und nicht die Welt, die als Objekt gilt, als Wahrgenommenes. Diesmal ist BEWUSSTSEIN das wahrnehmende Subjekt und Körper/Geist/Welt sind das wahrgenommene Objekt.

Wiederum befinden wir uns im Bereich der Dualität, von Subjekt-Objekt-Beziehungen. Allerdings sind wir diesmal dichter an den Tatsachen unserer Erfahrung. Dieses Mal ist BEWUSSTSEIN das Subjekt und Körper/Geist/Welt sind das Objekt. Zuvor waren Körper und Geist das Subjekt und die Welt, inklusive aller anderen, war das Objekt.

Indem wir unsere Erfahrung in dieser Weise aufteilen, verwenden wir die gleichen konzeptualisierenden Kräfte des Verstandes, die ursprünglich dafür verantwortlich waren, die Einheit der Erfahrung in eine Vielfalt von Objekten aufzuteilen, von denen eine kleine Enklave, Körper und Geist, als ‚ich', als Subjekt, etikettiert wurde und der Rest als ‚nicht-ich', als Objekt.

Nun haben wir die Einheit der Erfahrung aufgeteilt in ein Subjekt (Bewusstsein), das bezeugt, und ein Objekt (Körper/Geist/Welt), das bezeugt wird.

Der *objektive* Anteil von Erfahrung ist in den meisten Fällen so verlockend und fesselnd, dass die Gegenwart von Bewusstsein meist übersehen wird.

Um die Aufmerksamkeit auf diese bezeugende Gegenwart des Bewusstseins zu richten, haben wir unsere Erfahrung künstlich in zwei aufgeteilt. Wir zerlegen ‚Einsheit' in ein wahrnehmendes Subjekt und ein wahrgenommenes Objekt.

Der objektive Aspekt der Erfahrung, das, was gewusst oder wahrgenommen wird, verändert sich jeden Moment. Der subjektive Aspekt der Erfahrung, das, was weiß oder wahrnimmt, verändert sich nie.

Bewusstsein ist das, was erfährt. Wir wissen nicht, *was* dieses Bewusstsein ist, aber wir wissen, *dass* es ist. Wir wissen, dass es gegenwärtig ist, dass es etwas gibt, was die momentane Situation registriert, bezeugt und von ihr weiß.

Auch beim wahrgenommenen Objekt wissen wir nicht, was es ist, aber wir wissen, dass es existiert, dass es Realität, Existenz, Sein besitzt.

In jeder Erfahrung erfahren wir keine zwei Dinge. Jede Erfahrung ist eins.

Bewusstsein und sein Objekt sind immer eins. Es gibt keine Trennung zwischen ihnen.

Jede objektive Erfahrung ist ein nahtloses Ganzes: ‚Bewusstsein/Objekt'.

Nachdem wir also das nahtlose Ganze in Subjekt und Objekt geteilt hatten, um die Gegenwart und Unabhängigkeit des bezeugenden Bewusstseins zu etablieren, gehen wir einen Schritt weiter und re-etablieren das nahtlose Ganze. Tatsächlich bestätigen wir es nur, weil es schon immer so gewesen ist.

Dies könnte man die Rückkehr des verlorenen Sohnes nennen. Der Moment, in dem er zum Vater zurückschaut, ist der Moment der Erkenntnis, dass Bewusstsein gegenwärtig ist.

Bewusstsein verliert sich selbst in der Welt der Objekte. In dem Moment, da es seine Aufmerksamkeit von den Objekten abzieht und sich selbst zuwendet, erkennt es sich selbst. Und je mehr es seine Aufmerksamkeit sich selbst zuwendet, desto mehr sinkt es in sich ein.

In dem Moment, da der Sohn einen Schritt auf den Vater zu macht, beginnt er, sich selbst, seine Erfahrung, mit dem Vater zu vereinigen. Die Welt der Objekte – oder genauer ‚Bewusstsein-in-der-Welt-der-Objekte-verloren', repräsentiert durch den Sohn – wird wieder in den Vater re-integriert.

In der REALITÄT ist es der Vater, der angelaufen kommt, um dem Sohn zu begegnen. Es ist BEWUSSTSEIN, das die Welt der Objekte wieder beansprucht.

BEWUSSTSEIN projiziert die Welt der Objekte aus sich heraus und erhebt dann wieder Anspruch auf diese Welt.

Der Vater weiß, dass der Sohn das Königreich nie verlässt, aber der Sohn – das heißt ‚BEWUSSTSEIN-das-glaubt-ein-Objekt-zu-sein' – hat dies vergessen und daher muss er zurückkehren.

In Wirklichkeit kehrt der Sohn nicht zurück, er wird eingefordert.

Es gibt keine zwei Dinge.

Es gibt nur BEWUSSTSEIN, PRÄSENZ, EINSHEIT.

BEWUSSTSEIN ist die Totalität unserer momentanen Erfahrung, die die Gestalt *dieser* momentanen Erfahrung *jetzt* annimmt und *jetzt* und *jetzt*.

Unsere Erfahrung ist immer nur ein Ausdruck von BEWUSSTSEIN. Sie ist immer nur ein Ausdruck von EINSHEIT.

Ihre Substanz ist immer nur BEWUSSTSEIN.

Es gibt nichts außer diesem BEWUSSTSEIN, das die Gestalt unserer Erfahrung von Moment zu Moment annimmt. Und doch bleibt es immer es selbst.

Und wenn *keine* Erfahrung stattfindet, wie im Tiefschlaf, im zeitlosen Intervall zwischen zwei Wahrnehmungen oder nach dem Erfüllen eines Wunsches oder Verlangens, ist BEWUSSTSEIN immer noch nur es selbst.

So gelangen wir wieder an unseren Ausgangspunkt. Unsere Erfahrung ist genau die gleiche, wie sie es immer war und immer ist, aber unser Verständnis, unsere Interpretation, hat sich verändert. Und weil unsere Interpretation sich verändert hat, scheint unsere Erfahrung sich zu verändern.

Wir begannen mit dem Konzept, dass die Welt den Körper beinhaltet, der wiederum den Geist beinhaltet, der wiederum einen kleinen, unsichtbaren Funken von BEWUSSTSEIN beherbergt, der bestenfalls als Nebenprodukt der Welt angesehen und schlimmstenfalls völlig übersehen wird.

Und wir gelangen nun zu dem Verständnis, dass BEWUSSTSEIN die allgegenwärtige REALITÄT aller Dinge ist und dass alles *in* ihm und als ein Ausdruck *von* ihm erscheint.

Wir verstehen und spüren, dass BEWUSSTSEIN sich in jeder Erfahrung gleichzeitig bezeugt und zum Ausdruck bringt und dass dies das ist, was wir sind, sich immer ändernd, immer das Gleiche.

Unsere Erfahrung ist eine nahtlose, unteilbare Totalität.

Sie ist ‚EINSHEIT'.

Sie ist einfach ‚Erfahren'.

Es werden nie zwei Dinge erfahren.

Unsere Erfahrung ist immer nur Bewusstsein.

Durch diese Argumentation wird der Verstand an die Grenzen seiner Erkenntnis geführt. Er wird dazu gebracht, den Irrtum seiner Ideen zu sehen, und indem dies geschieht, wird eine neue Möglichkeit verfügbar, denn Bewusstsein hört damit auf, sich vor sich selbst mit irreführenden Ideen zu verbergen.

Es hört damit auf, sich selbst mit seiner eigenen Kreativität zu verbergen.

Bewusstsein schaut in den Spiegel der Erfahrung und sieht nicht länger das Gesicht eines ‚anderen'.

Es sieht sein eigenes Gesicht.

Es sieht sich selbst in allen Dingen und alle Dinge in sich selbst.

Liebe – die natürliche Verfassung des Bewusstseins

Bewusstsein weiß um etwas, indem es dieses Etwas *ist*.

Bewusstsein kann nicht um etwas wissen, was es nicht selbst ist.

Bewusstsein identifiziert sich manchmal mit dem Körper und dem Geist. Es verleiht seine eigene Identität, das Gefühl von ‚Ich'-heit, das ihm innewohnt, den Objekten Körper und Geist.

Diese Identifikation entsteht aus einer echten Erfahrung. Bewusstsein *ist* eins mit allem, was es erfährt.

Genau genommen *erfährt* Bewusstsein nicht wirklich etwas. Es *ist* dieses Etwas und seine Art und Weise, um dieses Etwas zu *wissen*, ist, dieses Etwas zu *sein*.

In unserer Erfahrung kann nichts existieren, was nicht eins ist mit Bewusstsein.

Identität ist dem Bewusstsein innewohnend. Identisch sein heißt ‚das Gleiche sein wie', ‚eins sein mit'.

Nichts ist vom Bewusstsein getrennt. Bewusstsein weiß um etwas, indem es eins damit ist, indem es dieses Etwas *ist*.

Daher ist Gleichsetzung im Sinne von ‚eins sein mit' kein Zeichen von Ignoranz. Es ist eine unvermeidbare Tatsache der Erfahrung.

Ignorant ist jedoch die *exklusive* Identifikation des BEWUSSTSEINS mit einem Teil der Totalität unter Ausschluss eines anderen Teils.

Um diese Exklusivität zu berichtigen, *disidentifiziert* sich BEWUSSTSEIN anfänglich von Körper/Geist.

BEWUSSTSEIN löst sich selbst aus dieser partiellen Identifikation.

BEWUSSTSEIN entzieht dem Körper/Geist das Gefühl von ‚ICH'-heit und erlaubt diesem Gefühl, zu seinem wahren Sitz zurückzukehren, zum BEWUSSTSEIN selbst.

Wir, BEWUSSTSEIN, beziehen die Position ‚Ich bin nichts Vorstellbares oder Wahrnehmbares'.

Dies ist ein pädagogischer Schritt, der unternommen wird, um die Aufmerksamkeit auf die Gegenwart und das Primat des BEWUSSTSEINS zu lenken und um darauf zu verweisen, dass BEWUSSTSEIN sowohl *ist*, wenn keine Objekte gegenwärtig sind, als auch während des Erscheinens von Objekten.

Allerdings können wir Identität nicht wirklich dem BEWUSSTSEIN *zurückgeben*, denn Identität ist immer schon dem BEWUSSTSEIN innewohnend. BEWUSSTSEIN *ist* Identität.

Ebenso können wir die Identifikation mit dem Körper/Geist nicht zurückziehen. Sobald BEWUSSTSEIN von einem Objekt zurückgezogen wird, verschwindet dieses Objekt per Definition. Es wird nichtexistent.

Es gibt nie ein echtes, tatsächliches *Objekt* des BEWUSSTSEINS und daher ist BEWUSSTSEIN nie das *Subjekt* von Erfahrung.

Bewusstsein und sein Objekt sind immer eins, jenseits des Reichs von Subjekt und Objekt.

In Wirklichkeit gibt es keine Objekte des Bewusstseins, sondern wir verleihen *allen* Erscheinungen (inklusive Körper/Geist) den vorläufigen Status von Objekten, um die *partielle* Identifikation des Bewusstseins mit Körper/Geist zu lösen.

Aus der Vorstellung ‚Ich bin Körper/Geist' entsteht die Vorstellung ‚Ich bin nicht die Welt'. Beide Vorstellungen entstehen gleichzeitig.

Wenn Bewusstsein sich selbst von der Vorstellung und dem Gefühl befreit, Körper/Geist zu sein, so befreit es sich gleichzeitig von der Vorstellung und dem Gefühl, *nicht* die Welt zu sein.

In diesem vorübergehenden Zustand besitzt Bewusstsein nun die Freiheit, sich mit der Totalität seiner Erfahrung zu identifizieren. Nicht nur mit einem Fragment, nicht nur mit einem Körper/Geist.

Tatsächlich ist Bewusstsein *immer* eins mit der Totalität seiner Erfahrung. Aber dieser Prozess hier ist sehr machtvoll und verankert die Einheit aller Dinge auch wieder in unserer momentanen Erfahrung.

Auch wenn Bewusstsein immer nur die Totalität und nie das Fragment ist, auch wenn die Einheit immer etabliert ist, so *denken* und *fühlen* wir nun auch, dass dies so ist.

Liebe ist der Name, den wir Bewusstsein geben, wenn es wieder zu seiner Identität mit allen Dingen erwacht, wenn es sich selbst *in* allen Dingen *als* alle Dinge erkennt.

Liebe ist die natürliche Verfassung des Bewusstseins, wenn es wissentlich mit allen Dingen eins ist.

Es beinhaltet alle Dinge in sich selbst und ist selbst die Substanz aller Dinge.

Unveränderliche Präsenz

Irgendetwas ist gegenwärtig und erfährt die momentane Situation. Was dieses Etwas ist, wissen wir nicht, wir wissen aber sicher, dass es gegenwärtig, dass es bewusst ist.

Wir wissen, dass dies nicht der Geist, der Körper oder die Welt ist, denn der Geist, der Körper und die Welt sind Teil der momentanen Situation, die erfahren wird.

Der Geist, der Körper und die Welt erscheinen der bezeugenden Präsenz des BEWUSSTSEINS.

Versuchen wir, dieses BEWUSSTSEIN zu finden, oder richten wir unsere Aufmerksamkeit darauf, so können wir es nicht sehen oder finden, da es keine objektartigen Eigenschaften hat.

Hätte es objektartige Eigenschaften, so wären auch diese wieder Teile der momentanen Situation, die erfahren wird. Sie würden *durch* die bezeugende Präsenz des BEWUSSTSEINS erfahren. Sie würden dem BEWUSSTSEIN zusammen mit allen anderen Objekten erscheinen.

Gleichzeitig ist unsere unmittelbare Erfahrung, dass die bezeugende Präsenz des BEWUSSTSEINS unleugbar gegenwärtig ist. Sie ist unser innerstes SELBST.

Sie ist das, als was wir uns kennen. Sie ist das, was wir ‚ICH' nennen.

Die momentane Situation verändert sich ständig. Auch wenn die Veränderungen nur minimal sind, wird uns trotzdem von Moment zu Moment eine andere Anordnung von Körper, Geist und/oder Welt präsentiert.

Die bewusste, bezeugende PRÄSENZ, dieses ‚ICH', verändert sich jedoch nie. Sie ist immer einfach präsent, offen, verfügbar, gewahr.

Wegen der versehentlichen und exklusiven Assoziation von BEWUSSTSEIN mit Körper und Geist neigen wir dazu, anzunehmen, dass jede Veränderung in Körper und Geist eine Veränderung im BEWUSSTSEIN mit sich bringe.

Betrachten wir unsere Erfahrung etwas genauer, so sehen wir deutlich, dass wir nie eine Veränderung im BEWUSSTSEIN selbst erfahren haben.

Im Rückblick auf unser Leben sehen wir, dass diese bewusste PRÄSENZ immer genau so war, wie sie jetzt ist. Sie hat sich nie verändert, nie bewegt, ist nie erschienen und nie entschwunden.

Schon die allererste Erfahrung, die wir als Neugeborenes hatten, wurde durch die bezeugende Präsenz des BEWUSSTSEINS erfahren. BEWUSSTSEIN war präsent, um diese erste Erfahrung zu bezeugen, aber haben wir je das *Erscheinen* von BEWUSSTSEIN erfahren?

Wenn das Erscheinen von BEWUSSTSEIN eine Erfahrung wäre, so müsste ein anderes BEWUSSTSEIN präsent sein, um dieses Erscheinen zu bezeugen. Und wenn das Erscheinen von BEWUSSTSEIN nie erfahren wurde, welche Gültigkeit hat dann die Behauptung, dass BEWUSSTSEIN erscheine, dass es einen Anfang habe, geboren sei?

Und haben wir je ein Ende des Bewusstseins erfahren? Hätten wir das Verschwinden des Bewusstseins erfahren, so müsste ein anderes Bewusstsein präsent sein, um dieses Verschwinden zu bezeugen. Und dieses ‚neue' Bewusstsein, das das Verschwinden des ‚alten' Bewusstseins bezeugte, müsste während *und* nach dessen Verschwinden präsent sein, um die Behauptung zu rechtfertigen, dass es dieses Verschwinden bezeugt hat.

Daher können wir nicht behaupten, jemals die Erfahrung zu machen, dass Bewusstsein verschwindet. Welche Gültigkeit hat dann unserer Überzeugung, dass wir, als Bewusstsein, sterben?

Wir erfahren bei allen Objekten einen Anfang und ein Ende, aber wir erfahren nie einen Anfang oder ein Ende des Bewusstseins, unseres Selbst.

Wir denken vielleicht, dass Bewusstsein verschwinde, wenn wir einschlafen, und dass es beim Aufwachen wieder erscheine, aber dies ist nicht wirklich unsere Erfahrung. Es ist eine unüberprüfte Annahme.

Allerdings eine Annahme, die so tief verwurzelt und so sehr zu einem Teil der allgemein akzeptierten Norm geworden ist, dass wir tatsächlich *denken*, dass wir das Verschwinden des Bewusstseins erführen, wenn wir einschlafen.

Wenn wir einschlafen, erfahren wir als Erstes den Rückzug der Sinneswahrnehmungen oder, zutreffender formuliert, der Fähigkeiten des Wahrnehmens und des Spürens. Mit dem Verschwinden des Wahrnehmens entschwindet die Welt aus unserer Erfahrung und mit dem Verschwinden des Spürens entschwindet der Körper aus unserer Erfahrung und es bleiben nur Denken und Vorstellen. Dies ist der Traumzustand.

Irgendwann werden dann auch Denken und Vorstellen zurückgezogen und somit weicht der Traumzustand dem Tiefschlaf.

Im Tiefschlaf verbleibt BEWUSSTSEIN so, wie es immer ist, offen und gewahr, nur dass keine Objekte in ihm gegenwärtig sind.

BEWUSSTSEIN projiziert das Erscheinen von Geist, Körper und Welt, indem es die Gestalt von Denken, Spüren und Wahrnehmen annimmt.

Der Prozess des Einschlafens ist nicht der Prozess eines separaten Wesens, das all diese Zustände durchläuft. Er ist einfach das Zurücknehmen dieser Projektionen.

Da wir BEWUSSTSEIN so eng und so exklusiv mit Körper und Geist identifiziert haben, nehmen wir an, dass die Abwesenheit von Körper und Geist während der Erfahrung des Tiefschlafs eine Abwesenheit des BEWUSSTSEINS mit sich bringe.

Dies ist jedoch nur die Interpretation des Verstandes für eine Erfahrung, während derer er nicht gegenwärtig war. Es ist eine Vermutung, die auf einer Vermutung basiert.

Es ist eine Vermutung, dass BEWUSSTSEIN in Wirklichkeit exklusiv mit Körper und Geist identifiziert sei, und diese Vermutung gibt Anlass zu der Vermutung, dass BEWUSSTSEIN verschwinde, wenn Körper und Geist im Einschlafen verschwinden und folglich auch, wenn der Körper stirbt.

Im ersten Fall entspricht dies nicht unserer Erfahrung und es gibt keinen Beweis, der darauf hindeutet, dass dies im zweiten Fall unsere Erfahrung sein wird.

Es gibt Hinweise darauf, dass das Empfindungsvermögen beim Tod verschwindet, aber keine Hinweise, dass das BEWUSSTSEIN verschwindet.

Nach einer Tiefschlafperiode nimmt das BEWUSSTSEIN, das auch dort präsent war, die Gestalt von Denken und Vorstellen an und als Resultat erscheint wieder der Traumzustand.

Ebenso nimmt das BEWUSSTSEIN nach einer Traumperiode die Gestalt von Spüren und Wahrnehmen an und als Resultat werden Körper und Welt wieder erschaffen – das heißt, der Wachzustand erscheint wieder.

Betrachten wir den Tiefschlaf aus dem Blickwinkel des Wachzustandes, so scheint der Tiefschlaf eine gewisse Zeitspanne gedauert zu haben, so, wie Objekte, die im Traum- oder Wachzustand erscheinen, eine bestimmte Zeitspanne anzudauern scheinen.

Zeit ist die vorgestellte Dauer zwischen *einer* Erscheinung und einer *anderen.* Im Tiefschlaf gibt es keine Erscheinungen und daher ist dort keine Zeit gegenwärtig.

Tatsächlich ist Zeit noch nicht einmal im Traum- und Wachzustand gegenwärtig, aber zumindest die *Illusion* von Zeit ist in diesen Zuständen präsent. Im Tiefschlaf ist noch nicht einmal die Illusion von Zeit präsent.

Zeit ist im Wach- und Traumzustand eine Illusion. Im Tiefschlaf ist sie eine Vermutung.

Die Sprache des Wachzustandes basiert auf Objekten und Zeit und daher denken wir, wenn wir aus dem Blickwinkel des Wachzustandes den traumlosen Schlaf betrachten, dass dieser eine bestimmte Weile gedauert haben müsse, denn der Geist kann sich Zeitlosigkeit nicht vorstellen.

Der Geist deutet die Zeit, die er sich als real *vorstellt*, als *tatsächliche* Erfahrung. Er stellt sich vor, dass Zeit auch während der Abwesenheit des Geistes gegenwärtig sei und dass daher der Tiefschlaf eine Dauer habe. Der Tiefschlaf wird daher als ein Zustand erachtet.

Wird der Tiefschlaf allerdings der Dauer entblößt, so ist er tatsächlich die zeitlose Präsenz des BEWUSSTSEINS, das jenseits, hinter und in allen Zuständen ist. Obwohl BEWUSSTSEIN das *Erscheinen* von Zeit hervorbringt, liegt es selbst nicht *in* der Zeit.

Unsere Erfahrung ist, dass Tiefschlaf einfach die zeitlose Präsenz des BEWUSSTSEINS ist, das weder erscheint noch verschwindet.

Verschwindet das, was während des Tiefschlafs präsent ist beziehungsweise was als Tiefschlaf präsent ist, wenn die Traumwelt erscheint?

Nein! Die Traumwelt tritt einfach *im* Tiefschlaf in Erscheinung – also in diesem zeitlosen BEWUSSTSEIN.

Verschwindet das, was als Tiefschlaf präsent ist, wenn die Welt des Wachzustandes erscheint?

Nein! Die Welt des Wachzustandes tritt einfach *im* Tiefschlaf in Erscheinung, in diesem zeitlosen BEWUSSTSEIN.

Der Übergang von Tiefschlaf zum Träumen und dann zum Wachsein ist nahtlos. Tatsächlich ist es gar kein Übergang. Nur aus dem Blickwinkel des Wachzustandes, wo ein separates Wesen Übergänge von einem Zustand zu einem anderen zu durchlaufen scheint, wird es als Übergang angesehen.

Aus dem Blickwinkel des BEWUSSTSEINS gibt es keinen Übergang, es gibt nur einen Strom sich verändernder Erscheinungen – und auch die *Abwesenheit* von Erscheinungen – in seiner eigenen allgegenwärtigen Präsenz.

Das, was Tiefschlaf ist, zeitlose PRÄSENZ, verschwindet nicht, um Traum- und Wachwelten erscheinen zu lassen. Es bleibt einfach so, wie es immer ist, und nimmt gleichzeitig die Gestalt von Traum- oder Wachwelten an.

In diesem Prozess gibt es an keiner Stelle ein separates Wesen, das einschläft oder von einem Zustand zu einem anderen Zustand überwechselt.

Niemand schläft ein, niemand wacht auf.

Aus dem Blickwinkel des Wachzustandes ist der Tiefschlaf ein Zustand. Aus seinem eigenen Blickwinkel betrachtet ist er zeitlose PRÄSENZ.

Zeit ist eine Illusion

Erfahrung ist das Einzige, was wir haben.

Der Geist ist einfach nur die *Erfahrung* des Geistes. Der Körper ist einfach nur die *Erfahrung* des Körpers. Die Welt ist einfach nur die *Erfahrung* der Welt.

Wir erschaffen das Konzept eines Geistes, eines Körpers und einer Welt, die außerhalb, getrennt und unabhängig von Erfahrung existieren und von denen angenommen wird, dass sie auch dann existieren, wenn sie nicht erfahren werden. Solch ein Geist, solch ein Körper und solch eine Welt sind aber nie erfahren worden.

Eine derartige Erfahrung wäre auch nicht möglich, denn sobald sie erfahren würde, wäre sie per Definition *Teil* von ‚Erfahrung' und somit nicht länger außerhalb, getrennt oder unabhängig von Erfahrung.

Erfahren ist der wesentliche Bestandteil, das wesentliche Element von Geist, Körper und Welt; und BEWUSSTSEIN ist der wesentliche Bestandteil des Erfahrens.

Wie würden Geist, Körper und Welt aussehen, wenn ihnen das Erfahren entzogen würde?

Und wie würde Erfahren aussehen, wenn ihm BEWUSSTSEIN entzogen würde?

Jede Erfahrung, die je stattgefunden hat, findet immer ‚Jetzt' statt. Vergangenheit und Zukunft werden in Wirklichkeit nie erfahren. Gedanken oder Bilder, die auf Vergangenheit oder Zukunft bezogen sind, werden erfahren, aber dies geschieht immer ‚Jetzt'.

Zeit wird nie erfahren. Nur ‚Jetzt' wird erfahren. Zeit ist ein Konzept. Ein nützliches Konzept, aber keine Erfahrung. Das *Konzept* der Zeit ist eine Erfahrung, aber nicht Zeit selbst.

‚Jetzt' ist allgegenwärtig. Gab es je eine Zeit, die nicht ‚Jetzt' war? ‚Jetzt' ist kein Moment. Ein ‚gegenwärtiger Moment' wird nie erfahren.

Ein ‚gegenwärtiger Moment' impliziert eine unendlich kurze Zeitdauer. ‚Dauer' impliziert ein Zuvor und ein Danach, eine Vergangenheit und eine Zukunft. Meist wird der ‚gegenwärtige Moment' als einer von unendlich vielen derartigen Momenten angesehen, die in unendlicher Abfolge erscheinen.

Das Konzept der Zeit wurde erschaffen, um diesen scheinbaren Momenten, von denen angenommen wird, dass sie *in* der Zeit erscheinen, ein ‚Gerüst' zu geben. Und von der Zeit wird angenommen, dass sie schon ‚ewig' existiere, außerhalb und unabhängig von dem Bewusstsein, das sie scheinbar erfährt.

Betrachten wir jedoch unsere Erfahrung und weigern wir uns, Konzepte zu akzeptieren, die nicht zu dieser Erfahrung passen, so sehen wir klar, dass dieses Modell der Zeit nicht die Natur der Erfahrung widerspiegelt.

Jegliche Erfahrung ist ‚Jetzt' und ‚Jetzt' ist allgegenwärtig.

Allerdings ist unsere Sprache durch abstrakte und irreführende Ansichten über Zeit und Erfahrung derart konditioniert, dass es unmöglich ist, Sprache zu verwenden, um die Realität unserer Erfahrung zu vermitteln. So wird zum Beispiel der Begriff ‚allgegenwärtig' verwendet, um das ‚JETZT' zu beschreiben, aber das Wort ‚all' impliziert eine Vielzahl, im Zusammenhang mit Zeit also Dauer, und ‚gegenwärtig' impliziert eine Vergangenheit und eine Zukunft.

‚Ewigkeit' ist ein Begriff, der verwendet wird, um auf dieses ‚allgegenwärtige JETZT' zu verweisen. Und obwohl es irgendwann mit einer unendlichen *Menge* von Zeit assoziiert wurde, so ist seine ursprüngliche Bedeutung vielleicht das Wort, welches am besten die Unmittelbarkeit und Realität von ‚JETZT' übermittelt.

Wird das ‚JETZT' von der falschen Assoziation mit einer imaginären ‚Zeit' befreit, so wird es einfach so erfahren, wie es ist, als zeitlose PRÄSENZ.

Wenn eine Erfahrung gegenwärtig ist, so ist es das ‚JETZT', das die Gestalt dieser Erfahrung angenommen hat. Es *ist* diese Erfahrung.

Verschwindet das Objekt, so bleibt das ‚JETZT' einfach als das zurück, was es immer ist, PRÄSENZ, BEWUSSTSEIN.

Das ‚JETZT' ist die Substanz und das Behältnis aller Erfahrung.

Zeit, befreit von der Illusion der Dauer, ist BEWUSSTSEIN.

BEWUSSTSEIN erzeugt das Erscheinen von Zeit, indem es seine eigene Kontinuität an Objekte verleiht und dann vergisst, dass es dies getan hat.

Aber so, wie BEWUSSTSEIN die Wahl trifft, sich zu vergessen, so trifft es auch die Wahl, sich an sich zu erinnern. BEWUSSTSEIN hört damit auf, vorzugeben, etwas anderes zu sein als es selbst. Es zieht seine Projektion von den Objekten zurück.

Es gibt sich an sich selbst zurück.

Jedes Mal, wenn BEWUSSTSEIN aufhört, die Gestalt von Geist, von Körper oder Welt einzunehmen, weiß es wieder um sich selbst als PRÄSENZ oder SEIN.

Tatsächlich weiß es immer nur um sich selbst, auch in der Gegenwart von Objekten, nur ist das klare Glas der PRÄSENZ nun nicht mehr von einer scheinbaren Objektivität eingefärbt.

Diese ‚Momente' der SELBST-ERKENNTNIS sind leer von objektivem Inhalt und somit zeitlos. Sie hinterlassen im Gedächtnis keine Spuren.

Die ‚Momente' zwischen dem Erscheinen von Objekten, seien es Gedanken, Bilder, Empfindungen oder Wahrnehmungen, werden als Lücken von kurzer Dauer verstanden, die im Fluss der Erfahrung auftauchen.

Diese Formulierung ist jedoch ein Zugeständnis an den Geist, der nur in den Kategorien von Objekten denken kann. Es ist ein Hinweis, den das BEWUSSTSEIN sich selbst gibt, um sich an seine wahre Natur zu erinnern.

Hat BEWUSSTSEIN sich erst einmal durch Gedanken davon „überzeugt", dass es in Zeit und Raum erscheine und dass Raum und Zeit nicht in ihm erscheinen, so nimmt es diese Überzeugung als gegeben hin. BEWUSSTSEIN begrenzt sich selbst mit dieser Überzeugung.

Alle nachfolgenden Formulierungen nehmen die fundamentale Realität von Raum und Zeit als gegeben an, und wenn BEWUSSTSEIN nun durch Denken ein Bild seiner selbst erzeugt, so geschieht dies im Rahmen dieser neuen Vorstellung. So entsteht die Idee, dass BEWUSSTSEIN sich nur zeitweise im Fluss der Objekte zeige, innerhalb eines unendlichen Substrats von Zeit und Raum.

Tatsächlich aber ist BEWUSSTSEIN die Objekte, die vorübergehend in einem unendlichen Substrat von BEWUSSTSEIN erscheinen.

Und es ist die Gegenwart von Objekten, die die Illusion von Zeit und Raum impliziert. Wenn keine Objekte gegenwärtig sind, bleibt keineswegs eine unendliche Ausdehnung von Zeit und Raum zurück. Sondern PRÄSENZ bleibt zurück, das, was vor Zeit und Raum ist.

In den Lehren des NON-DUALISMUS wird manchmal vorgeschlagen, die Aufmerksamkeit auf die ‚Lücken' zwischen Wahrnehmungen zu richten. Diese Lücken sind zweifelsohne vorhanden, denn ohne sie würde ein Gedanke (oder eine Wahrnehmung) nie enden und der (die) nächste würde nie beginnen.

Allerdings haben diese Lücken keine zeitliche Ausdehnung, denn zwischen Wahrnehmungen gibt es keine Zeit.

Wenn Bewusstsein (in Gestalt des Geistes) davon überzeugt ist, dass es nicht gegenwärtig sei, dass etwas fehle, etwas getan oder gefunden werden müsse, um zu sich selbst zurückzukehren, dann ist das Ausrichten der Aufmerksamkeit auf diese ‚Lücken' zwischen den Wahrnehmungen sehr machtvoll.

Bewusstsein denkt, dass es nicht gegenwärtig sei und dass es sich finden müsse. Es hat vergessen, dass die Idee, Zeit und Raum existierten unabhängig von Objekten und wären das Substrat von Erfahrung, ein Konzept ist und keine Erfahrung.

Zunächst wird diese ‚Lücke' als ein leeres Objekt begriffen, eine ‚Nichts-heit'. Wenn Bewusstsein sich so begreift, erschafft es einfach im Geist eine bestmögliche Approximation an sich selbst. Bewusstsein kann sich nicht als etwas begreifen, was kein Objekt ist.

Dies gibt ihm etwas zum Suchen, etwas, was keine Eigenschaften hat und doch in Raum und Zeit zu erscheinen scheint. Wobei Raum und Zeit auf dieser Stufe noch als absolute Realitäten verstanden werden.

Bewusstsein versteht sich selbst als ein subtiles Objekt, dem es sich zuwenden kann. Es weiß noch nicht, dass es bereits die Aufmerksamkeit *ist*, die es versucht, sich selbst zu geben.

Es sieht noch nicht, dass Aufmerksamkeit, befreit von Objekten, bereits Bewusstsein ist, Präsenz ist, es selbst ist. Also legt es sich selbst herein und sucht nach sich.

Auf diese Art findet Bewusstsein sich nie, denn es ist, ohne es zu wissen, bereits es selbst.

Im Versuch, das Unmögliche zu tun und mit dem Geist das zu suchen, was kein Objekt ist, unterminiert das Bewusstsein allerdings seine Gewohnheit, ‚außen' und ‚anderswo' zu suchen.

Der Geist löst sich auf, wenn er versucht, diesen objektlosen Raum zu sehen oder zu berühren. Die Suche bricht zusammen. Sie ist eher unterminiert als vollendet.

Eigentlich ist es nicht so, dass der Geist sich auflöst, sondern eher so, dass Bewusstsein, das die Form eines separaten und begrenzten Wesens angenommen hatte, indem es sich mit einem Körper und einem Geist identifizierte, sich von dieser Identifikation befreit. Als Ergebnis erkennt es sich, verwirklicht sich, erinnert sich an sich selbst, nicht in der Verkleidung des Geistes, sondern direkt und wissentlich.

Bewusstsein erkennt, dass es keine Aufmerksamkeit *bekommt*, sondern Aufmerksamkeit *gibt.* Und erkennt dann, dass es nicht Aufmerksamkeit *gibt*, sondern Aufmerksamkeit *ist.*

Aufmerksamkeit ist Bewusstsein mit einem Objekt. Wenn das Objekt verschwindet, bleibt einfach die Aufmerksamkeit als das zurück, was sie immer ist, Bewusstsein.

Bewusstsein ist bereits die Gestalt jedes Objekts, dem es sich zuwendet. Es *bezeugt* sich selbst als das Objekt und gleichzeitig *manifestiert* es sich als das Objekt.

Es erkennt sich selbst.

Das Entschleiern der Realität

Unabhängig von den Eigenschaften der momentanen Erfahrung ist die *Realität* der Erfahrung, ihre essenzielle Natur, gegenwärtig und unveränderlich.

Realität ist nicht irgendwann in der Zukunft verfügbar und ist auch nicht abhängig von speziellen Umständen. Was auch immer Realität ist, es ist in jedem Moment gegenwärtig.

Diese Erfahrung ist real und *diese* Erfahrung ist real und *diese* Erfahrung ist real.

Jede dieser Erfahrungen war objektiv unterschiedlich, wenn auch nur in geringem Maße. Und doch ist die *Realität* jeder Erfahrung, die *Existenz* jeder einzelnen dieser drei Erfahrungen, identisch und allgegenwärtig.

Die sich ändernden Eigenschaften von Erfahrungen *verschleiern* ihre Realität und gleichzeitig *ist* die *Gegenwart* von Erfahrung ihre Realität.

Der Teil einer Erfahrung, der erscheint, *verschleiert* und *zeigt* denjenigen Teil einer Erfahrung, der *nicht* erscheint und doch gegenwärtig ist.

Jede Erfahrung scheint Realität sowohl zu verschleiern als auch aufzudecken.

Als Erscheinung ist Erfahrung stets veränderlich und unbeständig. Wird Erfahrung von Erscheinung getrennt, so zeigt sie sich als SEIN.

Erscheinungen verändern sich jeden Moment, eine nach der anderen verschwindet. In jedem Moment verflüchtigt sich Erscheinung und zeigt das Kontinuum des SEINS.

SEIN *ist.* Sowohl hinter als auch in Erscheinungen.

Das SEIN, das in allen Erfahrungen erstrahlt, ist in uns selbst bekannt als die Erfahrung ‚Ich bin'.

In der Welt ist es bekannt als ‚Es ist'.

Wir teilen die PRÄSENZ, die wir sind, mit allen Dingen.

Wir sind, was wir suchen

BEWUSSTSEIN ist, wenn es um Erfahrung geht, die primäre und vertrauteste Tatsache.

Jede Erfahrung, die wir je machen, die wir je machen könnten oder je machen werden, wird *durch* das BEWUSSTSEIN erfahren.

Meditieren heißt einfach wissentlich verweilen als diese Präsenz des BEWUSSTSEINS.

Das ist sehr leicht, denn wir *sind* dies bereits. Es wäre sogar unmöglich, etwas anderes zu sein.

In der Meditation verbleiben wir einfach so, wie wir sind, wie wir immer schon waren, und erlauben Geist, Körper und Welt, einfach so zu sein, wie sie sind.

Die Gegenwart von Geist, Körper und Welt, ob ruhig oder aufgeregt, ist nur durch die bezeugende Präsenz des BEWUSSTSEINS möglich.

Nichts kann BEWUSSTSEIN verbergen. Nichts kann diese bezeugende Präsenz verbergen.

Es spielt keine Rolle, ob Gedanken auftauchen, ob die Aufmerksamkeit scheinbar von Gedanken, körperlichen Empfindungen oder Ereignissen in der Welt eingefangen wird. All diese Erfahrungen sind dadurch möglich, dass BEWUSSTSEIN gegenwärtig ist.

Geist, Körper und Welt verbergen das Bewusstsein nicht. Sie weisen auf es hin. Sie zeigen es. Sie bringen es zum Ausdruck.

In der Meditation wird dem Geist erlaubt, genau so zu sein, wie er ist, ohne etwas ändern zu müssen. Man muss ihn nicht ruhiger machen, man muss die Gedanken nicht anhalten und nicht positiv gestalten.

Wir bleiben einfach so, wie wir sind, und erlauben unserer Erfahrung, das zu sein, was sie von Moment zu Moment ist.

Bemerken wir, dass wir uns nur mit einem Aspekt unserer Erfahrung beschäftigen – zum Beispiel mit einem Gedanken oder mit etwas, was in der Welt geschieht –, so ist oft der erste Impuls, zu versuchen, dieses Objekt loszuwerden oder daran festzuhalten. Entweder mögen wir es und möchten es behalten oder wir mögen es nicht und möchten es loswerden.

Haben wir jedoch erst einmal verstanden, dass der Erwerb oder der Verlust eines Objekts Bewusstsein in keiner Weise beeinflusst, so kehren wir einfach zu unserem Selbst zurück, zu dieser bewussten Präsenz. Da wir dies bereits sind, bedeutet es lediglich, dass wir *wissentlich* dorthin zurückkehren.

Wir *scheinen* dorthin zurückzukehren, aber tatsächlich *bleiben* wir einfach wissentlich dort. Wir verweilen dort.

Der Erfahrung wird erlaubt zu fließen. Ihr wird erlaubt, sich zu bewegen und sich zu verändern. Bemerken wir, dass wir versuchen, sie zu manipulieren, so ist dies in Ordnung. Auch das ist Teil der momentanen Erfahrung. Es darf so sein.

Irgendwann erstirbt die erste Ebene von Widerstand, unser ‚Ich mag das nicht'. Aber dies ist nicht der Zweck von Meditation.

Meditation hat keinen Zweck. Der Zweck ist bereits erfüllt.

Wir sind bereits, was wir sind. Wir sind bereits, was wir suchen.

Wir verweilen einfach als das.

Wenn wir von den Objekten der Erfahrung einen Schritt zurücktreten, so erfahren wir uns selbst als Bewusstsein, als Präsenz.

Später entdecken wir, dass Friede und Glück Eigenschaften sind, die dieser Präsenz innewohnen. Sie entspringen dem Bewusstsein im Hintergrund und nicht den Objekten des Vordergrunds.

Aber es ist eine künstliche Trennung, unsere Erfahrung aufzuteilen in Bewusstsein und Geist/Körper/Welt, in das Subjekt ‚Ich' und das Objekt Geist/Körper/Welt.

Der Sinn dieser Trennung besteht nicht darin, die Realität unserer Erfahrung zu *beschreiben*, sondern die Aufmerksamkeit auf die Präsenz und das Primat des Bewusstseins zu richten.

Meist verlieren wir uns in Objekten, in Geist, Körper und Welt, und sind der Gegenwart des Bewusstseins noch nicht einmal gewahr. Um klar sehen zu können, dass Bewusstsein in jeder Erfahrung gegenwärtig ist, ziehen wir uns von den Objekten Geist, Körper und Welt sozusagen einen Schritt zurück.

Damit machen wir klar, dass Bewusstsein nicht nur in jeder Erfahrung *gegenwärtig* ist, sondern dass es unsere *primäre* Erfahrung ist.

Haben wir die Gegenwart des Bewusstseins erst einmal als Tatsache unserer Erfahrung verankert, können wir Geist, Körper und Welt aus dem Blickwinkel des Bewusstseins neu betrachten.

Wo erscheinen unsere Gedanken? Erscheinen sie einfach nur *dem* Bewusstsein oder erscheinen sie *im* Bewusstsein?

Wenn sie *dem* Bewusstsein erschienen und nicht *im* Bewusstsein, so müsste es eine klar wahrgenommene Grenze oder eine Schnittstelle zwischen den wahrgenommenen Gedanken und dem wahrnehmenden Bewusstsein geben.

Erfahren wir eine derartige Grenze? Betrachten Sie *jetzt* einen Gedanken. Ist dieser Gedanke vom Bewusstsein getrennt? Gibt es einen Ort, wo die beiden sich begegnen?

Nein! Es gibt keine Trennlinie zwischen den beiden. Offensichtlich erscheint der Gedanke *im* Bewusstsein.

Das gleiche Experiment können wir mit einer körperlichen Empfindung durchführen. Nehmen Sie als Beispiel eine kribbelnde Empfindung im Gesicht.

Wo erscheint diese Empfindung? Gibt es eine Schnittstelle zwischen der Empfindung und Bewusstsein? Erscheint sie nicht an der gleichen Stelle, wo auch die Gedanken erscheinen? Erscheint sie nicht nur *dem* Bewusstsein, sondern *im* Bewusstsein?

Die Geschichte, die uns der Geist darüber erzählt, was und wo der Körper ist, sollten wir nicht glauben. Wir sollten uns nur auf die Tatsachen unserer Erfahrung verlassen und das bedeutet: auf diese momentane Erfahrung. Das ist der Realitätstest, der Wahrheitstest.

Für diese Untersuchung müssen wir so unbefangen sein wie ein Kind und so aufrichtig wie ein Wissenschaftler. Unbefangen in dem Sinne, dass wir jede Erfahrung so nehmen, als würden wir sie zum ersten Mal erfahren, was ja auch tatsächlich der Fall ist. Und aufrichtig in dem Sinne, dass wir bei unserer momentanen Erfahrung bleiben und zwischen dem unterscheiden, was wir *glauben* zu erfahren, und dem, was wir *tatsächlich* erfahren.

Das gleiche Experiment können wir auch mit der Welt, mit unseren Sinneswahrnehmungen durchführen.

Nehmen Sie zum Beispiel ein Geräusch, von dem normalerweise die Vorstellung entwickelt würde, dass es in der Ferne stattfinde. Verwerfen Sie jegliche Geschichte, die uns der Geist über die Natur und den Ursprung des Geräuschs erzählt.

Erscheint dieses Geräusch nicht an der gleichen Stelle wie die Gedanken und Empfindungen? Erscheint es nicht im BEWUSSTSEIN? Sind Geräusch und BEWUSSTSEIN nicht *eine* nahtlose Erfahrung? Besitzt das Geräusch eine Distanz vom BEWUSSTSEIN, ist es von ihm getrennt? Gibt es eine Grenze oder eine Schnittstelle zwischen Geräusch und BEWUSSTSEIN? Nein!

Wenn Gedanken, Empfindungen und Wahrnehmungen erscheinen, so erscheinen sie *im* BEWUSSTSEIN und nicht einfach nur *dem* BEWUSSTSEIN.

Unsere Erfahrung ist ein nahtloses Ganzes. Bewusstsein und der Gedanke, die Empfindung oder die Wahrnehmung sind *eine* Erfahrung.

Wir sind zutiefst darauf konditioniert, zu glauben, dass die Welt den Körper beinhalte, der Körper den Geist und der Geist einen kleinen, zeitweise auftretenden Funken von Bewusstsein. Und da diese Konditionierung so tief geht, *fühlen* wir dies auch so.

Aber wir *erfahren* nie einen Körper in einer Welt, einen Geist in einem Körper oder ein Bewusstsein in einem Geist.

Nicht die Welt beinhaltet Körper, Geist und Bewusstsein. Sondern Bewusstsein beinhaltet Geist, Körper und Welt gleichermaßen.

Der Geist, der Körper und die Welt erscheinen *im* Bewusstsein. Dies ist unsere tatsächliche Erfahrung. Es ist keine außergewöhnliche Erfahrung. Keine Erfahrung, die von Millionen erleuchteter Weisen nur einer macht. Es ist einfach unsere ganz natürliche, alltägliche Erfahrung. So war es immer schon. Wenn man es sieht, ist es ganz einfach und ganz offensichtlich.

Die alte Vorstellung, dass die Welt den Körper beinhalte, der den Geist beinhalte, der Bewusstsein beinhalte, löst eine Reihe von Gedanken, Gefühlen und Aktivitäten aus, die alle auf dieser Vorstellung basieren.

Wird erst einmal klar gesehen, dass *Bewusstsein* den Geist, den Körper und die Welt beinhaltet, so entwirren sich diese Gedanken, Gefühle und Aktivitäten allmählich. Sie verschwinden, nicht durch Bemühungen, sondern durch Vernachlässigung. Sie werden einfach hinfällig. Ihre Grundlage wurde ihnen entzogen.

Klar zu erkennen, dass alles im BEWUSSTSEIN ist, das passiert spontan und unmittelbar. Das Entwirren alter Gewohnheiten des Denkens, Fühlens und Handelns braucht Zeit.

Dieses Erforschen der wahren Natur von Erfahrung kann weitergeführt werden. Wird klar gesehen, dass Gedanken, Körperempfindungen und Wahrnehmungen der Welt im BEWUSSTSEIN erscheinen, so können wir untersuchen, was die tatsächliche *Substanz* dieser Erfahrung, dieses Objekts ist.

Nehmen Sie zum Beispiel einen Gedanken. Unterscheidet sich seine Substanz von dem BEWUSSTSEIN, in dem er erscheint?

Gibt es irgendeinen Unterschied zwischen der tatsächlichen Empfindung von Kribbeln in unseren Fingern und dem BEWUSSTSEIN, in dem dies erscheint?

Nehmen Sie eine Empfindung, ein Geräusch, eine Konsistenz, einen Geschmack oder einen Geruch. Sehen Sie, dass jedes Einzelne davon *im* BEWUSSTSEIN erscheint, und gehen Sie dann tief in die tatsächliche Erfahrung hinein und sehen Sie, woraus sie gemacht ist.

Besteht sie aus einer Substanz, die sich vom BEWUSSTSEIN, in dem sie erscheint, unterscheidet? Gibt es irgendeinen Unterschied zwischen der tatsächlichen Empfindung oder Wahrnehmung und BEWUSSTSEIN?

Können Sie, in der tatsächlichen Erfahrung, eine andere Substanz finden, aus der die Empfindung oder Wahrnehmung gemacht ist? Wenn es eine solche Substanz gibt, so muss sie wiederum ein Gedanke, ein Bild, eine Empfindung oder Wahrnehmung sein. Wiederholen Sie das gleiche Experiment damit, bis absolut klar wird, dass es keine andere Substanz zu erfahren gibt als genau dieses BEWUSSTSEIN.

Mit Gedanken zu beginnen ist am einfachsten, denn selbst im Zustand der Ignoranz werden Gedanken als etwas betrachtet, was in uns erscheint und offensichtlich nicht materieller Natur ist. Aber auch der ganze Bereich der Sinneswahrnehmungen kann auf diese Art erforscht werden und in jedem Bereich zeigt sich, dass alles nur aus BEWUSSTSEIN gemacht ist.

Der visuelle Bereich ist vielleicht der, der am überzeugendsten im *Außen* zu erscheinen scheint. Aber der visuelle Bereich ist eine Wahrnehmung. Er besteht aus Wahrnehmen, aus Geist, der, wie wir bei den Gedanken gesehen haben, nichts anderes ist als BEWUSSTSEIN. Es gibt keinen Unterschied.

Die Substanz jeder einzelnen Erfahrung ist die Substanz von BEWUSSTSEIN.

Objekte erscheinen nicht einfach *im* BEWUSSTSEIN, sie erscheinen *als* BEWUSSTSEIN.

BEWUSSTSEIN *bezeugt* nicht einfach jede Erfahrung, es *bringt* sich selbst als jede Erfahrung *zum Ausdruck*.

Alles, was erfahren wird, wird *vom*, *durch*, *in* und *als* BEWUSSTSEIN erfahren.

Bewusstsein bezeugt, erfährt und äußert sich von Moment zu Moment, und wenn keine Objekte gegenwärtig sind, verbleibt es einfach so, wie es immer ist.

Mehr gibt es nicht.

Präsenz.

Dies.

Die Ewigkeit der Natur

Hat Kunst irgendeine Bedeutung oder einen Wert in der Untersuchung oder in den Ausdrucksformen der Natur von REALITÄT?

Paul Cézanne sagte: „Alles schwindet, alles zerfällt, nicht wahr? Die Natur ist immer die gleiche, aber nichts von dem, was uns in ihr erscheint, ist von Dauer. Unsere Kunst muss ihre erregende Beständigkeit gemeinsam mit ihren Elementen und allen Erscheinungsformen ihrer Veränderungen wiedergeben. Kunst muss uns einen Geschmack von der Ewigkeit der Natur geben."

Diese Aussage ist wohl eine der klarsten und tiefgründigsten Äußerungen über die Natur und den Sinn von Kunst in unserem Zeitalter.

Was meinte Cézanne, als er vor einem Berg stand, dem *Mont St. Victoire*, vor einer der stabilsten und langlebigsten Strukturen in der Natur, und sagte. „Alles schwindet, alles zerfällt …"?

Cézanne bezog sich auf den Akt des Sehens.

Wir nehmen keine Welt außerhalb des BEWUSSTSEINS wahr. Die Welt ist unsere *Wahrnehmung* der Welt. Es gibt keinen Beweis dafür, dass es eine Welt außerhalb der Wahrnehmung der Welt gibt, außerhalb von BEWUSSTSEIN.

Das Gesehene kann nicht vom Sehen getrennt werden und Sehen kann nicht vom BEWUSSTSEIN getrennt werden.

Ein materielles Objekt kann genauso wenig im BEWUSSTSEIN erscheinen, wie ein materielles Objekt in den Gedanken erscheinen kann.

Nur ein Objekt, das aus Materie besteht, kann im Raum erscheinen. Nur ein Objekt, das aus Geist besteht, kann im Geist erscheinen. Und nur ein Objekt, das aus BEWUSSTSEIN besteht, kann im BEWUSSTSEIN erscheinen.

Und da letztlich *alles* im BEWUSSTSEIN erscheint, ist bei genauer Betrachtung letztlich alles aus BEWUSSTSEIN gemacht.

Wenn wir sagen, wir nähmen ein Objekt wahr, so meinen wir, dass dieses Objekt im BEWUSSTSEIN erscheint. Es ist eine Wahrnehmung im BEWUSSTSEIN.

Schließen wir für einen Moment unsere Augen, so verschwindet die vorherige Wahrnehmung vollständig. Öffnen wir unsere Augen wieder, so erscheint eine neue Wahrnehmung. Auch wenn es den Anschein erweckt, als erschiene das gleiche Objekt erneut, so ist es in Wirklichkeit doch eine neue Wahrnehmung.

Wiederholen wir diesen Prozess und schauen das scheinbar gleiche Objekt für eine gewisse Zeit an, so trägt der Geist die verschiedenen Bilder oder Wahrnehmungen zusammen und leitet daraus die Vorstellung von einem materiellen Objekt her, das während des Erscheinens und Verschwindens der Wahrnehmungen scheinbar durchgängig anwesend war und das in Raum und Zeit existiert, unabhängig vom BEWUSSTSEIN, das es wahrnimmt.

Dieses Konzept, diese Vorstellung erscheint und verschwindet wie jede andere Wahrnehmung. Und mit dem nächsten Gedanken wird ein Subjekt hergeleitet, ein Betrachter, der vermeintlich verschiedene „visuelle Wahrnehmungen" des scheinbaren Objekts hatte und der vermeintlich vor, während und nach dessen Erscheinen gegenwärtig war.

Objekt und Betrachter, die man so auffasst, als existierten sie an und für sich, unabhängig vom Gedanken, der sie denkt, sind in diesem Fall beides Konzepte.

Solch ein Objekt und sein Subjekt, der Betrachter, sind tatsächlich einfach nur genau der Gedanke, mit dem sie hergeleitet werden.

Und um solch ein Objekt herzuleiten, das in Raum und Zeit existiert und Bestand hat, müssen zunächst Raum und Zeit hergeleitet werden, um Objekte zu beherbergen.

Aber auch bei Raum und Zeit stellt sich heraus, dass sie nur der Gedanke sind, mit dem sie hergeleitet werden.

Die Fähigkeit des Geistes, sich ein Objekt und ein korrespondierendes Subjekt herzuleiten, ist nützlich, spiegelt jedoch kein zutreffendes Modell unserer Erfahrung wieder.

Gemäß unserer tatsächlichen Erfahrung verschwindet eine Wahrnehmung *vollständig*, bevor die nächste Wahrnehmung erscheint. In diesem Sinne ‚schwindet' alles von Moment zu Moment, wie Cézanne sagte.

Die scheinbare Erfahrung eines festen Objekts wird durch dieses Verständnis aufgelöst und wird ersetzt durch das Verständnis, dass wir in Wahrheit eine Reihe flüchtiger, substanzloser Wahrnehmungen erfahren. In diesem Sinne ‚zerfällt alles'.

Und dennoch haben wir die tiefe Intuition, dass so etwas, was Cézanne ‚Natur' nennt, Bestand hat.

Woher kommt dieses Gefühl von Bestand oder Dauer? Wie gelangt Cézanne zu der Erkenntnis: ‚Die Natur ist immer die gleiche', der vorausgeht, dass er bereits erkannt hat: ‚Alles, was wir sehen, schwindet, zerfällt'?

Als Menschen sind wir genauso Teil der Natur wie der Berg, den Cézanne betrachtete. Körper/Geist/Welt sind ein integriertes System.

Daher muss das Erforschen des sogenannten inneren, subjektiven Bereichs unserer selbst und des sogenannten externen, objektiven Bereichs der Natur letztlich zu der gleichen Realität führen.

Natur und Mensch sind Teil eines integrierten Systems und müssen sich daher ihre Existenz teilen. Ihr Sein muss geteilt werden.

Betrachten wir zunächst den objektiven Aspekt. Cézanne bestätigt, dass das Gefühl von Dauer oder Bestand in der Natur nicht aus der ‚Erscheinung all ihrer Veränderungen' stammen könne, denn ‚nichts, was uns in ihr erscheint, ist von Dauer'.

Indirekt bestätigt er, dass ein ‚Objekt' ein Konzept ist, eine Vorstellung, die aus einer Reihe flüchtiger, substanzloser Wahrnehmungen hergeleitet wird. Und dass jede dieser Wahrnehmungen eine gemeinsame Realität hat. Diese Realität wird *durch* solche Erscheinungen *zum Ausdruck* gebracht, ist aber *unabhängig* von ihnen.

In seiner Aussage ‚Die Natur ist immer die gleiche, aber nichts von dem, was uns in ihr erscheint, ist von Dauer' gibt es drei Elemente:

Es gibt die *Realität* oder *Existenz* von Natur, die ‚immer die gleiche' ist. Es gibt die *Erscheinung* der Natur, in der ‚nichts von Dauer' ist. Und es gibt ‚uns', das heißt *Bewusstsein*, das der Erscheinungen gewahr ist.

Cézanne bestätigt diese drei Elemente in jeder Erfahrung. Existenz, Erscheinung, Bewusstsein.

Aus welchem dieser drei Elemente leitet Cézanne das Wissen her, dass es in unserer Erfahrung der Natur *etwas* gibt, was ‚immer das Gleiche' ist, dass es *etwas* gibt, was Bestand hat?

In der Aussage ‚Nichts in ihr (der Natur), das uns erscheint, ist von Dauer' verwirft Cézanne alles, was in der Natur *erscheint*, als mögliche Quelle dessen, was ‚immer das Gleiche' ist. Übrig bleiben nur Existenz und Bewusstsein.

Wie ist die Beziehung zwischen Existenz und Bewusstsein und auf welche Weise können sie einzeln oder gemeinsam zu dem beitragen, was Cézanne als das beschreibt, ‚was immer das Gleiche ist'?

Natur erscheint für uns in Formen und Konzepten. Form sind die Rohdaten der Sinneswahrnehmungen und Konzepte sind die Etiketten oder Interpretationen, die der Verstand mit seinen konzeptualisierenden Kräften erstellt.

In unserer Erfahrung eines Objekts oder der Natur gibt es auch ein Element, das *ist*. Natur hat *EXISTENZ, REALITÄT* oder *SEIN*. Sie *ist*.

Auch wenn die Erscheinungen sich ständig verändern – deren EXISTENZ oder REALITÄT ändert sich nicht von Erscheinung zu Erscheinung.

Diese EXISTENZ ist keine intellektuelle Theorie. Auch wenn sie nicht als Objekt *wahrgenommen* werden kann, so wird sie doch in jeder Erfahrung, die entsteht, *zum Ausdruck* gebracht und *erfahren*.

Cézanne nennt diese EXISTENZ oder dieses SEIN, das immer gegenwärtig ist und doch nie erscheint, ‚Ewigkeit'.

Nachdem wir ‚das, was erscheint' als Quelle der EWIGKEIT der Natur verworfen haben, ist deren einzig mögliche andere Quelle entweder *EXISTENZ, SEIN*, die *IST-HEIT* der Dinge oder BEWUSSTSEIN.

EXISTENZ oder SEIN ist in jeder Erfahrung eines Objekts gegenwärtig und weder verändern sie sich, noch verschwinden sie, wenn Formen und Konzepte sich verändern und verschwinden. Genau so, wie Wasser nicht aufhört, Wasser zu sein, wenn eine Welle verschwindet.

Jede Wahrnehmung hat eine *REALITÄT*, auch wenn die Wahrnehmung selbst flüchtig und substanzlos ist und jeden Moment verschwindet. Diese REALITÄT hat Bestand von einer Erscheinung zur nächsten.

Sie ist die Grundlage oder der Träger der Erscheinung. Die Erscheinung mag eine Illusion sein, aber die Illusion selbst ist real. Es *gibt* eine Illusion. Sie hat REALITÄT.

Die REALITÄT jeder Erfahrung ist nicht in der Erscheinung *versteckt*, sondern wird durch die Erscheinung *zum Ausdruck* gebracht.

Erforschen wir die Natur einer beliebigen Erfahrung genau, so stellen wir fest, dass diese REALITÄT ihre *Substanz* ist. Sie ist der *Inhalt* der Erscheinung.

Tatsächlich wird immer nur REALITÄT erfahren.

Bevor dies offensichtlich wird, sehen wir nur die Erscheinungen. *Nachdem* es offensichtlich geworden ist, sehen wir gleichzeitig die Erscheinungen und die REALITÄT.

Wir sehen nichts *Neues*. Wir *sehen* auf eine neue Art.

Wir könnten zum Beispiel ein Seil mit einer Schlange verwechseln. Die Erscheinung, die Form und die Vorstellung der vermeintlichen Schlange beschreiben nicht die REALITÄT des Seils.

Aber die REALITÄT des Seils ist die *Substanz* der Schlange und wird *durch* die Schlange *zum Ausdruck* gebracht. Es gibt in unserer Erfahrung der Schlange etwas, was real ist. Es ist das Seil.

Das Seil wird nicht durch die Schlange *versteckt*. Tatsächlich sehen wir immer nur das Seil.

Das, was als Schlange *erscheint*, ist Seil.

Die Erfahrung des Erscheinens der Schlange *ist* die Erfahrung des Seils, aber es wird nicht als solches erkannt.

Angst vor der Schlange ist die natürliche Reaktion auf diesen Mangel an Klarheit und sie verschwindet sofort, wenn die REALITÄT der Schlange gesehen wird.

Die Schlange kann nicht ohne das Seil erscheinen. Das Seil ist die wahre Substanz, die REALITÄT der Erscheinung der Schlange. Ohne das Seil gäbe es keine Schlange, aber ohne die Schlange, die nie wirklich existierte, gibt es immer noch ein Seil.

Also wissen wir, dass Natur real ist, dass da *etwas* gegenwärtig ist, dass sie REALITÄT besitzt, auch wenn alles, was uns *erscheint*, substanzlos und flüchtig ist.

Was auch immer real ist, hat per Definition Bestand. Von etwas, was nicht gegenwärtig ist, kann man nicht sagen, dass es real sei. Nur von dem, was wahrhaft gegenwärtig ist, kann man sagen, dass es real ist, REALITÄT besitzt.

Jedes Mal, wenn wir aus einem Traum erwachen, erfahren wir dies sehr lebhaft. Die Erscheinung des Traums *schien* sehr real zu sein, aber beim Aufwachen entdecken wir, dass sie nur eine flüchtige Erscheinung im BEWUSSTSEIN war.

Der Tiger in unserem Traum scheint real zu sein, aber beim Aufwachen entdecken wir, dass er aus Geist bestand und Geist beinhaltet einfach Erscheinungen im BEWUSSTSEIN.

BEWUSSTSEIN ist die REALITÄT des Geistes. Als ‚Tiger' ist der Tiger im Traum nicht real, als BEWUSSTSEIN ist er real.

Ist der Tiger gegenwärtig, so besitzt er eine REALITÄT. Die REALITÄT des Tigers ist BEWUSSTSEIN und BEWUSSTSEIN ist seine Grundlage, seine Substanz und sein Zeuge.

BEWUSSTSEIN wird durch den Tiger nicht verschleiert. Es ist im Tiger offensichtlich. Es weiß um sich selbst *in* der Erscheinung des Tigers und *durch* die Erscheinung des Tigers.

Unsere objektive Erfahrung im *Wachzustand* umfasst ebenso flüchtige Erscheinungen im BEWUSSTSEIN. Daher gibt es bei genauer Analyse keinen Unterschied zwischen den beiden Zuständen des Wachens und des Träumens.

Das Substrat und die Substanz von Erscheinungen des Wach- *und* des Traumzustands, ihre *REALITÄT*, ist identisch und bleibt zurück, wenn die Erscheinungen verschwunden sind.

Die Erscheinung besteht nur aus der ihr zugrunde liegenden REALITÄT. Das Bild im Spiegel besteht nur aus Spiegel.

Diese REALITÄT ist immer gegenwärtig. Ihre Abwesenheit wurde von uns nie erfahren. Und wir haben nie etwas anderes erfahren als diese REALITÄT.

Veränderung gibt es nur in der Erscheinung. Es existiert nur REALITÄT, die die Gestalt von dem hier annimmt, von dem hier und von dem hier ...

Wie kann etwas, was real ist, unreal werden? Wo geht seine REALITÄT dann hin?

Wie kann etwas, dessen *Natur*, dessen *Substanz* REALITÄT ist, zu etwas anderem, zu Nicht-Realität werden?

Was auch immer in unserer Erfahrung der Natur, ja sogar jedes Objekts, real ist, was auch immer Bestand hat, das, was wahrhaft erfahren wird, ist unleugbar in *jeder* Erfahrung gegenwärtig.

REALITÄT ist die Substanz jeder Erfahrung. Sie ist die EXISTENZ, die ‚SEIN-HEIT', die ‚IST-HEIT', die ‚SO-HEIT', das ‚PURE WISSEN', das ‚PURE ERFAHREN' in jeder Erfahrung.

Und selbst wenn keine Objektivität gegenwärtig ist, wie im Tiefschlaf oder in den Intervallen zwischen Erscheinungen, verbleibt diese REALITÄT so, wie sie immer ist.

Diese formlose REALITÄT wird, je nach unserem Blickwinkel, durch Erscheinungen verborgen oder aufgedeckt.

Da sie keine Form hat, kann man nicht sagen, dass sie Begrenzungen habe, denn jede Begrenzung müsste eine Form haben, müsste durch den Geist oder die Sinne erfahren werden, um eine objektive Erfahrung zu sein.

Gleichzeitig ist das, was hier beschrieben wird, eine vertraute Tatsache unserer Erfahrung. Jetzt, in dieser Erfahrung, gibt es etwas Reales.

Was ist in unserer Erfahrung unleugbar und beständig gegenwärtig und hat doch keine äußeren Qualitäten?

Die einzige Antwort auf diese Frage, basierend auf unserer direkten Erfahrung, ist BEWUSSTSEIN. BEWUSSTSEIN wird während jeder Erscheinung unleugbar erfahren und hat doch keine objektiven Qualitäten.

Daher sind *sowohl* Bewusstsein *als auch* Realität oder Existenz in jeder Erfahrung gegenwärtig.

In welcher Beziehung stehen Bewusstsein und Existenz?

Wären die beiden unterschiedlich, so müsste es eine Grenze, eine Grenzlinie zwischen ihnen geben. Erfahren wir eine derartige Grenze?

Nein! Wir haben bereits aus der uns vertrauten Erfahrung der beiden anerkannt, dass Bewusstsein und Existenz unleugbar gegenwärtig sind und dass sie beide keine objektiven, sie beschreibenden Qualitäten besitzen.

Wenn sie keine objektiven Qualitäten besitzen, wie kann man dann sagen, dass sie unterschiedlich oder voneinander getrennt seien? Dies ist nicht möglich!

Daher sind sie, ob wir es bemerken oder nicht, in unserer tatsächlichen Erfahrung eins. Sie sind Bewusstsein/ Existenz und nicht Bewusstsein *und* Existenz.

Somit ist unsere direkte und vertraute Erfahrung, dass Bewusstsein und Existenz eins sind.

Es ist unsere direkte Erfahrung, dass wir, Bewusstsein, Existenz *sind*, dass wir das sind, was das Universum *ist*.

In der christlichen Tradition wird dieses Verständnis ausgedrückt in dem Satz: „Ich und mein Vater sind eins." ‚Ich' ist Bewusstsein, das, was ‚Ich' wahrlich bin. Der ‚Vater' ist die Realität des Universums, Gott.

Die Aussage „Ich und mein Vater sind eins“ ist ein Ausdruck der fundamentalen Einheit von BEWUSSTSEIN und REALITÄT, dem SELBST aller Dinge.

Die Tatsache, dass in dieser Tradition ‚ICH‘ in den meisten Fällen durchgängig so interpretiert wurde, dass es sich auf einen einzelnen Körper/Geist bezieht, und dass ‚VATER‘ dementsprechend jahrhundertelang in eine unendliche Entfernung im ‚Außen‘ projiziert wurde, sollte die Bedeutung der ursprünglichen Aussage nicht verschleiern.

BEWUSSTSEIN ist während der Erscheinung einer jeden Wahrnehmung gegenwärtig, und wenn der objektive Teil der Wahrnehmung verschwindet, verbleibt es, wie es immer ist.

Mit dem BEWUSSTSEIN geschieht nichts, wenn eine Wahrnehmung erscheint oder verschwindet. Es nimmt die Gestalt der Wahrnehmung an, bleibt aber es selbst, so, wie ein Spiegel die Erscheinung eines Objekts annimmt und doch immer genauso bleibt, wie er ist.

Wir haben keine Erfahrung vom Erscheinen oder Verschwinden des BEWUSSTSEINS, trotz des Erscheinens und Verschwindens der Wahrnehmungen.

Unsere Erfahrung ist, dass BEWUSSTSEIN Bestand hat, dass es permanent ist. Ebenso hat REALITÄT, EXISTENZ, Bestand.

Diese Aussage ergibt natürlich keinen Sinn, denn sie impliziert, dass BEWUSSTSEIN und EXISTENZ zeitliche Dauer hätten.

Wenn Wahrnehmung verschwindet, verschwindet auch Zeit, denn Zeit ist die Dauer zwischen zwei Wahrnehmungen. Tatsächlich ist Zeit noch nicht einmal während der Gegenwart einer Wahrnehmung präsent, nur die *Illusion* von Zeit ist präsent. Während des sogenannten Intervalls zwischen zwei Wahrnehmungen ist nicht einmal die Illusion von Zeit gegenwärtig.

Also haben BEWUSSTSEIN und REALITÄT keinen fortwährenden Bestand in der Zeit. Sie sind allgegenwärtig. Immer jetzt. Sie sind ewig. Zeit hingegen *scheint* ab und zu im BEWUSSTSEIN zu existieren.

EWIGKEIT ist der Begriff, den Cézanne verwendete, um sich auf diese allgegenwärtige REALITÄT zu beziehen, und er sah den Sinn von Kunst darin, uns von dieser EWIGKEIT ‚einen Geschmack zu geben'.

Er spürte, dass Kunst uns zu REALITÄT führen sollte, uns aufzeigen sollte, was real ist, das hervorrufen sollte, was substanziell ist. Sie sollte uns von der Erscheinung zur REALITÄT führen. Sie sollte auf die Essenz der Dinge verweisen. Und sie tut dies, indem sie die substanzlosen, flüchtigen Erscheinungen der Sinneswahrnehmungen verwendet, die ‚Elemente all ihrer (der Natur) Veränderungen'.

Er sagte nicht, dass Kunst REALITÄT genauer *abbilde*, als Literatur sie *beschreibt*, sondern dass sie uns einen Geschmack von REALITÄT vermittele. Sie führt uns zur direkten Erfahrung, zu dem vertrauten Wissen, dass BEWUSSTSEIN, das, was wir wahrhaft sind, die Substanz von REALITÄT ist, dass es nur eins gibt, nur SEIN.

William Blake äußert das gleiche Verständnis, wenn er sagt: „Jeder Vogel, der die Lüfte durchschneidet, ist eine immense Welt des Entzückens, verschlossen durch die fünf Sinne."

Blake benutzt den Vogel als Symbol für die Natur. Er sagt, dass die REALITÄT des Vogels ‚eine immense Welt des Entzückens' sei, aber dass seine REALITÄT von den Sinnen verschleiert werde. Durch die Verwendung von ‚verschlossen' verweist er darauf, dass die Sinne irgendwie REALITÄT limitieren. Sie bestimmen die Erscheinung von REALITÄT.

Es ist wichtig, dass Blake die REALITÄT der Natur, die REALITÄT eines Objekts als ‚entzückend' beschreibt. Cézanne sagt ebenfalls, dass die REALITÄT der Natur, das, was er ‚EWIGKEIT' nennt, als ‚erregend' erfahren werde.

Sowohl Blake als auch Cézanne verweisen darauf, dass der EINSHEIT von BEWUSSTSEIN und REALITÄT die Erfahrung von ‚Entzücken' innewohnt, dass die Erfahrung einen ‚Nervenkitzel' darstellt.

Dies stimmt mit der indischen Philosophie überein, die jede Erfahrung als einen Ausdruck von ‚*nama rupa Sat Chit Ananda*' beschreibt.

‚*Nama*' bedeutet ‚Name'. Dies ist der Teil der Erfahrung, der vom Denken beigetragen oder durch das Denken bestimmt wird. Man könnte es das Konzept oder das Etikett nennen, das der Geist verwendet, um der Erfahrung einen Rahmen zu geben. Er sagt: „Dies ist ein Stuhl." Das Konzept ‚Stuhl' ist ‚*nama*'.

‚*Rupa*' bedeutet ‚Form'. Dies ist der Teil der Erfahrung, der durch die Sinne beigetragen wird. Jeder Sinn hat sein korrespondierendes

Objekt in der Welt. Der visuelle Sinn hat sein Gegenstück in den Objekten des Sehens. Der auditive Sinn hat sein Gegenstück in den Objekten des Hörens, den Geräuschen ... Die Sinne bestimmen die Art und Weise, wie uns REALITÄT erscheint, und sie tun dies gemäß ihrer eigenen Charakteristik.

‚*Nama*' und ‚*rupa*' bestimmen gemeinsam die *Erscheinung* der Natur oder eines Objekts.

Möchten wir die wahre Natur von Erfahrung verstehen, unabhängig von den speziellen Charakteristika, die Geist und Sinne zu ihr beitragen, so müssen wir unsere Erfahrung von jenem Teil ihrer selbst entkleiden, der durch den Wahrnehmungsapparat, durch die Wahrnehmungsinstrumente, also durch den Geist und die Sinne, beigetragen wird.

Wie wir schon bei Cézannes Aussage gesehen haben, bleibt – wenn wir das, was *erscheint*, wegnehmen, also den *objektiven* Aspekt jeder Erfahrung – die unleugbare und doch unsichtbare Erfahrung von sowohl EXISTENZ oder SEIN als auch von BEWUSSTSEIN.

Entfernen wir also beim Erforschen der wahren Natur von Erfahrung zuerst den Schleier aus Geist und Sinnen, also Name und Form, ‚*nama*' und ‚*rupa*', in den REALITÄT ‚eingeschlossen', gehüllt ist.

Es verbleibt uns die Gegenwart von zwei unleugbaren Tatsachen der Erfahrung, EXISTENZ und BEWUSSTSEIN, die in der indischen Philosophie als ‚*sat*' und ‚*chit*' bezeichnet werden.

In jeder Erfahrung gibt es *etwas*, was erfahren wird. Dieses Etwas, was auch immer es sei, ist real. Es hat SEIN. Das ist ‚*sat*'.

In jeder Erfahrung gibt es auch *etwas*, was erfährt. Es gibt ‚ICH', BEWUSSTSEIN. Dieses Etwas, was immer es auch sei, ist gegenwärtig. Es ist bewusst. Das ist ‚*chit*'.

Aus dem Blickwinkel des scheinbar separaten Wesens formulieren wir unsere Erfahrung, indem wir sagen: „Ich sehe das." Das heißt, ‚ICH' (BEWUSSTSEIN) sehe ‚das' (das Objekt oder die Welt). ‚*Chit*' erfährt ‚*sat*'. Sie werden als zwei Dinge erachtet, die durch einen Akt des Wissens miteinander verbunden sind.

Wenn wir jedoch unsere Erfahrung sorgfältig untersuchen, gelangen wir zu dem Verständnis, dass BEWUSSTSEIN und REALITÄT eins sind, dass es keine Trennung zwischen ‚ICH' und ‚anderes', zwischen ‚mir' und ‚dir', zwischen dem ‚ICH' und der ‚Welt', zwischen ‚*chit*' und ‚*sat*' gibt.

Das Erfahren dieser Erkenntnis wird in Indien als ‚*Ananda*' bezeichnet, was traditionell mit ‚Verzücktsein' übersetzt wird. Diese Übersetzung kann aber irreführend sein. Sie vermittelt nämlich den Anschein, dass die Erkenntnis der EINSHEIT als etwas betrachtet wird, was von einem seltenen, fremdartigen Zustand begleitet ist. Und dies wiederum setzt die Suche nach einer außergewöhnlichen Erfahrung in Gang, nach etwas, was nicht nur einfach *dies* ist.

‚*Ananda*' wird vielleicht besser mit ‚RUHE', ‚FRIEDE', ‚GLÜCK' oder einfach ‚ERFÜLLUNG' übersetzt. Tatsächlich ist es sehr gewöhnlich. Man könnte es als die Abwesenheit von Aufregung, von Unruhe oder als die Leichtigkeit des SEINS beschreiben.

FRIEDE und GLÜCK werden meist als Zustand von Körper/Geist angesehen, der seinen Grund darin hat, dass man ein gewünschtes

Objekt erlangt hat. In der Formulierung aus der indischen Tradition jedoch werden FRIEDE und GLÜCK als unserer wahren Natur innewohnend verstanden. Dies passt zu Cézanne und Blake, die dieselbe Erfahrung als ‚Erregung' und als eine ‚Welt des Entzückens' beschrieben haben.

Wenn wir den Teil unserer Erfahrung abtrennen, der durch Geist und Sinne, die Wahrnehmungsinstrumente, auferlegt wird, so werden BEWUSSTSEIN und REALITÄT als eins erkannt. Die ihnen innewohnende Einheit wird *enthüllt*, offenbar. Sie wird nicht *erschaffen*. FRIEDE oder GLÜCK ist ein anderer Name für diese Erfahrung. Sie ist sehr natürlich.

Obwohl letztlich *alle* Objekte aus dieser Erfahrung stammen und daher Ausdruck von ihr sind, gibt es eine bestimmte Kategorie von Objekten, die man heilige Kunstwerke nennen könnte, in denen die Präsenz dieses Verständnisses aufleuchtet und die daher die Kraft haben, dies direkt zu vermitteln oder zu kommunizieren.

Im klassischen Griechenland wurde diese Erfahrung ‚SCHÖNHEIT' genannt.

SCHÖNHEIT ist kein Attribut eines Objekts. Sie wohnt der fundamentalen Natur der Erfahrung inne. Es ist die Erfahrung, zu erkennen, dass BEWUSSTSEIN und REALITÄT eins sind.

Solche heiligen Kunstwerke wecken eine tiefe Erinnerung in uns. In ihnen erkennen wir etwas. Und in dieser Erkenntnis erkennt

BEWUSSTSEIN sich selbst. BEWUSSTSEIN erinnert sich an seine eigene REALITÄT, an sein eigenes SEIN.

Es schaut in den Spiegel der Erfahrung und sieht sich selbst. Es erfährt seine eigene REALITÄT.

Solche Kunstwerke vermitteln uns den ‚Geschmack der Ewigkeit'.

Bewusstsein und Sein sind eins

Identität ist dem BEWUSSTSEIN innewohnend.

BEWUSSTSEIN ist seiner Natur nach gewahr, bewusst. Das ist, was es ist.

Und da es gewahr ist, ist es per Definition seiner selbst gewahr, selbstbewusst.

BEWUSSTSEIN weiß jederzeit um sich selbst, denn ‚*wissen*' ist seine Natur.

Wie könnte etwas, was selbst ‚wissen' ist, nicht um sich selbst wissen?

Sein Wissen um sich selbst ist nicht das Wissen um *etwas*.

Sein Wissen um sich selbst *ist* es selbst.

Wissen ist in jeder Erfahrung gegenwärtig.

BEWUSSTSEIN *ist* dieses PURE WISSEN.

Dieses ‚wissen' ist die erleuchtende Qualität in jeglicher Erfahrung.

Das PURE WISSEN des BEWUSSTSEINS ist das, was jegliche Erfahrung erleuchtet.

BEWUSSTSEIN ist selbstleuchtend.

Es ist das Licht, durch das und als das es um sich selbst weiß.

Dieses ‚Selbst-Wissen' wird durch den Begriff ‚Ich' ausgedrückt.

‚Ich' ist Identität.

Identität ist das, mit dem ‚Ich' eins ist.

Bewusstsein ist eins mit sich und allen Dingen.

‚Ich bin das Ich bin.'

In Bewusstsein ist nichts gegenwärtig außer es selbst.

Bewusstsein ist leer von objektivem Inhalt, von allem, was nicht es selbst ist.

Diese Leere beinhaltet alle Dinge.

Es ist eine schwangere Leere.

In seinem unmanifestierten Zustand weiß Bewusstsein um sich selbst als es selbst.

Erscheint ein Objekt, so ist es Bewusstsein, das die Gestalt dieses Objekts annimmt.

Bewusstsein *weiß* um ein Objekt, indem es dieses Objekt *ist*.

Sein ‚ein Objekt *sein*' ist einer seiner Wege, um sich selbst zu wissen.

Bewusstsein kann nie um ein *Objekt* wissen. Es kann immer nur um sich selbst wissen.

Sein ‚um sich selbst *wissen*' ist sein ‚es selbst *sein*'.

Die Existenz eines Objekts ist sein *Sein* oder seine ‚*Ist-heit*'.

Dieses Sein ist das Wissen des Bewusstseins, das um sich selbst weiß.

Ein Objekt leitet sein *Sein* vom Bewusstsein her, von der ‚Binheit'.

Sein ist in jeder Erfahrung gegenwärtig.

Bewusstsein *ist* jenes Sein.

In dem Wissen, dass ‚ich bin', sind Bewusstsein und Sein eins.

Wird dies gewusst, so werden Geist, Körper und Welt transparent und leuchtend.

Sie strahlen vor Präsenz, als Präsenz.

Das Gewebe des Selbst

Vor dem Erscheinen irgendeines Objekts ist BEWUSSTSEIN, wie es ist.

Dies ist die Verfassung des unmanifestierten BEWUSSTSEINS vor unserer ersten Erfahrung im Mutterleib, während des Tiefschlafs und während der unzähligen Momente zwischen dem Verschwinden eines Objekts und dem Erscheinen des nächsten.

Es gibt keinen Hinweis darauf, dass dies nicht auch die Erfahrung des BEWUSSTSEINS nach dem letzten Erscheinen des Körpers beim Tode sein wird.

BEWUSSTSEIN ist nicht in Raum und Zeit angesiedelt. Es ist schwanger mit dem gesamten Universum, inklusive Raum und Zeit.

Innerhalb dieses unermesslichen, schwangeren, leuchtenden, leeren Raumes des BEWUSSTSEINS erscheinen Objekte. Gedanken, Bilder, Empfindungen und Wahrnehmungen erscheinen.

Anfänglich gibt sich das ‚Ich bin', das BEWUSSTSEIN innewohnt, gleichmäßig an alle Erscheinungen.

Das ‚Ich bin' wird zu ‚Ich bin DAS' in der Gegenwart von Erscheinungen.

BEWUSSTSEIN gibt seine ‚BIN-HEIT' allen Dingen.

Die BIN-HEIT des SELBST ist die IST-HEIT der Dinge.

BEWUSSTSEIN ist *eins* mit allen Erscheinungen.

BEWUSSTSEIN weiß um sich selbst *als* alle Erscheinungen.

Es herrscht EINS-HEIT.

Irgendwann, und dieser Moment ist immer jetzt, beginnt BEWUSSTSEIN, einige Objekte auszuwählen und sie anderen vorzuziehen.

Anstatt dass es, als Schöpfer, Zeuge und Substanz aller Erfahrungen, allem erlaubt, frei durch es hindurchzufließen, fokussiert es sich auf einige Objekte und weniger auf andere.

EINS-HEIT scheint sich in ‚BIN-HEIT' und ‚IST-HEIT' aufzuteilen.

‚BIN-HEIT' wird zu ‚ich' und ‚IST-HEIT' wird zu ‚anderes'.

BEWUSSTSEIN und SEIN scheinen sich zu trennen.

Sie scheinen zu zwei Dingen zu werden.

Das ursprüngliche Verständnis ‚Ich bin alles' wird zu der Vorstellung und dem Gefühl ‚Ich bin manches und anderes nicht.'

Um diesen neuen Status der Trennung zu untermauern, verleiht BEWUSSTSEIN seine ‚Allgegenwärtigkeit' einer kleinen Gruppe von Empfindungen, die den Körper umfassen.

Das ‚Ich bin', das zu ‚Ich bin DAS' wurde oder zu ‚Ich bin alles' in der Gegenwart von Erscheinungen, wird nun zu ‚Ich bin diese *spezielle* Sache.' ‚Ich bin *etwas*.'

BEWUSSTSEIN verleiht seine Identität exklusiv dem Körper.

Es glaubt und fühlt: „Ich *bin* der Körper."

Diese Vorstellung wird ständig durch einen Selektionsprozess unterstützt, durch ‚Ich mag dies' und ‚Ich mag das nicht.' Durch ‚Ich möchte' und ‚Ich möchte nicht.'

BEWUSSTSEIN fokussiert seine Aufmerksamkeit auf bestimmte Erscheinungen, auf bestimmte Objekte, indem es versucht, an ihnen festzuhalten oder sie loszuwerden.

Im riesigen Raum des BEWUSSTSEINS wird ein Netz der Begierden und Befürchtungen gewoben, das einige Objekte passieren und in dem andere Objekte sich verfangen.

Dieser Mechanismus der Vorlieben und Abneigungen zerteilt die nahtlose Totalität der Erfahrung in ‚Ich' und ‚Nicht-Ich'.

Die Objekte, die sich in dem Netz verfangen, werden zum Gewebe des Selbst. Diejenigen, die das Netz passieren, werden zur Welt.

Auf diese Art und Weise werden die Vorstellung und das Gefühl von ‚Ich bin der Körper' ständig unterstützt. Sie werden dichter, fester, vielschichtiger, dauerhaft.

Die Rückkehr von ‚Ich bin etwas' zu ‚Ich bin alles' ist einfach das Lockern dieses dichten Gewebes des Selbst.

Die dicht gewobene Bekleidung aus Vorlieben und Abneigungen, in die das Selbst verpackt ist, wird lockerer. Sie ist nicht mehr so feinmaschig.

Der offene Raum des Bewusstseins beginnt wieder, um sich selbst als einen Empfangsraum zu wissen, wo allem erlaubt ist hindurchzuziehen, wie es will, wann es will und wohin es will.

Das Netz der Begierden und Befürchtungen wird in diesem Empfangsraum aufgetrennt und immer weniger Objekte verfangen sich in ihm.

Am Ende ist es abgenutzt und was von seiner früheren Dichte übrig bleibt, ist so mit Raum durchsetzt, dass es nicht mehr die Macht hat, irgendetwas von irgendetwas zu trennen.

Der Körper kehrt zu seiner ursprünglichen Transparenz zurück, ist offen, verfügbar, liebevoll und höchst sensibel, hält aber an nichts fest.

Der Geist ist befreit von der Tyrannei eines separaten Selbst und wird klar, vital und wohlwollend.

Schönheit und Lebendigkeit der Welt sind wiederhergestellt.

Der wahre Träumer

Erfahrung kann auf zweierlei Arten betrachtet werden. Zum einen aus dem Blickwinkel des BEWUSSTSEINS, zum anderen, und dies ist die verbreitetere Art, aus dem Blickwinkel des scheinbar separaten Wesens, das BEWUSSTSEIN von Zeit zu Zeit zu sein glaubt und zu sein fühlt.

Um zu verstehen, wie die homogene Einheit des BEWUSSTSEINS scheinbar in separate Wesen zerteilt wird, die in Raum und Zeit existieren, können wir uns den Wachzustand, den Traumzustand und den Zustand des Tiefschlafs ansehen.

Was sind wir, bevor wir ein Körper und ein Geist sind, bevor Körper und Geist erscheinen?

Hören wir auf zu existieren, wenn Körper und Geist aufhören zu erscheinen?

Und wenn Körper und Geist erscheinen, hören wir auf, das zu sein, was wir sind, bevor sie erscheinen?

Jetzt in *diesem* Moment gibt es BEWUSSTSEIN und es gibt Erscheinungen. Das heißt, es gibt diese Worte (und was sonst noch in diesem Moment erscheint) und es gibt BEWUSSTSEIN, *dem* diese Erscheinungen erscheinen, *in* dem sie erscheinen und letztlich *als* das sie erscheinen.

Die Erscheinungen kommen und gehen ständig.

Stellen Sie sich vor, dass die Erscheinungen eine nach der anderen verschwinden und immer seltener durch neue ersetzt werden, bis ein Zeitpunkt kommt, zu dem es gar keine Erscheinungen gibt.

Was bleibt? Einfach das BEWUSSTSEIN, das als Zeuge jeder dieser Erscheinungen gegenwärtig war, während sie erschienen. So, als würde man aus einem Zimmer die Objekte entfernen, eins nach dem anderen, bis nur der Raum des Zimmers übrig bleibt.

Dieser Prozess geschieht, wenn wir einschlafen, wenn wir vom Wachzustand zum Traumzustand überwechseln und vom Traumzustand zum Tiefschlaf.

Wir sagen: „Wenn wir einschlafen …" Aber tatsächlich gibt es kein Wesen, das vom Wachzustand zum Traumzustand überwechselt und vom Traumzustand zum Tiefschlaf.

Erfahren wir im Tiefschlaf *jemanden*, der schläft? Nein!

Erfahren wir im Traumzustand *jemanden*, der als Träumer des Traums gegenwärtig ist, *jemanden*, der träumt?

Nein! Dieser *Jemand* erscheint im Traum, nicht *als* der Träumer.

Dieser Jemand ist das Subjekt der Geschichte, die im Traum erscheint, aber nicht das wahre Subjekt des Traumes. Dies ist nicht der wahre Träumer.

Dieser Jemand erscheint als eine der *Figuren* im Traum, so wie all die anderen Figuren.

Das scheinbare *Subjekt* des Traumes ist tatsächlich eins von vielen *Objekten*, die in dem Traum erscheinen.

Diese Objekte erscheinen dem wahren Träumer, Bewusstsein, in dem der Traum stattfindet.

Sobald wir aufwachen, erkennen wir, dass das scheinbare Subjekt im Traum in Wirklichkeit *Teil* der Geschichte war. Es war ein *Objekt* des wahren Träumers, Bewusstsein. Wir erkennen, dass das *scheinbare* Subjekt im Traum ein *illusionäre*s Subjekt war.

Allerdings verfallen wir beim Aufwachen sofort und unvermeidlich in eine andere Illusion.

Wir glauben, dass das Subjekt der *Geschichte* im Wachzustand, also der Körper/Geist, das separate Wesen, der Handelnde, der Fühlende, der Denkende, der Wissende, das wahre Subjekt des Wachzustandes sei, ohne zu erkennen, dass es tatsächlich ein *Objekt* des wahren Subjekts, nämlich von Bewusstsein, ist.

Der Unterschied zwischen Traum- und Wachzustand ist, dass im Traumzustand das scheinbare Subjekt nur aus Gedanken und Bildern gemacht ist, während es im Wachzustand zusätzlich aus Empfindungen und Wahrnehmungen besteht.

Allerdings sind auch Empfinden und Wahrnehmen Funktionen des Geistes, ebenso, wie Denken und Vorstellen Funktionen des Geistes sind.

Die Substanz von Empfinden und Wahrnehmen ist – ebenso wie die von Denken und Vorstellen – der Geist. In diesem Sinne gibt es wenig Unterschied zwischen Körper/Geist, wie er im Traumzustand erscheint, und Körper/Geist, wie er im Wachzustand erscheint.

Bei einer ersten Analyse sind sie beide Projektionen des Geistes, beide bestehen aus Geist.

In der abschließenden Analyse werden Körper/Geist, die zuvor als aus Geist bestehend verstanden wurden, weiter in unserem Verständnis reduziert und werden nun als eine Projektion des BEWUSSTSEINS erkannt, als aus BEWUSSTSEIN gemacht.

Die Gedanken und Bilder des Traumzustandes und die Gedanken, Bilder, Empfindungen und Wahrnehmungen des Wachzustandes erscheinen im BEWUSSTSEIN, beeinflussen es aber auf keinerlei Art. Wie könnten sie das? Sie bestehen aus BEWUSSTSEIN!

Einer der Gedanken, die im BEWUSSTSEIN auftauchen, ist der Gedanke von einer ‚individuellen, einzelnen Person'. Diese ‚individuelle Person' stellt man sich auf viele Arten vor: der Erfahrende, der Handelnde, der Denkende, der Genießende, der Erschaffende, der Wissende, der Leidende. Alle bilden ein scheinbares Subjekt zu den anderen Objekten, die erscheinen.

Sie alle sind Verkleidungen, in denen das separate Wesen erscheint, und jede von ihnen bestätigt und untermauert die eigene scheinbare Existenz, wie ein Schwindler, der mehrere Identitäten verwendet.

Beim Erwachen aus dem Traum bemerken wir, dass die ‚individuelle Person', die der Erfahrende *des* Traumes zu sein schien, tatsächlich *im* Traum erfahren wurde.

Allerdings übertragen wir beim Aufwachen den Status des ‚Erfahrenden' von der ‚individuellen Person', die im *Traum* gegenwärtig zu sein schien, auf die ‚individuelle Person', die nun im *Wachzustand* gegenwärtig zu sein scheint.

So wiederholen wir den Fehler und verpassen die Gelegenheit, aus der Traumerfahrung Nutzen zu ziehen und zu sehen, dass die ‚individuelle Person' tatsächlich ein Bild und ein Gedanke im BEWUSSTSEIN ist, *sowohl* im Traum- *als auch* im Wachzustand.

Daher wird der Wachzustand manchmal als Wachtraum bezeichnet. Das Erscheinen des separaten Wesens im Wachzustand ist im Wesentlichen dasselbe wie im Traumzustand.

In beiden Fällen besitzt es keine eigene REALITÄT. In beiden Fällen ist seine REALITÄT BEWUSSTSEIN.

Um die Illusion des Wachzustandes zu verstehen, können wir den Blickwinkel des Traumzustandes einnehmen.

Um die Illusion des Traumzustandes zu verstehen, können wir den Blickwinkel des Tiefschlafs einnehmen.

Und um die Illusion des Tiefschlafs zu verstehen, können wir den Blickwinkel des BEWUSSTSEINS einnehmen.

Aus diesem Grund werden in manchen spirituellen Traditionen die Übergänge vom Wachzustand zum Traumzustand und vom Traumzustand zum Tiefschlaf (und umgekehrt) als wichtige Gelegenheiten für das Erwachen angesehen.

Bei diesen Übergängen wird das, was in den einzelnen Zuständen illusorisch ist, enthüllt. Und ebenso wird das offenbar, was in den einzelnen Zuständen real ist, was während des Übergangs nicht verschwindet.

In keinem Schritt dieses Prozesses hat sich die essenzielle Natur von Körper/Geist tatsächlich verändert. Sie wird nie zu etwas anderem, als sie bereits ist – also PRÄSENZ, BEWUSSTSEIN.

Es gibt niemanden, der die einzelnen Schritte durchläuft. Es gibt lediglich einen Strom von Gedanken, Bildern, Empfindungen und Wahrnehmungen, die alle in unveränderlicher PRÄSENZ erscheinen und verschwinden.

Unsere Interpretation von Körper/Geist kann sich allerdings verändern und diese neue Interpretation bestimmt zutiefst, wie Körper/Geist erfahren werden, denn Körper/Geist, und auch die Welt, werden in Übereinstimmung mit unserem Verständnis erfahren.

Unsere Erfahrung und ihre Interpretation werden gemeinsam im BEWUSSTSEIN erschaffen.

Manchmal identifiziert sich BEWUSSTSEIN mit einem der Bilder, die es im Wach- oder Traumzustand hervorbringt, oder glaubt, eines davon zu sein. So stellt es sich vor, ein begrenztes Wesen, eine separate Person zu sein.

Allerdings *wird* es nie zu einem begrenzten Wesen oder zu einer separaten Person. Es *stellt sich vor*, dies zu sein und da es sich dies *vorstellt*, *scheint* es sich auch so zu erfahren.

Bewusstsein *fühlt*, dass dies so sei, und *scheint* dies auch zu erfahren, einfach, weil es selbst sowohl die *Idee*, separat zu sein, erschaffen hat als auch die scheinbare *Erfahrung*, separat zu sein.

Es erschafft Ideen und Bilder sowie Empfindungen und Wahrnehmungen, und daher besitzt es die Fähigkeit, sie zueinander passend zu erschaffen.

So erschafft Bewusstsein in sich das Erscheinen eines separaten Wesens, das in einer separaten und unabhängigen Welt lebt und sich bewegt, mit allen daraus resultierenden Gedanken, Gefühlen und Empfindungen, die zu dieser Vorstellung gehören.

Bewusstsein *glaubt* von sich, dieses Wesen zu sein, und erschafft Erfahrungen in sich, die zu dieser Vorstellung passen und sie bestätigen.

Diese verschleiernde Aktivität wird dem Bewusstsein von nirgendwo auferlegt. Außerhalb von Bewusstsein ist nichts – was könnte es also geben, das Bewusstsein diese Aktivität auferlegt?

Diese Aktivität, dieses ‚Sich-vorstellen-ein-begrenztes-Wesen-zu-sein', ist des Bewusstseins eigene Aktivität, seine eigene Schöpfung.

Bewusstsein hat in jedem Moment die Freiheit, diese Projektion zurückzunehmen und sich selbst so zu erfahren, wie es wirklich ist, frei, unbegrenzt, selbstleuchtend, allgegenwärtig. Und ebenso hat es die Freiheit, eine Welt zu erschaffen, die zu diesem Verständnis passt.

Meist betrachten wir den Wachzustand als den im höchsten Grade realen und normalen Zustand, wir denken, dass der Traumzustand eine vorübergehende Störung des Wachzustandes sei und der Tiefschlaf ein gelegentlicher Abgrund zwischen diesen Zuständen.

Ebenso denken wir, dass die ‚Person', das individuelle Wesen, von einem Zustand zum anderen überwechsele und im Tiefschlaf ruhe.

Aus dem Blickwinkel des Wachzustandes scheint der Tiefschlaf eine gewisse Zeit zu dauern und wird daher als ein *Zustand* angesehen.

Ein Zustand hat eine Dauer. Er beginnt und endet. Wie wir aber bereits gesehen haben, gibt es im Tiefschlaf keine Objekte und daher keine Zeit.

Man kann also nicht sagen, dass der Tiefschlaf eine Dauer habe, und daher auch nicht, dass er ein Zustand sei.

Im Tiefschlaf ist Bewusstsein einfach gegenwärtig. Von diesem ‚Ort' bewegt es sich nie fort.

‚Dort' gibt es niemanden, der schläft. Es gibt niemanden, der aufwacht oder von einem Zustand zu einem anderen überwechselt.

Bewusstsein ist einfach gegenwärtig und erfährt seine eigene, unmanifestierte, allgegenwärtige Realität.

Der Tiefschlafzustand, von dem angenommen wird, dass er eine gewisse Zeitspanne dauere, scheint zu kommen und zu gehen. Aber Tiefschlaf selbst ist immer gegenwärtig.

Was auch immer im Tiefschlaf gegenwärtig ist, das ist genauso gegenwärtig im Traum- und Wachzustand. Tiefschlaf nimmt die Gestalt von Traum- und Wachzustand an und ist deren Substanz, deren zugrunde liegende REALITÄT.

Stellen Sie sich die erste Erfahrung vor, die für uns als Neugeborene auftauchte, oder sogar noch davor: die Empfindungen und Wahrnehmungen im Mutterleib.

Waren wir nicht vor und während dieser ersten Erfahrung als BEWUSSTSEIN gegenwärtig? Müssen wir nicht bereits gegenwärtig gewesen sein, um in der Lage zu sein, diese erste Erfahrung zu erfahren? Und war unser Leben seitdem nicht einfach eine Abfolge von Erscheinungen, die alle diesem BEWUSSTSEIN erschienen, das wir sind?

Und warum nicht noch *vor* diese erste Erfahrung im Mutterleib zurückgehen? Könnte es sein, dass das, was jene erste Erscheinung erfahren hat, die je auftauchte, tatsächlich genau dieses BEWUSSTSEIN ist, das jetzt gerade diese Worte erfährt?

Warum nicht? Es gibt keinen Hinweis darauf, dass dies nicht so wäre, und auch keine Hinweise darauf, dass das Gegenteil zutrifft, nämlich dass es ein separates, persönliches BEWUSSTSEIN ist.

Meist nehmen wir an, dass BEWUSSTSEIN begrenzt und persönlich sei. Warum nicht der Möglichkeit eine Chance geben, dass BEWUSSTSEIN universell und unbegrenzt ist?

Wenn es nur *ein* universelles Bewusstsein gibt, das die Realität aller Dinge darstellt, dann muss dies bereits so sein. Wir müssen nur unsere Gedanken, Gefühle und Aktivitäten mit dieser Möglichkeit in Übereinstimmung bringen und sie wird sich in unserer Erfahrung bestätigen.

Die Tatsache, dass wir uns nicht an diese ‚erste Erscheinung' erinnern, ist kein Beweis dafür, dass wir, als Bewusstsein, ‚dort' nicht gegenwärtig waren. Immerhin erinnern wir uns auch nicht daran, als Bewusstsein gegenwärtig gewesen zu sein, um zu bezeugen, was wir vor genau fünf Tagen oder vor fünf Jahren erfahren haben. Und doch zweifeln wir nicht daran, dass wir, zu jener Zeit, als das bezeugende Bewusstsein dasselbe bezeugende Bewusstsein waren, das jetzt gegenwärtig ist und die momentane Situation erfährt.

Und war Bewusstsein *vor* dieser ersten Erfahrung nicht einfach gegenwärtig, war einfach es selbst, erfuhr sich selbst, weil Erfahren seine Natur ist? Wusste es damals nicht so um sich selbst, wie es nun um sich weiß, einfach weil ‚wissen' seine Natur ist?

War Bewusstsein damals nicht einfach gegenwärtig, selbstleuchtend, selbstverständlich, selbstwissend?

Und da wir keine Erfahrung davon haben, dass Bewusstsein verschwindet, erscheint oder sich verändert, was sollte dann darauf hindeuten, dass das Bewusstsein, das ‚Jetzt' gegenwärtig ist, *nicht* genau das gleiche Bewusstsein ist, das ‚damals' gegenwärtig war?

Und war nicht das ‚damals' tatsächlich genau dieses ‚Jetzt'? Und war jenes ‚dort' nicht genau dieses ‚Hier'?

Es macht natürlich keinen Sinn, von ‚vor der ersten Erfahrung' zu sprechen, denn es gab per Definition ‚dann' oder ‚dort' keine Objekte und ohne Objekte gibt es keinen Raum und keine Zeit.

Der ursprüngliche Raum des BEWUSSTSEINS, der ‚vor' dem Erscheinen unserer ersten Erfahrung gegenwärtig war, ist ein zeitloser, raumloser Raum.

Und er war nicht ‚dann' und ‚dort' gegenwärtig. Er ist ‚HIER' und ‚JETZT' gegenwärtig. Er ist immer ‚HIER' und ‚JETZT'. Kein ‚HIER' als Ort, kein ‚JETZT' als Zeit, sondern ein ‚HIER' und ‚JETZT' als zeitlose Raumlosigkeit, als raumlose Zeitlosigkeit.

Jene erste Erfahrung, die ‚vor all diesen Milliarden Jahren' stattfand, sie fand ‚HIER' und ‚JETZT' in genau der gleichen PRÄSENZ statt, die diese Worte sieht.

Sie erscheint nicht in Zeit und Raum. Zeit und Raum erscheinen in ihr.

Was geschah mit diesem ursprünglichen Raum des BEWUSSTSEINS, als das erste Objekt, die erste Erfahrung erschien?

Geschah irgendetwas mit ihm?

Bewegte er sich? Veränderte er sich?

Haben wir je *erfahren,* dass er erschien oder verschwand?

Ist es möglich, sich etwas vorzustellen, was vor ihm gegenwärtig war und nicht selbst BEWUSSTSEIN war?

Und ist dieser ursprüngliche Raum des Bewusstseins, der gegenwärtig war, um die erste Erfahrung zu bezeugen, die wir je hatten oder die es je gab, nicht genau der gleiche leere Raum des Bewusstseins, der während des Tiefschlafs gegenwärtig ist?

Ist er nicht jetzt gegenwärtig?

Verändert er sich, wenn das letzte Objekt ihn beim Tode verlässt?

Verändert er sich oder verschwindet er, wenn während des Übergangs von Tiefschlaf zu Traumzustand das erste Bild eines Traums in ihm erscheint?

In allen Fällen verbleibt Bewusstsein einfach so, wie es immer ist.

Realität ist eine einzige feste, nahtlose, unteilbare Substanz, bestehend aus Leuchten, Transparenz, purem Wissen, Sein.

Im Tiefschlaf verweilt Bewusstsein als es selbst in sich selbst. Das gesamte Universum und alle Universen sind in ihm noch unmanifestiert enthalten und bereit, jederzeit Gestalt anzunehmen.

Mit dem Erscheinen des ersten Bildes oder Gedankens beginnt der Traumzustand. Bewusstsein nimmt die Gestalt dieser ersten Bilder und Gedanken an. Es wird zu diesen Bildern und Gedanken und bleibt doch gleichzeitig es selbst.

Es äußert und bezeugt sich gleichzeitig in und als diese Bilder und Gedanken.

Mit dem Erscheinen dieser Bilder und Gedanken wird die Illusion von Zeit erschaffen, die Illusion des Raumes ist jedoch noch nicht gegenwärtig.

Das Auftauchen von Empfindungen und Wahrnehmungen bewirkt den Übergang vom Traum- zum Wachzustand und mit dem Auftauchen von Empfindungen und Wahrnehmungen entsteht die Illusion von Raum.

Es stimmt, dass im Traumzustand ein Bild von Raum erscheint, aber beim Aufwachen erkennen wir, dass der Traum tatsächlich nur in der Zeit stattfand, nicht im Raum.

In keinem Schritt dieses Prozesses wird BEWUSSTSEIN zu etwas anderem als das, was es immer schon ist.

In keinem Schritt dieses Prozesses erscheint irgendetwas außerhalb von BEWUSSTSEIN oder getrennt vom BEWUSSTSEIN.

Im Traumzustand nimmt BEWUSSTSEIN die Gestalt von Gedanken und Bildern an und gebiert in diesem Moment die Traumwelt, die die Dimension der Zeit beinhaltet. Es ist eine eindimensionale Welt.

Tatsächlich gibt es nie eine *wirkliche* Erfahrung von Raum und Zeit. Mit der Geburt des Geistes – das heißt, mit dem Erscheinen von Denken und Vorstellen im BEWUSSTSEIN – wird der REALITÄT die Illusion der Zeit aufgeprägt.

Und mit der Geburt der Welt – das heißt, mit dem Erscheinen von Empfinden und Wahrnehmen – wird der REALITÄT die Illusion von Raum aufgeprägt.

Befreit von Geist und Sinnen, befreit von Namen und Form offenbart sich das scheinbare Kontinuum von Raum und Zeit als das, was es tatsächlich ist, als die Allgegenwart des Bewusstseins.

Im Wachzustand nimmt das Bewusstsein die Gestalt von Empfindungen und Wahrnehmungen und auch von Gedanken und Bildern an und gebiert in diesem Moment die Wachwelt, die sowohl die Dimensionen des Raumes als auch die der Zeit beinhaltet. Es ist ein vierdimensionaler Raum.

Bewusstsein projiziert die Traumwelt in sich selbst durch die Funktionen des Denkens und Vorstellens.

Bewusstsein projiziert die Wachwelt in sich selbst durch die Funktionen des Empfindens und Wahrnehmens sowie des Denkens und Vorstellens.

Im Tiefschlaf gibt es keine Projektion und daher weder Zeit noch Raum. Es gibt keine Welt.

Es gibt einfach nur Präsenz und jene Präsenz ist diese Präsenz.

Das Hier und Jetzt der Präsenz

Jegliche Erfahrung findet ‚Hier' statt.

Dieses ‚Hier' ist kein physischer Raum. Es ist der Raum des Bewusstseins, in dem alle Erfahrungen stattfinden, auch die scheinbare Erfahrung von Raum.

Ein weit entferntes Geräusch findet ‚Hier' statt.

Der nachfolgende Gedanke, der sich vorstellt, das Geräusch habe eine gewisse Distanz zum wahrnehmenden Bewusstsein, findet im gleichen Raum statt wie das Geräusch selbst. Er findet ‚Hier' statt.

Der Stuhl ‚auf der anderen Seite des Raumes' wird ‚Hier' wahrgenommen, an genau der gleichen Stelle wie das Geräusch und der Gedanke, ohne irgendeine Distanz zum Bewusstsein.

Alle körperlichen Empfindungen finden in dem gleichen raumlosen Raum statt, und der ist ‚Hier'.

Bewusstsein ist nicht *überall* gegenwärtig. Sondern *überall* ist ‚Hier' gegenwärtig.

Dieses ‚Hier' ist kein Raum im Körper. Der Körper ist eine Empfindung in diesem ‚Hier', in Präsenz.

Wird erst einmal verstanden und gefühlt, dass alles ‚Hier' stattfindet, ‚innen' im Bewusstsein, so verschwindet die Vorstellung, dass Erfahrungen ‚dort' oder ‚außen' stattfinden.

Allerdings benötigen die Vorstellungen von ‚HIER' und ‚innen' ihre Gegenspieler, ‚dort' und ‚außen', um eine Bedeutung zu haben.

Daher verschwinden mit dem ‚dort' und ‚außen' auch das ‚HIER' und ‚innen'.

Das ‚HIER' und ‚innen' sind nur Zwischenschritte, die BEWUSSTSEIN von der Idee und dem nachfolgenden Gefühl befreien helfen, dass es irgendetwas ‚dort' und ‚außen' gäbe, irgendetwas mit einer Distanz zum BEWUSSTSEIN.

Wird dies klar gesehen, so können auch das ‚HIER' und das ‚innen' aufgegeben werden und BEWUSSTSEIN bleibt sich selbst überlassen, ohne Eigenschaften, um vor Raum und Zeit in sich selbst und als es selbst zu leuchten.

Wenn das ‚dort' zurückgenommen wird, wird das ‚HIER' offenbar. Wenn das ‚HIER' sich auflöst, leuchtet BEWUSSTSEIN, wie es ist.

Alle Erfahrungen finden ‚JETZT' statt.

Alle Erinnerungen an die Vergangenheit finden ‚JETZT' statt.

Alle Gedanken an die Zukunft finden ‚JETZT' statt.

Dieses ‚JETZT' ruht nicht in der Zeit. Jegliche Zeit ruht in ihm.

Allerdings kann das ‚JETZT' nicht ohne die Idee eines ‚dann' existieren, ohne die Idee einer Zukunft oder einer Vergangenheit. Daher werden Vergangenheit und Zukunft im Verständnis auf die Gegenwart reduziert und dann die Gegenwart, die nicht für sich allein stehen kann, mit BEWUSSTSEIN verschmolzen.

Das ‚HIER' des Raumes und das ‚JETZT' der Zeit offenbaren sich als die gleiche raumlose, zeitlose Präsenz des BEWUSSTSEINS.

Diese raumlose, zeitlose PRÄSENZ ist die transparente, homogene, substanzielle, allgegenwärtige REALITÄT der Erfahrung, *in* der und letztlich *als* die die flüchtigen, substanzlosen und von Zeit zu Zeit auftretenden Erfahrungen, die wir Körper, Geist und Welt nennen, wie Wellen erscheinen.

Stellen Sie sich vor, eine Wand des Zimmers, in dem wir sitzen, bestehe nur aus Spiegelglas.

Das Bild, das im Spiegel erscheint, wird identisch sein mit dem Zimmer, in dem wir sitzen. Die räumliche Ausdehnung, die im Spiegel erscheint, wird scheinbar identisch sein mit dem Raum, den das Zimmer umfasst.

Wenn wir jedoch unsere Hand ausstrecken, um die physischen Objekte, die im Spiegel erscheinen, oder den Raum, der im Spiegel erscheint, zu berühren, so berühren wir nur den Spiegel, nicht die Objekte oder den Raum.

Obwohl es die Illusion von Raum im Spiegel gibt, erscheint alles, das im Spiegel erscheint, mit der gleichen Distanz zum Spiegel – also ohne jegliche Distanz.

Nichts ist dem Spiegel näher als irgendetwas anderes.

Bewusstsein ist wie ein dreidimensionaler Spiegel, in dem alles erscheint.

Alles, was im Spiegel des Bewusstseins erscheint, hat die gleiche Distanz zum Bewusstsein – und zwar gar keine Distanz.

Was immer wir berühren, wir berühren nur Präsenz.

Was immer wir wahrnehmen, wir nehmen nur Präsenz wahr.

Was immer wir erfahren, wir, diese Präsenz, erfahren immer nur unser Selbst.

Jegliche Erfahrung ist *eins* mit Präsenz.

Jegliche Erfahrung *ist* Präsenz.

Das Wissen des Bewusstseins leuchtet immer

Der Spiegel des BEWUSSTSEINS ist die Projektionsfläche, auf der alles erfahren wird, und gleichzeitig ist es das, was alles erfährt.

Das Bild, das im Spiegel erscheint, besteht nur aus Spiegel. Was auch immer im BEWUSSTSEIN erscheint, es besteht nur aus BEWUSSTSEIN.

Wenn ein Objekt erscheint, so scheint es den Spiegel einzufärben und dieses Einfärben des Spiegels scheint dem Spiegel objektähnliche Eigenschaften zu geben.

Wenn das Bild verschwindet, wird der Spiegel wieder zu dem transparenten Spiegel. Tatsächlich war er immer nur das.

BEWUSSTSEIN ist transparent und kann nicht als ein Objekt gesehen werden, so, wie das Glas, aus dem der Spiegel besteht, nicht gesehen werden kann, solange kein Objekt sich in ihm widerspiegelt.

Wenn ein Objekt gegenwärtig ist – sei dieses Objekt ein Gedanke, eine Empfindung oder eine Wahrnehmung –, ermöglicht uns die Gegenwart des Objekts, BEWUSSTSEIN wahrzunehmen; das heißt, sie ermöglicht BEWUSSTSEIN, sich selbst wahrzunehmen, sich selbst zu erfahren.

Tatsächlich erfährt BEWUSSTSEIN immer sich selbst, sowohl in der Anwesenheit als auch in der Abwesenheit von Objekten.

Wenn wir ein Objekt erfahren – das heißt, wenn ein Objekt im Bewusstsein erscheint –, so ist es Bewusstsein, das sich selbst *als* das scheinbare Objekt erfährt, auch wenn wir dies nicht bemerken. Ein Objekt ist einer der Wege, wie Bewusstsein um sich selbst weiß.

Wir könnten sagen, dass das transparente Medium des Bewusstseins durch das Erscheinen eines Objekts eingefärbt wird.

Die Farbe im Glas ermöglicht es uns, das Glas zu sehen. Ohne die Farbe wäre das Glas völlig transparent und daher unsichtbar.

Diese Metapher kann uns dabei helfen zu verstehen, dass, wenn ein Objekt gegenwärtig ist, dies nur Bewusstsein ist, das sich selbst erfährt. Aber wie alle Metaphern hat auch diese ihre Grenzen.

Anders als der Spiegel oder das transparente Glas ist Bewusstsein bewusst. Es nimmt wahr. Es erfährt sich selbst beständig, ob Objekte anwesend sind oder nicht.

Bewusstsein braucht also keinen Wissenden außerhalb seiner selbst, um von sich zu wissen. Es braucht auch nicht die Anwesenheit eines Objekts, um von sich selbst zu wissen. Es braucht keinen Körper, keinen Geist, um von sich zu wissen.

Bewusstsein weiß um sich selbst, bevor es um irgendetwas anderes weiß, und wenn es um *etwas* weiß – sei dieses ‚Etwas' ein Objekt des Körpers, des Geistes oder der Welt –, so weiß es immer noch nur um sich selbst *als* dieses Etwas.

Bewusstsein weiß um sich selbst, *bevor* Körper/Geist erscheinen. Dieses Wissen ist beständig und allgegenwärtig. Objekte verschleiern es nicht, verdecken es nicht. Sie offenbaren es. Und dieses Wissen leuchtet in ihnen.

Eine besser zutreffende Metapher wäre die eines grenzenlosen Raumes.

Jeder Teil dieses Raumes ist bewusst, sensibel, gewahr.

Die Natur dieses Raumes ist es, bewusst zu sein. Dieses Gewahrsein kann er nicht abschalten.

Stellen Sie sich vor, in diesem grenzenlosen, wissenden Raum werden mehrere holografische Bilder projiziert, von denen jedes ein anderes Haus zeigt. Jedes Haus ist wie ein separater Körper/Geist.

Ändert sich dieser grenzenlose Raum irgendwie, wenn die holografischen Bilder in ihm projiziert werden?

Was geschieht mit dem Raum, wenn einige der Bilder von Häusern zurückgezogen werden und neue auftauchen?

Ist der Raum, der innerhalb der Wände der scheinbaren Häuser erscheint, durch jene Wände begrenzt?

Ist nicht der gleiche Raum innerhalb der Wände, außerhalb der Wände und sogar in den Wänden selbst?

Gibt es in diesem Raum je eine Trennung oder Teilung?

Ist dieser Raum je etwas anderes als er selbst?

Gibt es in diesem Bild ein Irgendwo, wo der Raum nicht gegenwärtig ist?

Ist die Erscheinung der Häuser aus irgendetwas anderem gemacht als der Raum, in dem sie erscheinen?

Ist irgendeine Substanz anwesend, aus der die Häuser gemacht sein könnten, außer dem Raum selbst?

Wenn die Häuser erscheinen oder verschwinden, wird der Raum dann zu etwas anderem, als er bereits ist?

Haben die Häuser irgendeine Realität, die anders ist als der Raum selbst oder die von ihm getrennt wäre?

Wenn der Raum um die Häuser ‚weiß', weiß er dann um etwas anderes als um sich selbst?

Ist für den Raum nicht der Vorgang, das Haus zu *sein*, der gleiche Vorgang wie der, um das Haus zu *wissen*?

Weiß dieser wissende Raum nicht um sich selbst in dieser momentanen Erfahrung und als diese momentane Erfahrung? Und ist er nicht gleichzeitig immer gegenwärtig, offensichtlich, sich selbst beleuchtend, um sich selbst wissend?

Wenn wir nun von der Metapher des grenzenlosen Raumes weitergehen zu der uns vertrauten, unmittelbaren und direkten Erfahrung unseres SELBST, des BEWUSSTSEINS, und vom Bild der Häuser zu unserer momentanen Erfahrung der Ansammlung von Empfindungen, die wir Körper nennen und die in diesem BEWUSSTSEIN erscheinen, was stellen wir dann fest?

Was ist unsere wirkliche Erfahrung des Körpers?

Wenn wir uns die gleichen Fragen stellen wie in der oben betrachteten Metapher, nicht nur theoretisch, sondern von Moment zu Moment in unserer tatsächlich gefühlten und gelebten Erfahrung, stellen wir dann nicht fest, dass unsere tatsächliche Erfahrung des Körpers gewichtslos ist, transparent, leuchtend, weit, offen, einladend, ohne Grenzen oder Beschränkungen, ohne Definition, ohne Ort, allumfassend? Offenbart sie sich nicht gleichzeitig sich selbst und erstaunt und erfreut sich selbst in jedem und als jedes Detail und in jeder und als jede Nuance dieses Moments, und dieses Moments und dieses Moments?

Bewusstsein weiß nur um sich selbst

Nie hätt' das Aug' die Sonne je gesehen,
wär' es nicht selbst auch sonnenhaft,
und nie die Seele wahre Schönheit,
wäre sie selbst nicht schön.

Plotin

Bewusstsein kann nicht um ein Objekt wissen.

Ein derartiges Objekt müsste außerhalb oder getrennt von Bewusstsein sein.

Wie könnte Bewusstsein um etwas wissen, was außerhalb oder getrennt von ihm ist? Wie würde es den Kontakt mit solch einem Objekt herstellen?

Bewusstsein weiß um ein Ding, indem es dieses Ding ist. Das ist seine Art, um etwas zu wissen.

Bewusstsein muss zunächst ein Objekt in sich selbst hinein transformieren, damit es um dieses Objekt wissen kann. Das Objekt wird in die Substanz des Bewusstseins transformiert, sodass es *vom* Bewusstsein *als* Bewusstsein gewusst wird.

Aber dies steht hier nur für den Verstand geschrieben, der darauf besteht, dass Objekte aus sich selbst heraus existieren, außerhalb von Bewusstsein.

Tatsächlich geschieht all dies nicht. Das Objekt ist nie außerhalb von BEWUSSTSEIN und daher taucht die Frage, es aufzunehmen oder zu transformieren, gar nicht erst auf.

BEWUSSTSEIN nimmt vielmehr die Gestalt des Objekts, der momentanen Erfahrung von Moment zu Moment an, während es immer genau so bleibt, wie es ist.

So, wie das Wasser des Ozeans sich in der Gestalt einer Welle hebt und senkt, eine Weile fließt und dann in den Ozean zurückfällt, ohne je auch nur für einen Moment etwas anderes zu sein als Wasser, so erhebt sich jedes Objekt, jede Erfahrung im BEWUSSTSEIN, nimmt seine einzigartige Gestalt an, tut, was es tut, und gibt dann seinen Namen und seine Form an den Ozean der PRÄSENZ zurück, der in sich selbst als er selbst ruht, bevor die Gestalt der nächsten Welle angenommen wird.

Die Welle verleiht dem Wasser einen Namen und eine Form. Wenn die Welle verschwindet, verschwinden nur Name und Form. Wasser verbleibt so, wie es immer ist.

Das Objekt löst sich nicht in BEWUSSTSEIN auf. Es ist immer nur BEWUSSTSEIN. Es gibt nichts aufzulösen.

Es gibt keinen Teil des Objekts, der nicht BEWUSSTSEIN ist, und BEWUSSTSEIN kann sich nicht auflösen. In was sollte es sich auflösen?

Die REALITÄT dessen, was gegenwärtig ist, wenn ein Objekt anwesend ist, ist BEWUSSTSEIN, und diese REALITÄT ist allgegenwärtig.

Nichts verschwindet je. Nur Namen und Formen werden beständig transformiert.

Es gibt einen Grabstein auf einem Friedhof in Krakau, in den jeder Buchstabe des Alphabets eingemeißelt ist. An jeden, der je gelebt hat, wird dort erinnert.

Das, was wirklich und wahrhaftig lebt, wird dort auf ewig gewürdigt.

Ein Grab, viele Namen.

Ein Leib, viele Formen.

Wohin wir auch schauen, wir sehen stets das Gesicht Gottes.

Gott sieht sich selbst in allen Dingen.

Bewusstsein ist die Freiheit selbst

Ich höre oft, dass der Verstand nichts dazu beitragen könne, Erleuchtung zu erlangen. Stimmt das?

Die Antwort lautet einfach: „Ja, aber …"

Der Verstand, das ist eine Reihe abstrakter Konzepte, auf die wir, als Kultur, uns in allgemeiner Übereinkunft geeinigt haben, um unsere Erfahrung zu repräsentieren, um in der Lage zu sein, zu kommunizieren.

Die Sprache des Verstandes ist ein Code. Sie tauscht direkte Erfahrung in eine Währung ein, die für den Zweck des Funktionierens auf der Ebene von Körper, Geist und Welt verwendet werden kann und die wir miteinander austauschen können.

Die Sprache des Verstandes *übermittelt* nicht das Objekt, das sie repräsentiert. Sie *verweist* darauf.

Allerdings vergessen wir dies und akzeptieren die Formulierungen des Verstandes als wahre Beschreibungen unserer Erfahrung. Wir sagen: „Ich sehe das Auto", und während wir dies tun, glauben und fühlen wir wirklich, dass es ein ‚Ich' gebe, ein Wesen in einem ‚Hier', das etwas tut namens ‚sehen', in Bezug auf ein Objekt ‚da draußen', das Auto, wodurch dem ‚Ich' ermöglicht wird, ‚es' zu erfahren.

Das ist völlig in Ordnung, solange verstanden wird, dass dies eine provisorische Formulierung ist, die es möglich macht, dass ein bestimmter Aspekt des Lebens stattfindet. Es ist eine Form des Sehens und Sprechens, die ein gewisses Maß an Funktionieren in der Welt ermöglicht und daher einen legitimen Platz hat.

Nehmen wir allerdings eine derartige Aussage als *Beschreibung* unserer tatsächlichen Erfahrung, als eine Beschreibung der REALITÄT, so entsteht Verwirrung.

Die Aussage „Ich sehe das Auto" repräsentiert nicht die wahre Natur unserer tatsächlichen *Erfahrung* im Sehen des Autos. Daher ist die non-duale Lehre, deren Ziel und Zweck es ist, die wahre Natur von Erfahrung zu verstehen und offenzulegen, oft misstrauisch, ja sogar ablehnend, wenn es um die Rolle des Verstandes im Entschleiern der REALITÄT geht.

„Schließlich", so wird gesagt, „ist es die dualistische Natur des Verstandes, die das Problem überhaupt geschaffen hat. Warum sollten wir dem gleichen irreführenden Instrument vertrauen, wenn es darum geht, das Problem zu überwinden?"

Stellen Sie sich einen Mann vor, der in einem Zimmer sitzt und sich selbst in einem Spiegel an der gegenüberliegenden Wand beobachtet. Nach einer Weile beginnt der Mann, ein Bauwerk zwischen sich und dem Spiegel zu errichten, das seine Spiegelung verstellt, bis er sich nicht mehr sehen kann.

In diesem Bild repräsentiert der Mann BEWUSSTSEIN, der Spiegel repräsentiert die scheinbar objektive Welt der Erfahrung und das Bauwerk repräsentiert die dualistischen Konzepte des Verstandes.

Es ist das Bauwerk aus Ideen, das BEWUSSTSEIN daran zu hindern scheint, wissentlich um sich selbst zu wissen, sich selbst wahrzunehmen. So, wie das Bauwerk den Mann daran hindert, sich im Spiegel zu sehen.

Daher ist richtig, dass alles, was der Mann dem Bauwerk hinzufügt, die Spiegelung nur noch weiter verbaut. Dies ist der ‚Ja'-Teil der Antwort.

Aber der Mann kann das Bauwerk dekonstruieren. Und er bringt dafür die besten Voraussetzungen mit, denn er hat es selbst gebaut. Er weiß genau, wie es konstruiert wurde, und daher auch, wie man es dekonstruiert.

Die Dekonstruieren des Bauwerkes ist einfach das Untersuchen der Überzeugung, der Annahme des Verstandes, dass ‚Ich' ein separates, persönliches Wesen sei, und das Erforschen des Gefühls, dass ‚Ich' der Körper sei oder *im* Körper lokalisiert sei.

Eine Überzeugung ist eine Idee, an die wir glauben und von der wir *denken*, dass sie wahr sei. Eine Tatsache ist eine Idee, von der wir *wissen*, dass sie wahr ist. Das ‚Zerlegen des Bauwerks' ist der Prozess, mit dem wir zwischen den beiden unterscheiden, zwischen einer Überzeugung und einer Tatsache.

Stellen Sie sich vor, wir glauben, dass zwei und zwei fünf ergibt, dass wir also *denken*, dies wäre eine Tatsache. Irgendwann beginnen wir an dieser ‚Tatsache' zu zweifeln, entweder durch Intuition oder wir lesen oder hören etwas darüber, dass zwei und zwei nicht fünf ergibt. Ein Keim des Zweifels wird in unseren Verstand gepflanzt.

Die Gegenwart von Zweifel verweist per Definition auf die Gegenwart von etwas, was wir glauben. Glauben und Zweifeln erscheinen immer gemeinsam. Repräsentiert ein Gedanke eine Tatsache, so *wissen* wir das, wir *glauben* es nicht. Und wenn wir es wissen, zweifeln wir nicht daran. Wenn wir zweifeln, wissen wir es nicht. Und wenn wir es nicht wissen, ist es ein Glaube und keine Tatsache.

Das ‚Zerlegen des Bauwerks', das Zerlegen von dem, was den Mann daran hindert, sich im Spiegel zu sehen, von dem, was BEWUSSTSEIN daran hindert, wissentlich um sich selbst zu wissen, besteht – auf der Ebene des Verstandes – im Untersuchen unserer Gedanken. Sind sie Tatsachen oder etwas, was wir nur glauben?

Eine gründliche Untersuchung unserer Ideen zeigt, dass wir die meisten von ihnen nur glauben, dass sie keine Tatsachen darstellen.

Wir beginnen, unsere Ideen zu erforschen. Wir wissen nicht mehr, dass zwei und zwei fünf ergibt. Wir erkennen, dass wir *denken*, es ergebe fünf, dass wir *glauben*, es ergebe fünf, aber wir sind uns nicht sicher. Es gibt Zweifel. Durch die Untersuchung wurde die scheinbare Tatsache auf etwas reduziert, was wir lediglich glauben.

Durch weiteres Untersuchen finden wir heraus, dass zwei und zwei vier ergibt und nicht fünf. In dem Moment verschwindet der alte Glaube spontan und unmittelbar. Dennoch kann weiterhin die Idee auftauchen: ‚Zwei und zwei ergibt fünf.' Der Glaube ist verschwunden, aber die Idee könnte zurückbleiben.

Das Untersuchen der Natur unserer Erfahrung beinhaltet also – nach unserem Verständnis – die Reduktion scheinbarer Tatsachen auf etwas, was wir lediglich glauben, und im Weiteren eine Reduktion dessen zu Ideen.

Eine Idee, die noch nicht zu einem Glauben wurde, ist für sich genommen harmlos. Sie ist nicht in der Lage, irgendetwas von irgendetwas anderem zu trennen. Ob wir solch eine Idee aufrechterhalten wollen, ist völlig uns überlassen. Wir könnten zum Beispiel den Gedanken ‚Zwei plus zwei ergibt fünf' nehmen, um das Denken eines Kindes zu verstehen und um ihm Rechnen beizubringen.

Ebenso können wir die Vorstellung wählen, eine separate Person zu sein, um die reichhaltige Komplexität der Gedanken, Gefühle, Empfindungen, Emotionen, Bilder und Aktivitäten, die dieser Idee entspringen, zu genießen und zu erleiden. Dies ist unsere Freiheit, die Freiheit des Bewusstseins.

Eine Freiheit, die das Bewusstsein in jedem Moment hat: die Idee zu erschaffen, ein separates, persönliches Wesen zu sein. An diese Idee zu glauben und dann zu vergessen, dass es die Wahl, daran zu glauben, selbst getroffen hat. Dann diese Tatsache wieder zu erforschen und zu entdecken, dass sie nur ein Glaube ist. Aufzuhören, daran zu glauben, und wieder zu erkennen, dass es nur eine Idee ist, die als solche eine von vielen Seinsweisen darstellt, die Bewusstsein von Moment zu Moment aus eigener Freiheit wählt.

Es gibt nichts, was an der Idee eines separaten persönlichen Wesens falsch wäre. Jedoch ist das exklusive Assoziieren des Bewusstseins mit jener Idee problematisch. In diesem Fall wird die *Idee* eines separaten Wesens verwandelt in den *Glauben*: „Ich *bin* jenes separate Wesen."

Das Hochstufen der Idee zu einem Glauben und nachfolgend des Glaubens zu einer scheinbaren Tatsache wird, wenn man dies untersucht, als einziger Grund psychischen Leidens erkannt.

Aber BEWUSSTSEIN hat die Freiheit dies zu tun, genau so, wie es die Freiheit hat, damit aufzuhören. BEWUSSTSEIN ist Freiheit selbst. Es ist frei zu vergessen und frei, sich zu erinnern.

Es stimmt, dass der Gedanke ‚Zwei plus zwei ergibt fünf' in dem gleichen BEWUSSTSEIN auftaucht wie der Gedanke ‚Zwei plus zwei ergibt vier'. In dieser Hinsicht sind beide gleichwertige Ausdrucksweisen des BEWUSSTSEINS.

Es wäre allerdings grob vereinfachend zu sagen, dass beide Gedanken gleichermaßen wahr seien, nur weil sie beide im gleichen BEWUSSTSEIN erscheinen und letztlich beide aus dem gleichen BEWUSSTSEIN gemacht sind.

Letztlich stimmt es ja, dass beide Ideen gleichwertig sind. Sobald wir uns jedoch auf einer relativen Ebene bewegen, ist es unredlich, dies zu behaupten.

Die Frage, ob man irgendetwas mit dem *Verstand* tun könne, um Erleuchtung zu erlangen, leistet der Idee eines separaten Wesens Vorschub, das die Fähigkeit habe, etwas zu tun oder auch nicht. In der Idee eines solchen Wesens gibt es die Annahme, dass dieses Wesen selbst ein Handelnder sei. Daher hat dieses Wesen keine Berechtigung zu sagen, dass es nichts zu tun gebe. Es ist bereits der Handelnde.

Für dieses scheinbare Wesen wäre es aufrichtiger, seine eigene Natur zu erforschen. Auf diese Weise vermeiden wir es, eine Idee, die auf der absoluten Ebene wahr ist (wo klar gesehen wird, dass es nichts zu tun und keine separaten Wesen gibt), der relativen Ebene überzustülpen, wo die Vorstellung und das Gefühl, dass das separate Wesen real sei, zumindest vorübergehend akzeptiert wird.

Bei dem Thema, dass es nichts zu tun gibt, werden die Ebenen von Bewusstsein und Verstand oft vermischt. Die absoluten Wahrheiten der einen Ebene werden verwendet, um die relativen Wahrheiten der anderen zu rechtfertigen. Dies ist, nebenbei bemerkt, eine der Methoden, wie das Ego (also Bewusstsein-das-vorgibt-ein-separates-Wesen-zu-sein) sich am Leben erhält. Es ist einer seiner sichersten Zufluchtsorte.

Wenn wir erst einmal den Verstand einsetzen, so lassen wir uns wissentlich oder unwissentlich zumindest zeitweise auf seine Konzepte und damit auf seine Begrenzungen ein.

Wir bewegen uns sozusagen von der höchsten Ebene des Bewusstseins einen Schritt hinunter und lassen uns darauf ein, das Nichtdiskutierbare zu diskutieren, das Undenkbare zu denken, auf das zu verweisen, was nicht gesehen oder benannt werden kann.

Aus diesem Grund war Ramana Maharshi oft still, wenn ihm eine Frage gestellt wurde. Die höchste Antwort auf eine Frage über die Natur der Realität oder das Selbst ist stets Realität oder das Selbst selbst – und darüber kann man nicht sprechen. Daher blieb er still.

Aber es gab viele, die die Subtilität dieser Antwort nicht empfangen konnten, und für sie passte er sozusagen die „Frequenz“ seiner Antwort an, sodass sie mit deren Verständnis in Einklang war.

Der Lehrer kann zum Beispiel in seiner Antwort *scheinbar* die Existenz eines separaten Wesens zugestehen, wenn ihm dies als notwendig erscheint, um den Schüler bei einem Schritt hin zum Verstehen zu unterstützen.

Es wäre jedoch übermäßig vereinfachend, zu sagen, dass in diesem Fall der Lehrer nicht die Wahrheit sage oder seine Lehre irgendwie begrenzt sei.

Dies wäre genauso vereinfachend, als nähme man an, dass jemand, der jede Frage einfach mit dem Satz „Alles ist BEWUSSTSEIN und daher ist alles das Gleiche" beantwortet, automatisch das ultimative Verständnis besäße.

Auf die Wahrheit der Lehre verweist das tiefe Verstehen, aus dem sie kommt, und nicht die ‚politische Korrektheit' der Worte als solcher. Und einem wahren Lehrer stehen viele Ausdrucksmöglichkeiten zur Verfügung, die eine große Bandbreite von Formulierungen abdecken. Dazu gehören manchmal auch Formulierungen, die sich zu widersprechen scheinen.

Es stimmt, dass alles, was mit Worten gesagt wird, alles, was der Verstand produziert, ein gewisses Maß an Relativität besitzt und daher ein gewisses Maß an Unwahrheit, einen Mangel an Vollständigkeit. Wichtig ist aber das tiefe Verstehen hinter den Worten.

Wenn die Worte eine relative Wahrheit formulieren und doch einem wahren Verstehen jenseits des Verstandes entspringen, so ist es letztlich die Wahrheit dieses Verstehens, die übermittelt wird.

Und ebenso gilt: Wenn die ‚absolute Wahrheit' von jemandem ausgesprochen wird, der diese Wahrheit nachplappert und bei dem sie nicht wahrem Verstehen entspringt, so wird der Antwort Tiefe fehlen und das wird übermittelt werden.

Wenn Bewusstsein in der Lage ist, das Gebäude konzeptuellen Denkens aufzubauen, durch das es scheinbar von sich selbst getrennt wird, dann ist Bewusstsein per Definition auch in der Lage, dieses Gebäude wieder zu demontieren.

Wir täuschen uns selbst, wenn wir zutiefst verankerte Vorstellungen und Vorurteile mit ‚Nichtwissen' übertünchen oder die Gefühle von ‚Ich *bin* dieser Körper' oder ‚ … *in* diesem Körper' mit dem Satz ‚Es gibt nur Bewusstsein' überdecken.

Haben wir unsere Vorstellungen erst einmal gründlich erforscht, so entdecken wir, dass die Ideen ‚Ich bin ein separates Wesen' und ‚Die Welt liegt außerhalb von mir' durch Erfahrung nicht gedeckt sind.

Haben wir erst einmal verstanden, dass es keine auf Erfahrung gegründeten Hinweise dafür gibt, dass Bewusstsein, das diese Worte sieht, persönlich oder begrenzt ist oder dass es ein Objekt ist, so kommt es zu einer Krise. Wir *wissen* vielleicht, dass wir kein separates Wesen sind, *fühlen* uns aber immer noch als ein separates ‚Ich', das im Körper angesiedelt ist.

Daher erforschen wir nicht nur die *Annahme*, ein separates Wesen zu sein, ein Körper/Geist, sondern auch das *Gefühl*, dies zu sein.

Dies geschieht durch direktes Untersuchen der Gefühle und körperlichen Empfindungen und umgeht die konzeptuellen Kräfte des Verstandes.

Es ist eher ein erfahrungsgestütztes als ein rationales Erforschen der Natur der Trennung und daher kann mit rationalen Begriffen wenig darüber gesagt werden, auch wenn man Hinweise geben kann.

Aus diesem Grund wird hier in diesem Buch wenig über dieses Erforschen auf der Körperebene gesagt.

Das soll aber nicht bedeuten, dass dieses tiefere Erforschen der Natur der Trennung nicht in den meisten Fällen erforderlich ist, um sich in Frieden und Glück zu stabilisieren.

In gewisser Hinsicht kann man sogar sagen, dass die rationale Untersuchung auf der Ebene von Annahmen und Ideen ein Vorspiel ist für tieferes Erforschen des Gefühls von Trennung auf der Ebene des Körpers.

Der *Glaube* an die Trennung, die Idee der Trennung, ist die Spitze des Eisbergs. Der riesige Hauptteil des Eisbergs bleibt unter der Wasseroberfläche verborgen, in den trüben Bereichen der Gefühle und Körperempfindungen.

Viele von uns ‚*wissen*', dass wir unbegrenzt sind, aber wir *fühlen* uns begrenzt. Vielleicht verstehen wir die Theorie der Non-Dualität, aber im Inneren unseres Herzens brennen immer noch die Feuer der Sehnsucht.

Deswegen spüren manche Menschen, die jahrzehntelang einem spirituellen Weg gefolgt sind, immer noch ein Gefühl von Trennung und Sehnsucht, spüren, dass etwas fehlt, spüren einen Mangel an Erfüllung.

Für die meisten Menschen, die ein tiefes Interesse an der Natur der Erfahrung haben, ist dieser Widerspruch nicht hinnehmbar und führt zu tieferem Erforschen auf der Ebene von Gefühlen und Empfindungen.

Das anfängliche Erkunden der Natur von Erfahrung könnte man als Weg der Unterscheidung bezeichnen. Dieser führt zu der Erkenntnis: ‚Ich bin nichts.'

Das tiefere Erforschen auf der Ebene von Körper und Welt könnte man den Weg der Liebe nennen. Dieser führt zu der Erkenntnis: ‚Ich bin alles.'

Auf dem Weg der Unterscheidung entdecken wir, was wir nicht sind.

Auf dem Weg der Liebe entdecken wir, was wir sind.

Diese Entdeckung ist eine Offenbarung von Moment zu Moment. Sie kann sich nicht in Worten kristallisieren.

Es ist das wahre Nichtwissen, in dem nichts gewusst, aber alles begrüßt wird.

Es war immer so

Jede Erfahrung, jede Erscheinung ist eine Welle auf dem allgegenwärtigen Ozean der PRÄSENZ.

Schauen wir uns die Wellen an, so verändern sie sich von Moment zu Moment.

Schauen wir uns das Wasser an, so verändert sich das Wasser nie.

Wasser kommt nicht, Wasser geht nicht.

Nichts geschieht je mit dem Wasser selbst.

Das Gleiche gilt für Erfahrung.

Wohin geht die eine Erscheinung, wenn die nächste erscheint?

Und was geschieht mit der Substanz dieser ersten Erfahrung, wenn die Erfahrung verschwindet?

Wie könnte diese Substanz verschwinden?

Wie könnte etwas zu nichts werden?

Und wo kam die Substanz her, aus der die erste Erfahrung gemacht war?

Kann nichts zu etwas werden?

Erfahren wir einen einzigen Strom von Ereignissen oder eine Abfolge von momentanen Ereignissen?

Wenn es nur einen einzigen Strom gibt, wie erklären wir dann das Erscheinen und Verschwinden von irgendetwas?

Das *Fließen* eines Stroms ändert stets seine Form, aber die *Substanz* eines Stroms verschwindet nie.

Und wenn unsere Erfahrung eine Abfolge von Momenten ist, wie lang ist ein Moment?

Wie lang ist das Intervall zwischen diesen Momenten und woraus besteht es?

Wenn es aus etwas bestünde, müsste dieses Etwas selbst eine Erscheinung sein und wäre daher kein Intervall *zwischen* Erscheinungen.

Wenn es aus nichts bestünde, wäre es nichts. Es wäre nicht. Es hätte keine EXISTENZ.

Erscheint dieses Intervall zwischen Erscheinungen und *verschwindet* es während der EXISTENZ einer Erscheinung?

Wenn es erscheint und verschwindet, muss es eine Erscheinung sein, und wenn es keine Erscheinung, aber doch gegenwärtig ist, muss es allgegenwärtig sein.

Erfahrung ist wie das Bild auf einem Fernsehbildschirm. Erscheinungen kommen und gehen, aber tatsächlich ist die Erscheinung des Bildes nichts anderes als der Bildschirm und der Bildschirm kommt und geht nicht.

Das, woraus eine Erscheinung auf dem Bildschirm gemacht ist, ist genau dasselbe, was in das Entstehen der nächsten Erscheinung eingeht.

Das Intervall zwischen Erscheinungen ist kein Intervall. Es ist der Bildschirm. Und der Bildschirm ist die permanente Substanz jeder Erscheinung.

Der Bildschirm erscheint nie, verschwindet nie. Er kommt nicht, er geht nicht.

Es gibt keine Unzahl von unabhängigen Bildern, die kommen und gehen. Es gibt *einen* Bildschirm, der von Zeit zu Zeit das Erscheinungsbild eines Stroms von Bildern annimmt. Diese Bilder, diese Erscheinungen scheinen sich zu bewegen und zu fließen, aber der Bildschirm bewegt sich nie, fließt nie.

Und er verschwindet auch nie. Er *wird* zu nichts anderem, als er ist, selbst wenn er als Haus, als Feld oder als Auto erscheint. Er ist immer er selbst.

Das rote Pixel, das beispielsweise für die Darstellung eines Autos auf dem Bildschirm verwendet wurde, bleibt genau das gleiche Pixel, wenn danach das Bild einer Erdbeere erscheint.

Die Substanz jeder Erscheinung ist der Bildschirm, genauso, wie die Substanz jeder Erfahrung Präsenz ist.

Wir erfahren keine Vielfalt von Momenten. Wir erfahren ein allgegenwärtiges ‚JETZT'. Und dieses allgegenwärtige ‚JETZT' wird ab und zu mit scheinbarer Objektivität eingefärbt. [Objektivität meint hier, wie bereits erwähnt, Objekthaftigkeit. Anm. d. Verlags]

Die „Brechung" oder Aufspaltung des Stroms der Bilder auf dem Bildschirm in eine scheinbare Vielfalt von Objekten geschieht nur als Erscheinung. Tatsächlich sehen wir immer den Bildschirm. In Wirklichkeit ist immer nur eine Sache gegenwärtig und die Substanz dieser Sache ist der Bildschirm.

Ebenso ist die Vielfältigkeit unserer Erfahrung nur Erscheinung. In jedem Moment scheinbarer objektiver Erfahrung ist tatsächlich nur *eine* Erfahrung gegenwärtig.

Haben wir in unserem VERSTÄNDNIS die Vielfalt der Dinge auf eines reduziert, so können wir dieses ‚eine Ding' weiter auf unser SELBST reduzieren, auf den beständigen Hintergrund und die beständige Substanz aller Dinge.

Diese Entdeckung *gestaltet* es nicht so, sondern *zeigt auf*, dass es schon immer so gewesen ist.

Die Verwechslung von Gleichheit und Einsheit

Wenn alles <u>ein</u> Bewusstsein ist, haben dann die Vorstellungen von Richtig oder Falsch irgendeine Bedeutung?

Die Frage ist bereits die Antwort.

Schon in der Frage findet man die Verwechslung, die zu der Frage führt, und somit ist auch die Antwort schon in ihr enthalten. Sie entsteht aus einem Missverständnis bezüglich der Ebenen.

Denken und fühlen wir zutiefst, dass *alles* Ausdruck *eines* BEWUSSTSEINS, einer REALITÄT ist, dann werden die Handlungen und die Verhaltensweisen, die diesem Gefühl und diesem Gedanken entspringen, in Übereinstimmung damit sein.

Jede Handlung wird in Harmonie mit der einen REALITÄT sein, einfach weil sie dort entspringt, nicht nur theoretisch, sondern es wird auch so gefühlt und gedacht.

Wir kennen die Erfahrung, dass wir, wenn wir uns hasserfüllt *fühlen*, auch hasserfüllt *handeln*. Wenn wir uns liebevoll *fühlen*, dann *handeln* wir auch liebevoll. Wenn wir wirklich fühlen, dass alles und jedes Ausdruck der gleichen *einen* REALITÄT ist, die wir selbst sind, so werden wir auch entsprechend handeln und werden andere buchstäblich so behandeln, wie wir uns selbst behandeln.

Das bedeutet nicht, dass wir stets ein Lächeln auf dem Gesicht haben. Uns werden oft Situationen begegnen, in denen das VERständnis, dass alles Ausdruck *einer* Realität ist, nicht präsent ist, und unsere nachfolgenden Handlungen werden der Situation angemessen sein. Genau genommen entstehen sie *aus* der Situation. Aber unabhängig von der spezifischen Gestalt dieser Handlung wird sie dem Gefühl der essenziellen Einsheit aller Dinge entspringen.

Das soll nicht bedeuten, dass jede Handlung, die nicht aus diesem Gefühl von Einsheit entsteht, nicht Ausdruck dieser Einsheit ist. Das ist sie absolut. Alles, wirklich alles, ist Ausdruck dieser Einsheit. Unwissenheit ebenso wie Weisheit.

Jeder Gedanke, egal wie schön oder hässlich er ist, taucht in der gleichen Präsenz des Bewusstseins auf und dies ist seine Substanz.

Diese Tatsache verwandelt aber Unwissenheit nicht auf „magische" Art in Weisheit. Sie bedeutet nicht, dass – auf der relativen Ebene – liebloses Verhalten das Gleiche ist wie liebevolles Verhalten. Alle Gedanken sind in dem Sinne gleich, dass sie letztlich Ausdrucksformen der gleichen Realität sind. Ihre *Substanz* ist die gleiche, ihr objektiver *Inhalt* jedoch nicht.

Wenn wir ein Seil sehen und denken, es sei eine Schlange, so werden wir entsprechend handeln und versuchen, sie zu fangen, ihr aus dem Weg zu gehen oder sie zu töten. Sehen wir, dass es nur ein Seil ist, so gehen wir einfach vorbei.

Sowohl das Sehen des Seils als auch das Sehen der vermeintlichen Schlange, sowohl der Gedanke an das Seil als auch der an die vermeintliche Schlange erscheinen im Bewusstsein.

Die Substanz jeder Wahrnehmung und jedes Gedankens ist immer gleich, sie ist Bewusstsein. Das bedeutet aber nicht, dass *beide* Gedanken auf der Ebene des Verstandes wahr sind. Sondern: Es ist wahr, dass das ein Seil ist. Es ist *nicht* wahr, dass es eine Schlange ist.

Das Verhalten, das dem Sehen eines Seils folgt, ist sehr verschieden von dem Verhalten, das dem Sehen einer Schlange folgt. Sehen wir das Seil, so gehen wir einfach vorbei. Denken wir, es sei eine Schlange, entsteht Angst und die meisten unserer nachfolgenden Gedanken, Gefühle und Aktivitäten werden von dieser Angst gesteuert.

Wenn wir überall Bewusstsein erfahren, so erfahren wir keine Objekte, wenngleich wir natürlich *scheinbare* Objekte erfahren.

Tatsächlich erfahren wir immer nur Bewusstsein. Das heißt, Bewusstsein erfährt sich immer nur selbst. Wenn also gesagt wird: ‚Wenn wir Bewusstsein überall erfahren …', so bedeutet das: ‚Wenn wir Bewusstsein überall *wissentlich* erfahren …'

Denken wir, dass wir Objekte erführen, so erfahren wir Bewusstsein nicht wissentlich.

Wenn wir denken, wir sähen eine Schlange, dann sehen wir das Seil nicht wissentlich.

Das Seil und die Schlange sind die gleiche Substanz, unterscheiden sich aber in der Erscheinung.

Wenn man separate Objekte erfährt, bedeutet dies, Bewusstsein nicht wissentlich zu erfahren. Bewusstsein wissentlich zu erfahren bedeutet, keine Objekte zu erfahren.

Wir können ebenso wenig behaupten, Objekte und BEWUSSTSEIN gleichzeitig zu erfahren, wie wir behaupten können, das Seil und die Schlange gleichzeitig zu sehen.

Wenn wir sehen, dass alles BEWUSSTSEIN ist, dass alles *eine* REALITÄT ist, sehen wir natürlich weiterhin *scheinbare* Objekte.

Aber wir können nicht glauben, die Schlange zu sehen, und behaupten, gleichzeitig das Seil zu sehen. Diese beiden Positionen schließen sich gegenseitig aus. Das Seil zu sehen ist gleichbedeutend damit, die Schlange nicht mehr zu sehen. Sehen wir erst einmal das Seil, so können wir immer noch die *Erscheinung* der Schlange sehen, wissen aber, dass dies ein Seil ist.

Maya tanzt weiterhin, aber es ist ein Tanz der Liebe und nicht der Verführung.

Ebenso sehen wir überall BEWUSSTSEIN, wenn wir zutiefst wissen, dass alles ein Ausdruck von BEWUSSTSEIN ist, das alles BEWUSSTSEIN *ist*.

Dann glauben wir nicht länger an die polarisierenden, dualistischen Konzepte des Verstandes. Wir glauben nicht mehr an Gut und Schlecht als absolute Realitäten. Aber das bedeutet nicht, dass sie auf der Ebene des Verstandes nicht mehr erscheinen, und auch nicht, dass sie auf dieser Ebene nicht angemessen wären.

Sehen wir Gut und Schlecht als absolute Realitäten, glauben wir an sie, so sehen wir nicht alles als *eine* REALITÄT. Haben wir etwas erst einmal als gut oder schlecht etikettiert, so haben wir uns schon dem Verstand und seinen dualistischen Konzepten verpflichtet.

Sehen wir alles als Ausdruck *einer* Realität, so beziehen wir eine Position, die vor dem Verstand liegt, vor Gut und Schlecht, Richtig oder Falsch. Unsere Erfahrung ist noch nicht durch den Verstand aufgeteilt, auch wenn er an den passenden Stellen zur Verfügung steht.

Sehen und fühlen wir allerdings nicht, dass alles Ausdruck *einer* Realität ist, dann sehen wir per Definition unsere Erfahrung, sehen die eine Realität, durch die dualistischen Filter des Verstandes, und Gegensätze – Gut und Schlecht, Richtig und Falsch – sind auf dieser Ebene zu Hause. Daraus ist der Verstand gemacht. Das ist nicht falsch, aber wir sollten uns zumindest über die Natur unserer Ideen klar sein.

Das Gleiche gilt für Schönheit und Hässlichkeit. Auf der Ebene des Verstandes existieren Schönheit und Hässlichkeit. Auf der Ebene des Bewusstseins nicht.

Schönheit hat keinen Zweck. Sie ist bereits die Erfüllung jeglichen Zwecks.

Allerdings könnte man von der Ebene des Verstandes sagen, ihr Zweck sei, die Aufmerksamkeit auf die absolute Schönheit zu lenken, die die Substanz *aller* Dinge ist.

Zu sagen, dass es keine schönen oder hässlichen Objekte gebe, wäre unaufrichtig. Es würde bedeuten, das scheinbare Verständnis, dass alles *ein* Bewusstsein ist und dass es daher keine Objekte gibt, der zutiefst geglaubten und gefühlten Vorstellung überzustülpen, dass es Objekte gibt.

Sobald wir Objekte sehen, befinden wir uns in der Dualität. Und sobald wir uns in der Dualität befinden, gibt es Gut und Schlecht, Richtig und Falsch, Schön und Hässlich.

Schauen wir jedoch aus dem Blickwinkel des Bewusstseins, so gibt es keine Objekte und daher auch kein Gut und Schlecht, Richtig und Falsch, Schön und Hässlich.

Weder die Position des Bewusstseins noch die des Verstandes ist problematisch. Sie sind beide notwendig für ein gesundes Funktionieren des vermeintlichen Individuums in der scheinbaren Welt.

Aber es ist problematisch, vorzugeben, dass es auf der Ebene des Verstandes keine Vielfalt gebe, keine Unterschiede, keine Werte, dass alles so gut sei wie alles andere.

Es ist unaufrichtig, sich das Verständnis anzueignen, das aus dem Blickwinkel, dass es nur *eine* Realität gibt, wahr ist, und dann vorzugeben, dass es auch auf der Ebene wahr sei, auf der wir bereits genau diese Realität geleugnet haben (indem wir sie in separate Einheiten aufgeteilt haben).

Das ist die Verwechslung von Gleichheit und Einsheit.

Dies ist eine der Einschränkungen von Lehren, die uns nur Aussagen über die absolute Wahrheit präsentieren. Wenn sie auch wahr sein mögen, so werden sie doch oft vom Verstand als eine Vorstellung, als Glaube übernommen und wie eine dünne Schicht Furnier auf bereits vorhandene Vorstellungen aufgebracht. Diese werden damit faktisch einfach noch stärker verhüllt.

Bewusstsein befreit sich selbst durch Klarheit und Aufrichtigkeit, nicht durch das Auferlegen von Vorstellungen und Dogmen.

Früher oder später bemerkt Bewusstsein den Unterschied zwischen seiner eigenen Offenheit, seiner eigenen Präsenz, die alle Dinge in sich mit wohlwollender Indifferenz begrüßt, und einem Verstand, der per Definition Unterschiede sieht und sich gleichzeitig die Zwangsjacke des ‚Nichtbewertens' angelegt hat.

Diese Art des ‚Nichtbewertens' entspringt der Angst und der Verwirrung. Es ist nicht die wahre, wohlwollende Indifferenz der Präsenz.

Bewusstsein ist im Suchen, nicht im Gesuchten

Wenn doch allgemein anerkannt wird, dass Erleuchtung eine „Nicht-Erfahrung" ist und mit Sprache nicht erfasst werden kann, warum dann diese ausführlichen Erläuterungen, die dieses Verständnis beschreiben sollen?

Hier wird nicht das ‚VERSTÄNDNIS' beschrieben. Dieses könnte höchstens in einer ungefähren Annäherung formuliert werden. Vielmehr werden hier Missverständnisse offengelegt.

VERSTÄNDNIS wird durch Denken *offenbart*, *enthüllt*, es wird nicht durch Denken *erklärt*.

Tatsächlich ist es das *Beenden* des Denkens, das VERSTÄNDNIS offenbart. Und ein Denkprozess ist einfach einer der Wege, wie Denken zu einem Ende gebracht wird.

Zunächst: Dieses VERSTÄNDNIS, das kein objektives Wissen ist, zeigt sich, wenn das Denken zu Ende kommt. Später wird erkannt, dass es auch *während* des Denkens gegenwärtig ist.

Es ist der Ursprung und die Substanz des Denkens, nicht einfach nur seine Bestimmung.

Mit einer Ausnahme kann REALITÄT durch den Verstand nicht berührt werden, auch wenn der Verstand immer durch das Licht der REALITÄT leuchtet, so, wie der Mond durch das Licht der Sonne leuchtet.

Diese Ausnahme ist der Gedanke an Realität selbst. Denken wir an die Natur der Realität, so gelangt der Verstand an seine Grenzen, denn Realität liegt jenseits der abstrakten Konzepte des Verstandes und hat daher keine objektiven Eigenschaften. Dies ist vergleichbar mit einem Mann, der auf einen Abgrund zuläuft und an die Kante gelangt. Läuft er weiter, so springt er ins Leere und stirbt.

Der Gedanke, der nach Realität sucht, kommt an seine eigenen Grenzen und taucht in Realität selbst ein. Er stirbt in dem, was er gesucht hat, und seine Auflösung ist die Offenbarung jener allgegenwärtigen Realität.

Selbst Missverständnisse leuchten mit dem Licht der Wahrheit, dem Licht des Bewusstseins, auch wenn sie es zu verdecken scheinen.

Viele Menschen haben irgendwann in ihrem Leben tiefe spirituelle Erfahrungen, oft schon in jungen Jahren. Mit tiefen spirituellen Erfahrungen sind einfach flüchtige Blicke auf die Wahrheit, auf Realität gemeint, Momente, in denen Bewusstsein seine eigene Einsheit mit Realität erkennt. Dies ist nicht wirklich eine Erfahrung im üblichen Sinne des Wortes, da sie keine objektiven Eigenschaften besitzt.

Diese „nicht-objektive" Erfahrung hat Einfluss auf Körper/Geist und wird oft mit Begriffen wie Loslassen oder Ausdehnen beschrieben. Dieses Loslassen oder Ausdehnen ist der Einfluss, den ein flüchtiger Blick auf die Wahrheit auf Körper/Geist hat. Es ist sozusagen die Verpackung.

Die Essenz der Erfahrung, dieser Moment, wenn Bewusstsein wissentlich um sich weiß, ist allerdings farblos und transparent und man kann sich daher nicht daran erinnern.

Wir erinnern uns aber an den Einfluss dieser nicht-objektiven Erfahrung auf der Ebene von Körper und Geist. Dieser Einfluss wird oft verwechselt mit der nicht-objektiven Erfahrung von Bewusstsein, das um sich weiß, und dann werden diese Zustände von Körper/Geist zum Objekt einer intensiven Suche, die manchmal ein ganzes Leben dauert.

Aber diese Zustände kommen und gehen wie alle Zustände. Sie sind von Natur aus unbeständig, und wenn Bewusstsein nach ihnen sucht, so verdammt es sich selbst zu einem endlosen Kreislauf des Werdens. Und in diesem Kreislauf ist bei dem Bemühen, sich Glück zu sichern, nur eines sicher: der Misserfolg.

Bewusstsein versucht immer und immer wieder, diese Erfahrung zu reproduzieren, von der es annimmt, dass sie irgendwann in der Vergangenheit im Körper oder Geist stattgefunden hat.

Die Erfahrung, nach der es sucht, ist jedoch die Erfahrung seines eigenen Selbst, seiner eigenen allgegenwärtigen Realität, die hinter und in jeder Erfahrung ruht, auch in der Erfahrung, nach sich selbst zu suchen.

Bewusstsein sucht nach einer Erfahrung, die vor Körper und Geist liegt. Nicht ‚vor' im Sinne von Raum und Zeit, sondern ‚vor' im Sinne von ‚vor dem Entstehen von Körper und Geist von Moment zu Moment'.

BEWUSSTSEIN ist wie der Raum, der gegenwärtig ist, bevor ein Haus gebaut wird – allerdings ist es ein um sich selbst wissender Raum.

Wenn das Haus gebaut ist, scheinen die Wände des Hauses den Raum, in dem es gebaut wurde, zu bestimmen, aber wenn das Haus abgerissen wird, erkennen wir, dass der Raum tatsächlich nie verändert wurde, dass er tatsächlich nie durch das Haus begrenzt wurde.

Nichts geschieht je mit dem Raum selbst.

Wir glauben, das Haus zu betreten, aber das tun wir nicht. Wir betreten den Raum, der den Namen und die Gestalt des Hauses zu besitzen scheint.

Der einzige Unterschied ist hier, bei diesem um sich selbst wissenden Raum des BEWUSSTSEINS, dass niemand den Raum betritt oder ihn verlässt. Der Raum ist ein „selbst-bewusster" Raum. Es ist ein Raum, der ‚wissend' ist. Er weiß um sich selbst.

Stellen Sie sich vor, dass der Raum, in dem das Haus gebaut wurde, ebenfalls ein wissender Raum ist. Bevor des Haus gebaut wurde, ist dieser Raum seiner selbst als Raum gewahr. Wenn das Haus gebaut ist, hat er die Option, entweder weiterhin seiner selbst genauso gewahr zu sein, wie er immer ist, oder sich die Gestalt der Wände anzuschauen und deren Begrenzungen seiner eigenen Unbegrenztheit aufzuprägen.

Wird das Haus abgerissen, verschwindet der Raum nicht. Er vereinigt sich nicht mit irgendetwas anderem. Er bleibt genau so, wie er immer war und ist.

Das Haus ist der Körper/Geist. Die Erfahrung, wie ein Gedanke, eine Empfindung, eine Wahrnehmung zu Ende kommt, ist die Erfahrung vom Abriss des Hauses. Der Raum erkennt sich als Raum.

Bewusstsein erkennt sich als Bewusstsein. Dies ist die Erfahrung von Liebe, Humor, Schönheit, Verständnis.

Irgendwann muss das Haus nicht mehr abgerissen werden, damit der Raum weiterhin um sich selbst als Raum weiß.

Er weiß um sich selbst als Raum in Anwesenheit *und* in Abwesenheit des Hauses. Es wird klar, dass das Haus den Raum außen nicht wirklich vom Raum innen trennt. Dass der Raum, der *im Haus enthalten* zu sein scheint, tatsächlich genau der gleiche Raum ist, der das *Haus enthält*.

Genau so erfährt Bewusstsein sich jedes Mal selbst wissentlich, wenn wir Liebe, Humor, Schönheit oder Verständnis erfahren.

Kehrt dann Körper/Geist zurück, so ist er mit dem Nachglühen dieser transparenten Erfahrung gesättigt. Er ist durchdrungen vom Frieden der Präsenz.

Dies ist die gleiche Erfahrung wie das Erwachen aus dem Tiefschlaf. Beim Erwachen erscheint Körper/Geist wieder in der Präsenz, gesättigt mit dem Frieden des Tiefschlafs, der nichts anderes ist als der Friede unserer wahren Natur.

Das Aufdecken der falschen Formulierungen für unsere Erfahrung, der Missverständnisse, befreit Bewusstsein von der erbarmungslosen Suche nach sich selbst im Reich von Körper, Geist und Welt.

Es befreit Bewusstsein von der Suche nach sich selbst als Objekt.

Sobald Bewusstsein sich so befreit, bemerkt es, dass es immer gegenwärtig ist, dass seine eigene Präsenz immer hier ist und leuchtet und dass dies immer schon so war.

Bewusstsein ist im Suchen, nicht im Gesuchten.

Bewusstsein sieht sich selbst in sich selbst leuchten, in der offenen, leeren, selbstleuchtenden Präsenz, es begrüßt sich wieder selbst in dem Raum, den es nie verlassen hat.

Und wenn es nun auf die alten Objekte zurückblickt, die Bewusstsein vor sich selbst zu verstecken schienen, sieht es sie in sich selbst und als es selbst leuchten, nichts von nichts trennend, so, wie die Wände des Hauses den Raum innen vom Raum außen zu trennen schienen, tatsächlich aber nichts von nichts trennten.

Bewusstsein – Friede – ‚Ich'

Das, was in tiefem, traumlosem Schlaf nicht anwesend ist, ist nicht real.
Ramana Maharshi

Nehmen wir die Position des Zeugen ein, so vermittelt dies die Tatsache, dass Bewusstsein von Objekten unabhängig und während ihres Erscheinens gegenwärtig ist.

Bewusstsein ist gegenwärtig und per Definition bewusst. Das ist, was es ist, und das ist unsere Erfahrung in diesem Moment.

Wie könnte das, was diese Worte sieht – was immer es auch sein mag –, diese Worte sehen, wenn es nicht bewusst wäre?

Wenn keine Objekte gegenwärtig sind, wie im Tiefschlaf, ist dieses Bewusstsein, per Definition, immer noch bewusst. Es ist seiner selbst, aber keiner Objekte bewusst. Deswegen wird es als selbstleuchtend und selbstwissend bezeichnet.

Es beleuchtet sich selbst und gleichzeitig weiß es immer um sich selbst.

Tiefschlaf ist die Erfahrung von Bewusstsein, das um sein eigenes leuchtendes Selbst weiß.

Was ist sonst noch in der Erfahrung des Tiefschlafs gegenwärtig?

Friede und ich selbst.

Friede ist keine objektive Erfahrung. Es ist einfach die Gegenwart von BEWUSSTSEIN ohne ein Objekt. Deswegen ist es friedlich!

Auf diese Erfahrung von FRIEDEN freuen wir uns, wenn wir schlafen gehen. Und diese Erfahrung ermöglicht es dem Körper und dem Geist, morgens erfrischt wieder zu erscheinen.

Der Körper/Geist erscheint morgens wieder, gesättigt mit dem FRIEDEN, aus dem er sich erhebt.

Ebenso ist ‚ich selbst' im Tiefschlaf gegenwärtig, mein wahres SELBST, nicht das separate Wesen, das von Zeit zu Zeit als Objekt der Gedanken oder Gefühle auftaucht, sondern das SELBST, das ich immer schon war und immer bin.

Genau genommen ist es nicht ganz korrekt zu sagen, dass es im Tiefschlaf gegenwärtig sei, denn dies impliziert, dass es eine Art von *Objekt* ist, das *im* Tiefschlaf existiert. Zutreffender ist die Aussage, dass ‚ICH', mein SELBST, Tiefschlaf *bin*.

Tiefschlaf ist die gleichzeitige Erfahrung von BEWUSSTSEIN, FRIEDEN und meinem SELBST. Das ist unsere direkte, vertraute und unmittelbare Erfahrung.

Es gibt im Tiefschlaf keine Objekte und somit keine Grenzen, also sind BEWUSSTSEIN, FRIEDE und mein SELBST identisch.

Wenn nach dem Tiefschlaf das erste Objekt erscheint, meistens ein Traum, erscheint es nicht als ein Objekt, das in diese Präsenz von

‚Bewusstsein-Friede-Ich' hineinkommt. Wo sollte es herkommen? Aus was würde es bestehen?

Nein! Es ist das ‚Bewusstsein-Friede-Ich', das die Gestalt des Traums annimmt und später die Gestalt des Wachzustands.

Also verschwindet ‚Bewusstsein-Friede-Ich' nie. Es nimmt einfach die Gestalt jeder momentanen Erfahrung an, und wenn es keine objektive Erfahrung gibt, bleibt es einfach so, wie es immer ist.

Deswegen sagt man manchmal vom Meditieren, es sei so, als würde man schlafen und gleichzeitig wach bleiben.

Es bedeutet einfach, dass wir wissentlich in der Gegenwart von Objekten – also im Wachzustand – dieses ‚Bewusstsein-Friede-Ich' bleiben, dass wir das bleiben, was Tiefschlaf *ist*. Es bedeutet nicht, dass wir so tun sollten, als wären wir träge oder gefühllos.

Jede Erfahrung der Traum- und der Wachwelten ist nur dieses ‚Bewusstsein-Friede-Ich', das die Gestalt des Denkens, Vorstellens, Empfindens und Wahrnehmens annimmt.

Daher sagte Ramana Maharshi, dass nur das, was im tiefen, traumlosen Schlaf existiere, real sei.

Es ist *das*, was die Gestalt jeder Erfahrung annimmt, und *das*, was die Substanz, die Realität jeder Erfahrung ist.

Es gibt nur das und per Definition *ist* ‚Ich', Bewusstsein, das.

Worte sind nur die Verpackung

Warum scheint es so viele Widersprüche in der Darlegung der gleichen Lehre, des gleichen Verständnisses zu geben?

Einige Lehren sprechen die absolute Wahrheit immer und immer wieder auf unterschiedliche Arten aus, während andere scheinbar das separate Wesen bestätigen, indem sie Ideen vorbringen, in denen eine vermeintliche Person vorkommt.

Eine Lehre könnte zum Beispiel besagen: „Du hast keine Freiheit", eine andere hingegen: „Du hast alle Freiheit."

Richtet sich die erste Aussage an eine vermeintliche Person, ein scheinbar separates Wesen, dann ist sie wahr. Richtet sie sich an die PRÄSENZ, die wir sind, das BEWUSSTSEIN, das diese Worte sieht und versteht, so ist sie falsch.

Wenn die zweite Aussage sich umgekehrt an die PRÄSENZ richtet, so ist sie wahr. Richtet sie sich an eine ‚Person', so ist sie falsch.

Daher sind die Worte relativ, bezogen auf den Kontext. Dies heißt aber nicht, dass ihre Bedeutung relativ wäre. Beide Antworten bringen das gleiche VERSTÄNDNIS zum Ausdruck.

Das VERSTÄNDNIS, aus dem die Antwort entspringt, ist wichtig, und nicht so sehr der Inhalt der Worte selbst. Dieses VERSTÄNDNIS ist nichts Gewusstes. Es ist STILLE.

Eine STILLE, die kein leeres Objekt ist. Es ist nicht die Abwesenheit von Geräuschen – dies wäre tatsächlich gar keine STILLE. Vielmehr ist diese STILLE der Hintergrund der PRÄSENZ, die die Grundlage und Substanz aller Erscheinungen ist, inklusive der Erscheinung der Abwesenheit von Geräuschen.

Sie ist ein lebendiges, offenes Nichtwissen, das frei ist, in jedem Moment jede Gestalt oder Position einzunehmen, abhängig vom jeweiligen Moment.

Die Worte der Lehre sind die Gestalt, die diese STILLE annimmt, und diese STILLE selbst wird in der Antwort übermittelt.

Die Worte sind die Verpackung. Ist erst einmal die Botschaft, diese nichtwissende Offenheit, übermittelt oder offenbart, so kann die Verpackung entsorgt werden. Die Worte können vergessen werden.

So bleibt die Lehre frei von festen Formulierungen, von Dogmen und von Fundamentalismus. Sie bleibt fließend, spielerisch, genussvoll, unvorhersagbar und ungreifbar. Sie belässt uns stets im offenen Nichtwissen.

Dieses offene Nichtwissen ist, was wir sind. Es ist nichts, was wir *wissen*.

Entspringt eine Frage einem fest verwurzelten Glauben an die REALITÄT des separaten Individuums – und solch ein Glaube hat seine Wurzeln oft in einem tiefen Gefühl –, so könnte *eine* Antwort die Prämisse dieser Frage einfach zerschmettern und direkt zum Kern der Sache vordringen, zu der Vorstellung und dem Gefühl von Trennung. Eine andere Antwort wiederum könnte die vermeintliche Person sozusagen bei der Hand nehmen und sie durch den Prozess hindurchführen.

Es wäre sehr vereinfacht, zu denken, dass die erste Antwort automatisch eine Formulierung des ‚direkten Weges' sei und die höchste Wahrheit zum Ausdruck bringe, während die zweite eine Formulierung des ‚schrittweise zurückgelegten Weges' sei und ein geringeres Verständnis darstelle.

Der scheinbare Widerspruch zwischen diesen beiden Positionen ist vielleicht gar kein Widerspruch. Beide könnten der gleichen Quelle entspringen und daher die gleiche Antwort sein.

Keine Formulierung zur REALITÄT einer Erfahrung ist vollständig wahr. Wenn wir dies anerkennen, befreien wir die Worte von der unmöglichen Bürde, zu versuchen, die wahre Natur von Erfahrung zum Ausdruck zu bringen. So behalten Worte die Freiheit, auf spielerische und kreative Arten, die REALITÄT hervorrufen, ausgesprochen und gehört zu werden, ohne zu versuchen, REALITÄT festzulegen oder festzuhalten.

Eine Frage entstammt per Definition dem Nichtwissen. Die Antwort entstammt dem gleichen Ort.

Der einzige Unterschied zwischen den beiden ist, dass wir das Nichtwissen, aus dem die Frage stammt, durch das Suchen und die Erwartungen mit einer Schicht der Objektivität und der Begrenztheit überlagern. Die Antwort befreit einfach das Nichtwissen, dem die Frage entstammt, von den ihm auferlegten Begrenzungen.

So wird das verschleierte Nichtwissen zu offenem Nichtwissen, das still, leer, frei, leuchtend, transparent und grenzenlos ist, bereit, jeden Moment die Gestalt von … genau dem hier … anzunehmen.

Der Handelnde

Wie kann das Selbst erkannt werden?

Sind Sie im Moment nicht gegenwärtig? Waren Sie nicht immer gegenwärtig? Haben Sie je die Abwesenheit von BEWUSSTSEIN erfahren, das Aufhören Ihrer EXISTENZ?

Sie, BEWUSSTSEIN, sind der Erfahrung vorgeordnet. Sie, BEWUSSTSEIN, sind nicht das Resultat einer Erfahrung. Jegliche Erfahrung ist ein Resultat von *Ihnen*. Nicht *Sie* sind das Resultat eines Prozesses.

Daher können Ihr SEIN, Ihre REALITÄT und der FRIEDE und das GLÜCK, die ihr innewohnen, nicht das Resultat einer Praktik sein. Eine sogenannte Praktik, die auf GLÜCK abzielt, kann man nicht spirituell nennen. Sie ist weltlich. Sie ist zielgerichtet. Sie ist eine Fortsetzung der Strategien des Vertröstens und Vermeidens, die das konventionelle Leben in der Welt charakterisieren.

Dennoch haben solche Praktiken ihren Platz im Offenbaren von GLÜCK. Und sie sind ironischerweise gerade deswegen effektiv, weil sie nicht funktionieren. Ihre Effizienz liegt in ihrer Ineffizienz.

Früher oder später versagen diese weltlichen Praktiken, dieses Feilschen mit Gott. Unsere üblichen Strategien des Verleugnens halten eine Zeit lang vor, aber wenn alle Kompensierungen ausgeschöpft sind und wir keinen Ort mehr wissen, wohin wir gehen können, wird eine Krise der Verzweiflung und Sehnsucht ausgelöst.

Das Entwirren des verwickelten Knotens des Suchens ist das Ende der konventionellen spirituellen Suche. Es ist das tiefe Verständnis, dass man als Individuum nichts tun kann, dass das Individuum selbst eine Form des Handelns *ist*.

Aber auch diesen letzten Atemzug des konventionellen Suchens kann sich das separate Selbstgefühl zu eigen machen, um zu versuchen, weiterhin seine eigene REALITÄT zu meiden. Mit seinem Mantra ‚Man kann nichts tun' bleibt es im Elfenbeinturm der eigenen Isolierung eingesperrt.

Irgendwann jedoch erschöpft sich die Suche nach GLÜCK und das Nichtwissen, das sich in Abwesenheit der Suche zeigt, erweist sich als eine Einladung aus einer anderen, unbekannten Richtung.

Meist erscheint diese Einladung in Form eines Lehrers. Der wahre Lehrer ist tatsächlich genau dieses PURE WISSEN und die Krise der Verzweiflung und Sehnsucht, die vielleicht eines Nachmittags durchbricht oder jahrelang als Gefühl von Dumpfheit und Unvollständigkeit die Suche begleitet, ist in Wirklichkeit nur dieses PURE WISSEN, das in den Bereich unserer alltäglichen Erfahrung durchbricht.

Ein Mensch als Lehrer ist für die meisten von uns die erste Form dieses PUREN WISSENS und durch unsere Verbindung zu ihm oder ihr – wie auch immer diese Verbindung aussieht –, kehren wir zurück zum PUREN WISSEN, das unser SELBST ist.

In mancher Hinsicht beendet diese Begegnung ein Kapitel unseres Lebens. In anderer Hinsicht öffnet sie ein neues. Das, was wir früher als ‚Praktik' oder ‚Handeln' angesehen haben, steht nicht mehr zur Wahl. Es ist nicht mehr möglich. Und gleichzeitig wird das Darbieten von Körper, Geist und Welt an die PRÄSENZ unvermeidbar.

Von außen mag das wie eine Praktik erscheinen, wie etwas, was ein Individuum tut, um ein gewünschtes Ziel zu erreichen, und nach außen unterscheidet es sich nicht sonderlich von konventionellen Formen der spirituellen Suche. Aber es ist nichts dergleichen. Es liegen Welten dazwischen.

Es ist noch nicht einmal ein Darbieten von Körper, Geist und Welt. Es ist das Rückfordern von Körper, Geist und Welt, ihr Wiederaufnehmen in das, von dem sie nie auch nur für einen Moment getrennt waren.

Das sollte man eigentlich nicht als Praktik bezeichnen. Man sollte es Liebe nennen. Tatsächlich *ist* es Liebe.

Viele Lehren sagen uns, dass man nichts tun könne, um Erleuchtung zu erlangen.

Es wäre unaufrichtig, einfach nur – weil wir es so oft gehört oder gelesen haben – zu *glauben*, dass es nichts zu tun gebe, dass es nur BEWUSSTSEIN gebe, dass es kein separates Wesen gebe.

Solch ein Glauben macht es für uns nur schlimmer, als es zuvor war. Wir glauben nicht nur immer noch an die ursprüngliche Vorstellung der Trennung und die damit verbundenen Gefühle, sondern wir übertünchen dies mit einer Schicht von ‚Non-Dualismus', in dem die Vorstellung, dass der Verstand nur Unwissenheit am Leben erhält, tief eingebettet ist.

Wenn wir die Aussage machen, dass wir nichts tun können, um Erleuchtung zu erlangen, so sagen wir dies entweder aus Verständnis, aus eigener Erfahrung oder auf der Grundlage von Hörensagen, dem wir glauben.

Wird die Aussage aus Verständnis heraus gemacht, so ist sie wahr.

Wenn es jedoch nicht unsere Erfahrung ist, dass nichts getan werden kann, um Erleuchtung zu erlangen, dann impliziert dies per Definition, dass es immer noch ein vermeintliches persönliches Wesen gebe. Dieses persönliche Wesen ist der scheinbar Handelnde, Fühlende, Denkende, Genießende, Leidende, etc.

Wenn wir also von uns denken, dass wir solch ein Handelnder seien, dann wäre es unaufrichtig zu sagen, dass es nichts zu tun gibt. Es wäre ein Widerspruch in sich. Wir tun bereits etwas. Hier wäre es angemessener, diesem scheinbar Existierenden zu sagen: „Ja, man kann etwas tun."

Was kann man tun? Die Vorstellung und das Gefühl untersuchen, ob wir wirklich ein getrenntes Wesen, ein individueller Handelnder sind. Wenn das Thema geklärt ist, dann wird sich die Frage, ob etwas getan werden kann, nicht mehr stellen.

Die Formulierung „Man kann nichts tun" und die Formulierung „Man kann etwas tun" können beide jeweils wahr oder unwahr sein, abhängig vom Verständnis, aus dem sie hergeleitet werden. Letztlich sind beide irrelevant, aber anfänglich können beide helfen.

Denken wir, dass eine von den beiden wahrer sei als die andere, dann verfangen wir uns auf der Ebene des Verstandes. Wir entlasten oder untermauern den Verstand entweder durch Leugnen oder durch Bestätigen und es gibt nicht wirklich eine Wahl zwischen den beiden Positionen. Tatsächlich sind sie die gleiche Position.

Erforschen wir jedoch die relative Wahrheit *beider* Aussagen, so befreien wir uns von den Dogmen, die der jeweiligen Position anhaften, und in diesem Falle wird das Ganze durch VERSTÄNDNIS transzendiert statt durch Wissen (auf)gelöst.

Bewusstsein ist Ursprung, Substanz und Bestimmung

Hat das Leben einen Sinn oder Zweck?

Sinn und Zweck existieren nur im Verstand.

Im Tiefschlaf ist der Verstand zum Beispiel nicht gegenwärtig und dort existieren weder Sinn noch Zweck.

Wenn eine Frage zur Natur von Erfahrung beantwortet wird, so ist das, wohinein der Geist dann verebbt, sein Sinn. Dies ist die Erfahrung von VERSTÄNDNIS.

Wenn ein Verlangen erfüllt wird, so ist das, wohinein der Körper dann verebbt, sein Zweck. Dies ist die Erfahrung von GLÜCK oder LIEBE.

Die Erfahrung von VERSTÄNDNIS und GLÜCK ist transparent, leuchtend und um sich selbst wissend.

Transparent in dem Sinne, dass dies eine nicht-objektive Erfahrung ist.

Leuchtend in dem Sinne, dass sie präsent, lebendig und erfahren ist.

Um sich selbst wissend in dem Sinne, dass um sie gewusst wird, nicht von jemandem im Außen, sondern von ihr selbst. Sie ist das Wissen um sich selbst.

Diese Erfahrung von VERSTÄNDNIS und GLÜCK ist die Erfahrung von BEWUSSTSEIN, das wissentlich um sich weiß.

Das, wohin Geist und Körper sich auflösen, ist BEWUSSTSEIN und BEWUSSTSEIN ist gegenwärtig, nicht nur, wenn Geist und Körper sich auflösen, sondern *vor* und *während* ihrem Erscheinen.

Daher ist der wahre Sinn und Zweck des Lebens BEWUSSTSEIN selbst; und BEWUSSTSEIN ist auch sein *Ursprung* und seine *Substanz.*

Es ist der Ursprung und die Substanz aller Erscheinungen und auch ihre Bestimmung.

BEWUSSTSEIN ist aber auch das, in das alle Erscheinungen sich auflösen, und in diesem Sinne ist BEWUSSTSEIN auch deren natürliche Erfüllung.

Allerdings nicht Erfüllung oder Bestimmung in dem Sinne, dass sie etwas erreichen, zu etwas werden oder etwas vervollständigen. Denn das, in was alle Erscheinungen sich auflösen, ist bereits vor und während der Existenz jeder Erscheinung gegenwärtig.

Tatsächlich ist es bereits genau die Substanz jeder Erfahrung.

Jede Erscheinung ist bereits in ihrem Ursprung das, für was sie bestimmt ist.

Der Sinn und Zweck von Erscheinungen liegt in ihrer Abwesenheit.

Der Sinn und Zweck des Lebens ist bereits Leben selbst.

Das außergewöhnlichste Ereignis hat bereits stattgefunden. Es ist bereits gegenwärtig. Es gibt BEWUSSTSEIN und es gibt SEIN.

Das kleinste Staubkorn offenbart letztlich nur die Gegenwart und die Identität von BEWUSSTSEIN und SEIN. Was könnte ein größeres Wunder sein als dieses? Das außergewöhnlichste Wunder könnte nichts Wichtigeres offenbaren als dies.

Es gibt nur BEWUSSTSEIN, SEIN.

Dies ist bekannt als ‚ICH' und auch als GLÜCK, LIEBE, FRIEDE, SCHÖNHEIT und VERSTÄNDNIS.

Was könnte es mehr an Sinn und Zweck geben?

Glück – ein anderer Name für Bewusstsein

Welchen Wert und welche Funktion hat spirituelle Suche?

Der Zweck der Suche ist auf der Ebene des Körpers das Hervorbringen von GLÜCK und auf der Ebene des Verstandes das Hervorbringen von VERSTÄNDNIS.

Daher wohnen dem Suchen das Gefühl und die Vorstellung inne, dass GLÜCK und VERSTÄNDNIS noch nicht gegenwärtig seien und dass sie durch das Suchen hervorgebracht werden könnten.

Anders gesagt, GLÜCK und VERSTÄNDNIS werden als periodische Zustände aufgefasst, die irgendwann in der Zukunft mittels einer Aktivität erreicht werden können, aber somit auch wieder verloren gehen können.

Wenn ein Verlangen erfüllt wird, so wird GLÜCK erfahren. Wenn eine Frage beantwortet wird, zeigt sich VERSTÄNDNIS.

Wir gehen davon aus, dass dieses GLÜCK durch das Erfüllen des Verlangens erzeugt wurde und das VERSTÄNDNIS durch das Beantworten der Frage.

Es ist jedoch das *Ende* des Verlangens, nicht sein Erfüllen, das das zugrunde liegende, allgegenwärtige GLÜCK offenbart. Und es ist das Aufheben der Frage und nicht ihre Beantwortung, wodurch das VERSTÄNDNIS offenbar wird, das hinter den Aktivitäten des Geistes liegt.

Meistens sind Verlangen auf der Körperebene und Suchen auf der Ebene des Geistes eine Form der Aufregung und Unruhe. Sie repräsentieren ein Gefühl von Mangel, ein Gefühl, dass irgendetwas nicht stimmt, dass etwas sichergestellt oder erkannt werden muss.

Diese Aufregung und Unruhe ist eine Aktivität im BEWUSSTSEIN und ein Ausdruck von BEWUSSTSEIN. Alles, buchstäblich alles, findet im BEWUSSTSEIN statt und ist Ausdruck von BEWUSSTSEIN.

Diese Aufregung könnte beschrieben werden als die Aktivität, mittels derer BEWUSSTSEIN sich selbst so einfärbt, dass es sich vor sich selbst zu verbergen scheint.

Daraus resultieren der Gedanke und das Gefühl, dass etwas fehlt. So, als würde BEWUSSTSEIN sich sagen: ‚Ich bin nicht hier. Ich erfahre mich nicht. Ich weiß nicht um mich.‘

Dieser Gedanke erscheint allerdings *im* BEWUSSTSEIN und ist selbst ein *Ausdruck* von BEWUSSTSEIN.

Dieses ‚Etwas‘, von dem angenommen wird, es würde fehlen, ist BEWUSSTSEIN selbst.

Das ‚ICH‘, das das Gefühl erfährt: ‚Ich erfahre mich nicht‘, und das ‚ICH‘, das den Gedanken denkt: ‚Ich weiß nicht um mich‘, ist *bereits* das Eine, das scheinbar nicht erfahren wird, um das scheinbar nicht gewusst wird.

Obwohl BEWUSSTSEIN tatsächlich immer nur sich selbst erfährt, verschleiert es sich vor sich selbst und hat daher das Gefühl, nicht gegenwärtig zu sein.

Aber Bewusstsein erfährt immer noch nur sich selbst, selbst beim Erscheinen des Gefühls, dass etwas fehle.

Auch dieses Gefühl ist immer noch die Erfahrung von Bewusstsein, das um sich selbst weiß.

Bewusstsein weiß dies jedoch nicht, sozusagen. Es verkleidet sich. Es verschleiert sich und beginnt somit die Suche nach sich selbst.

Bewusstsein vergisst, dass es sich immer selbst erfährt, und projiziert einen Zustand namens Glück, der als Ergebnis einer Aktivität im Körper entsteht, und einen Zustand namens Verständnis, der als Ergebnis einer Aktivität im Geist entsteht.

Glück und Verständnis werden als etwas angesehen, was sich vom Bewusstsein unterscheidet und was objektive Eigenschaften besitzt, was nicht immer gegenwärtig ist, was gesucht und gefunden werden kann.

Allerdings: Das Glück und das Verständnis, die gewünscht und gesucht werden, sind selbst nur Erfahrungen von Bewusstsein, das wissentlich um sich selbst weiß. Das *ist* Glück und Verständnis.

Die Aufregung und Unruhe namens ‚Suchen' *verschleiert* das innewohnende Glück und Verständnis. Sie erzeugt sie nicht.

Wenn Bewusstsein sich verschleiert oder vergisst, so begreift es sich selbst als eine Erfahrung von Glück im Körper und/oder eine

Erfahrung von VERSTÄNDNIS im Geist. Und macht sich dann auf die Suche nach den beiden.

Aber GLÜCK ist keine Erfahrung im Körper und VERSTÄNDNIS keine Erfahrung im Geist.

GLÜCK ist ein anderer Name für BEWUSSTSEIN. Es ist der spezielle Name, den BEWUSSTSEIN sich selbst gibt, wenn es sich am Ende eines Verlangens erfährt.

Ebenso ist VERSTÄNDNIS ein anderer Name für BEWUSSTSEIN. Es ist der spezielle Name, den BEWUSSTSEIN sich selbst gibt, wenn es sich am Ende eines Gedankens erfährt.

Sowohl GLÜCK als auch VERSTÄNDNIS sind bereits gegenwärtig, als BEWUSSTSEIN selbst, *vor* dem Suchen anstatt als Ergebnis der Suche.

Suche nach sich selbst ist einfach der Name und die Gestalt, die BEWUSSTSEIN annimmt, wenn es das Suchen nach sich beginnt.

Und GLÜCK und VERSTÄNDNIS sind die Erfahrung von BEWUSSTSEIN, das sich am Ende der Suche selbst erkennt.

BEWUSSTSEIN geht nie irgendwo hin oder wird zu etwas anderem als es selbst, auch während des scheinbaren Prozesses des Vergessens, Suchens und Findens.

PRÄSENZ wird nie verloren und nie gefunden. Sie ist allgegenwärtig.

Die Aktivitäten des Vergessens, Suchens und Findens sind allesamt Modi seines SEINS, in dem es in sich verändernden Namen und Formen immer nur sich selbst erlebt.

Wir verleihen einem Objekt die Fähigkeit, GLÜCK oder inneren FRIEDEN hervorzubringen, und dann jagen wir ihm nach. Wird das ersehnte Objekt erworben oder erreicht, empfinden wir für kurze Zeit GLÜCK und nehmen fälschlicherweise an, dass das Objekt dies verursacht habe.

Aber der Erwerb des Objekts führte zum *Ende* des Verlangens, nicht zur *Erfüllung* des Verlangens. Das wahre Verlangen richtete sich auf GLÜCK, nicht auf das Objekt. Das Objekt führt zum Ende des Verlangens, nicht zu GLÜCK.

Das Ende des Verlangens ist jedoch das Ende der Aufregung und Unruhe des Geistes. Diese Aufregung ist nichts anderes als BEWUSSTSEIN, das denkt und fühlt, dass GLÜCK und VERSTÄNDNIS – die ihm innewohnen – nicht gegenwärtig seien, und das sie daher ‚woanders' sucht.

Das Abklingen dieser Aufregung ist das Ende der Suche.

BEWUSSTSEIN projiziert nicht mehr den Gedanken und das Gefühl: ‚Ich bin nicht da und muss mich daher woanders finden.' Es nimmt diese Projektion zurück und erfährt sich daraufhin so, wie es ist, schmeckt sich selbst, wirft einen Blick auf sich selbst.

Mit der Rücknahme dieser Projektion wird unsere Sehnsucht an ihre Quelle zurückgeführt.

GLÜCK und innerer FRIEDE sind in der Sehnsucht bereits vorhanden, werden aber durch die Suche nach einem Objekt verschleiert.

Sobald unsere Sehnsucht von ihrer Ausrichtung auf Objekte befreit ist, zeigt sie sich selbst als Glück und innerer Friede.

Bewusstsein ist natürlich immer nur es selbst. Es verlässt sich nie. Wohin sollte es auch gehen? Es hat sich nur mit dem Verlangen, mit dem Gedanken und dem Gefühl verschleiert: ‚Ich brauche etwas anderes, um glücklich zu sein.'

Glück ist keine Erfahrung, die das Bewusstsein *besitzt*. Es ist das, was Bewusstsein *ist*. Daher sagt man, dass Freude keine Ursache habe.

Bewusstsein erfährt sich selbst jedes Mal als dieses Glück oder diesen inneren Frieden, wenn es damit aufhört, vor sich selbst mittels Verlangen (oder Angst) zu fliehen. Daher ist das Verlangen nach Glück universell. Es ist dem Bewusstsein innewohnend, das jeder von uns *ist*.

Glück ist der Geschmack von Bewusstsein, das wissentlich um sich weiß.

Sehen wir erst einmal klar, dass das *Ende* des Verlangens (und nicht seine Erfüllung) das innewohnende Glück offenbart, so *suchen* wir nicht mehr nach einem Objekt, das uns glücklich machen soll. Vielleicht verlangt es uns nach einem Objekt, mit dem wir Glück *zum Ausdruck bringen* können, aber dieses Glück ist nicht von dem Objekt abhängig.

Glück kann keine Ursache haben. Nur Unglücklichsein kann eine Ursache haben. Tatsächlich hat Unglücklichsein stets eine Ursache und diese Ursache ist immer ein Objekt. Selbst der Begriff ‚Unglücklichsein' trägt in sich das Wissen, dass Unglücklichsein irgendwie ein Verschleiern von Glück ist, dass Glück darin enthalten ist. Aber Glück beschreiben wir nie als Abwesenheit von Elend, als ‚Unelend' [engl.: ‚*unmisery*'].

Glück ist nicht das Gegenteil von Unglücklichsein. Es ist hinter und in allen glücklichen und unglücklichen Zuständen von Geist und Körper gegenwärtig.

Glück ist nicht relativ. Es kommt nicht, es geht nicht, genauso wenig wie der Himmel kommt und geht. Die Tatsache, dass Glück zu erscheinen und zu verschwinden scheint, ist offensichtlich auf der relativen Ebene wahr. Genauso, wie der Himmel zu erscheinen und zu verschwinden scheint. Aber deswegen ist sie nicht auch absolut wahr.

Glück ist, wie auch Schönheit und Liebe, absolut, nicht relativ. Sie alle sind dem Bewusstsein innewohnend und daher verändern sie sich nicht und verschwinden auch nicht. Sie sind die Erfahrung von Bewusstsein, das wissentlich um sich weiß.

Wenn sich der Geist am Ende eines Gedankens auflöst, erkennt Bewusstsein sich selbst und dieses Erkennen nennt man Verständnis.

Wenn sich der Körper am Ende einer körperlichen Empfindung auflöst, erkennt Bewusstsein sich selbst und dieses Erkennen nennt man Glück oder Liebe.

Wenn sich die Welt am Ende einer Wahrnehmung auflöst, erkennt BEWUSSTSEIN sich selbst und dieses Erkennen nennt man SCHÖNHEIT.

Die Worte VERSTÄNDNIS, GLÜCK, LIEBE und SCHÖNHEIT sind lauter Synonyme für BEWUSSTSEIN, für ‚ICH'. Sie beziehen sich nicht auf Objekte.

Innerer FRIEDE ist jenseits des Verstandes, FREUDE hat keine Ursache, SCHÖNHEIT hat keine Form, LIEBE ist bedingungslos und VERSTÄNDNIS kennt keine Objekte.

Es gibt inneren FRIEDEN, FREUDE, SCHÖNHEIT, LIEBE und VERSTÄNDNIS und sie alle sind Erfahrungen des transparenten, leuchtenden, leeren, PUREN WISSENS der PRÄSENZ.

Sie alle sind eins und dieses Eine hat oder kennt kein Gegenstück. Sie sind bedingungslos.

Alle unglücklichen Zustände sind nur dieses BEWUSSTSEIN, das sich selbst vergisst.

Sie sind einfach nur Namen, die wir dem BEWUSSTSEIN geben, wenn es vergisst, sich zu erkennen. Oder eher noch Namen für die vom BEWUSSTSEIN gehegte Vorstellung und das Gefühl, nicht bereits direkt um sich zu wissen.

Als Zustände sind sie imaginär, als BEWUSSTSEIN sind sie real.

Alles entspringt letztlich dieser bedingungslosen LIEBE.

Offenheit, Sensibilität, Verletzlichkeit und Erreichbarkeit

Wenn ich ehrlich bin, so möchte ich mein Leiden loswerden.

Leiden hat seine Ursache letztlich in der Unwissenheit um unsere wahre Natur, das heißt, im *Ignorieren* unserer wahren Natur, im Ignorieren von BEWUSSTSEIN. (Wir meinen hier psychisches Leiden, nicht körperlichen Schmerz.)

Das, was unreal ist, halten wir für real und das, was real ist, für unreal.

Jegliche objektive Erfahrung – das heißt Geist, Körper und Welt – besteht aus Denken und Vorstellen, Spüren, Sehen, Hören, Berühren, Schmecken und Riechen.

Was geschieht mit unserer gesamten objektiven Erfahrung, einschließlich unseres Leidens, wenn all dies weggenommen wird? Sie verschwindet.

Wo ist im Tiefschlaf das Leiden? Es ist nicht existent.

Und wenn wir zu einem beliebigen Zeitpunkt tief in unsere Erfahrung eintauchen, so stellen wir fest, dass Leiden auch dort nicht existent ist. Tatsächlich haben Tiefschlaf und der gegenwärtige Moment viel gemeinsam, während Vergangenheit und Zukunft viel mit dem Traumzustand gemeinsam haben.

Leiden benötigt per Definition die Gegenwart eines separaten Wesens, um existieren zu können. Dieses separate Wesen ist selbst nicht existent, es ist imaginär. Was können wir daher über das Leiden dieses separaten Wesens sagen? Es ist nicht realer als das Wesen, um das es sich dreht, wenn es auch eine machtvolle Illusion ist.

Gehen wir tief in die Erfahrung des Leidens hinein, während sie gerade stattfindet, so stellen wir fest, dass das Wesen, um das es sich bei dem Leiden dreht, nicht gegenwärtig ist. Es ist als Gedanke oder Empfindung gegenwärtig, aber das Wesen selbst ist nicht gegenwärtig.

Kehren wir zurück zur objektiven Erfahrung. Woraus bestehen Denken, Vorstellen, Spüren, Sehen, Hören, Berühren, Schmecken und Riechen? Sie bestehen aus dem, um das gewusst oder das erfahren wird.

Und was würde geschehen, wenn ihnen Wissen oder Erfahren entzogen würden? Sie würden verschwinden.

Wissen oder Erfahren ist der Bestandteil, der ihnen allen gemein ist und ohne den keines von ihnen existieren würde.

Denken, Vorstellen, Spüren, Sehen, Hören, Berühren, Schmecken und Riechen sind die spezielle Gestalt, die Wissen oder Erfahren annimmt.

Und woraus besteht Wissen oder Erfahren?

Aus dem, was bewusst ist, was weiß und erfährt. Das heißt, sie bestehen aus Bewusstsein und dieses Bewusstsein ist unser vertrautestes Selbst.

Was geschieht, wenn wir versuchen, Bewusstsein zu entfernen? Das schaffen wir nicht. Wir können in unserer Erfahrung nicht weiter zurückgehen als bis zu Bewusstsein.

Wenn wir dieser Argumentation gefolgt sind, nicht nur intellektuell, sondern in unserer tatsächlichen Erfahrung, haben wir damit – ob wir dies erkennen oder nicht – auch bestätigt, dass die wahre Substanz jeder objektiven Erfahrung Bewusstsein selbst ist.

Wir haben bestätigt, dass das Gewusste aus ‚wissen' besteht und ‚wissen' aus Bewusstsein.

Sie, Ich, Wir, Bewusstsein ist die Realität aller Dinge. Das ist unsere aktuelle Erfahrung von Moment zu Moment. Es ist unsere gelebte, vertraute, direkte Erfahrung und nicht nur eine intellektuelle Idee.

Das, was in jeder Erfahrung real zu sein *scheint*, ist ein Kräuseln im Ozean unseres Selbst. Es besteht aus ‚Geist-Stoff', aus Denken, Spüren und Wahrnehmen, und es verschwindet ebenso, wie der Geist-Stoff verschwindet, aus dem ein Traum gemacht ist.

Die *Substanz* dieses Geist-Stoffs ist allerdings unser Selbst, Bewusstsein. Aus dem Blickwinkel der objektiven Erfahrung scheint Bewusstsein unreal und nicht existent, stellt sich aber tatsächlich als die höchste Essenz, die Realität dieser Erfahrung heraus.

Das einzige Problem ist, dass wir das, was unreal ist, für real halten und das, was real ist, für unreal.

Und selbst das ist kein Problem, denn genau diese Erscheinung, das scheinbare Problem, ist selbst aus der allgegenwärtigen, unveränderlichen REALITÄT unseres SELBST gemacht, aus BEWUSSTSEIN.

Theoretisch verstehe ich das ja, aber …

Theoretisches Verstehen ist nur in Bezug auf ein Objekt möglich. Wenn wir an ein Objekt denken, so formt der Verstand, als Teil des Geistes, ein Bild oder Konzept des Objekts, kommt aber nie mit dem Objekt selbst in Kontakt.

Der Verstand bildet in den Begriffen seines eigenen Codes – das sind Bilder und Konzepte – eine Repräsentation des scheinbaren Objekts.

Der Gedanke an BEWUSSTSEIN ist jedoch anders. Der Verstand kann das, was keine objektiven Eigenschaften hat, nicht repräsentieren; richtet er sich also auf BEWUSSTSEIN, so kollabiert er. Dort kann er nicht hingehen.

Wie könnte ein dreidimensionales Objekt eine zweidimensionale Ebene betreten? Wie könnte eine zweidimensionale Ebene einen Punkt betreten? Und wie könnte das eindimensionale Objekt des Verstandes den nulldimensionalen Raum des BEWUSSTSEINS betreten?

Dieser Kollaps des Verstandes, wenn er versucht, Bewusstsein zu ‚sehen' oder zu ‚verstehen', offenbart das allgegenwärtige Bewusstsein, das genau durch die Aktivität des Suchens verschleiert war.

Das mindert nicht den Wert des Suchens. Im Gegenteil, es bestätigt ihn.

Der Wert des Suchens, wenn es bis zu seinem Ursprung zurückführt, liegt darin, dass es sich an die eigenen Grenzen führt und dann dort auflöst. Das, in das es sich auflöst, ist das, was es suchte.

Denken kann das Denken nicht loswerden, aber es kann bis zur Grenze des Denkens führen. Suchen kann das Suchen nicht loswerden, aber es kann bis ans Ende des Suchens gehen.

Wenn Suchen nicht verboten oder entmutigt wird, wenn ihm erlaubt wird, den ganzen Weg zu gehen, so kommt es an seine natürliche Grenze. Es ist Bewusstsein, das den suchenden Gedanken auflöst, so, wie Wasser einen Zuckerwürfel auflöst.

Dem Suchen sollte erlaubt werden, seinen Weg zu gehen, denn im *Auflösen* des Denkens, nicht im *Entmutigen* des Denkens, offenbart sich Bewusstsein, schmeckt Bewusstsein sich selbst.

Suchen findet nie das, was es sucht. Es löst sich darin auf.

Aus dem Blickwinkel des Verstandes ist es das Ende des Suchens und nicht seine Erfüllung, was die Offenbarung von Präsenz hervorbringt.

Aus dem Blickwinkel der Realität ist es die Erfahrung von Bewusstsein, das sich erkennt, was das Ende des Suchens hervorbringt.

Das sollte aber nicht als Einladung verstanden werden, mit der Suche aufzuhören. Es kann im Gegenteil als Hinweis verstanden werden, dass Suchen seinen Weg gehen sollte, seine eigenen Grenzen vollständig erforschen sollte.

Nur dann wird der Geist ganz natürlich im VERSTÄNDNIS enden. Dieses VERSTÄNDNIS ist selbst die Erfahrung von BEWUSSTSEIN, das wissentlich um sich weiß.

Dies ist eine ganz andere Situation, als wenn der Geist entmutigt wird, weil sein Wert geleugnet wird, oder als wenn sein natürliches Hinterfragen durch Anstrengung diszipliniert wird. Ein solcher Geist gelangt nie an sein Ende. Er ist nicht friedlich, er ist unterdrückt.

Ein solcher Geist erschafft einfach eine Vorstellung, einen Glauben, und erhält sich damit aufrecht. Er ruht sich auf dieser Vorstellung aus, schläft ein, betäubt sich, täuscht sich selbst vor, dass das Denken zu einem Ende gekommen wäre. Das ist kein VERSTÄNDNIS. Das ist Trägheit.

Der Prozess des Erforschens der Natur der Erfahrung ist der Prozess, durch den der Geist wirklich an seine Grenzen gebracht wird.

Der Geist *findet* kein VERSTÄNDNIS. Er *stirbt* in ihm.

Aber wie wird dieses nicht-objektive Verständnis auf unser sehr reales objektives Leben angewandt?

Wir versuchen nicht, es anzuwenden. Wir erlauben diesem VERSTÄNDNIS einfach, sich ganz natürlich in unserem Leben zu zeigen.

Haben wir all die Jahre Unwissenheit auf unser Leben *angewandt*? Nein! Wir haben nur Erscheinungen für REALITÄT gehalten und diese Einstellung hat, für sich genommen, unsere nachfolgenden Erfahrungen sehr effizient konditioniert, ohne dass wir uns speziell anstrengen mussten, sie anzuwenden.

Wir müssen nicht Unwissenheit auf unser Leben *anwenden*, damit sie effektiv ist. Das geschieht sehr schön ganz von alleine.

Ähnlich ist es bei VERSTÄNDNIS.

Wenn wir, auf unsere eigene Art, verstanden haben, was hier gesagt wird, erlauben wir einfach diesem VERSTÄNDNIS, sich ganz natürlich zu zeigen. Es wird unser Leben auf die gleiche Art konditionieren, wie unser früheres Verständnis unser Leben mühelos konditioniert hat.

Kommen wir in einen dunklen Raum, so sehen wir am Anfang gar nichts. Allmählich beginnen Formen sich herauszuschälen, bis wir am Ende recht deutlich sehen. Wir müssen nichts tun, um dies zu ermöglichen. Es geschieht ganz natürlich.

So auch hier. VERSTÄNDNIS, das kein Wissen um *etwas* ist, sondern PURES WISSEN selbst, durchdringt aus einer unbekannten Richtung jeden Aspekt unseres Lebens. Es geschieht einfach ganz natürlich.

Im Außen mag es Veränderungen geben, vielleicht aber auch nicht. Das spielt keine Rolle. Aber im Innen findet sich mehr und mehr FRIEDE, FREIHEIT, GLÜCK und LIEBE.

Alte Gewohnheiten zeigen sich noch, aber da sie nicht länger durch irrtümliche Ideen genährt werden, zeigen sie sich immer seltener.

Diese Veränderung geschieht entweder allmählich oder schnell. Das spielt keine Rolle. Für wen sollte es eine Rolle spielen? Derjenige ist nicht existent. Vielleicht bleiben einige dieser Gewohnheiten für immer. Na und? Wir haben alle einen Charakter, der auf der Ebene von Körper und Geist konditioniert ist.

Advaita, Non-Dualismus, ist keine fade Gleichmacherei aller individuellen Elemente in unseren jeweiligen Charakteren. Es ist eher das Gegenteil.

Individualität bedeutet Ungeteiltheit. Individualität ist die einzigartige Ausdrucksform des ungeteilten Ganzen, das jeder Körper/Geist zum Ausdruck bringt. Wenn wir von der Zwangsjacke der Unwissenheit befreit sind – das heißt, wenn wir damit aufhören, unser SELBST zu ignorieren –, blüht Individualität eher auf, als dass sie weniger wird.

Ebenso bedeutet Non-Dualismus keine Immunisierung gegenüber Gefühlen. Er bedeutet sogar das Gegenteil. Er bedeutet völlige Offenheit, Sensibilität, Verletzlichkeit und Erreichbarkeit.

Leiden ist unser Widerstand gegen Gefühle und nicht selbst ein Gefühl.

Also versuchen wir nicht, dieses VERSTÄNDNIS zu *benutzen*. Wir erlauben ihm, uns zu benutzen. Wir erlauben ihm, unser Leben zu gestalten. Wir zwingen es nicht in eine andere Zwangsjacke und diktieren ihm nicht, wie es laufen soll.

Bewusstsein ist absolute Freiheit. Wir erlauben dieser Freiheit, sich zu zeigen, wie sie will, wo sie will und wann sie will.

Bei dem einen Körper/Geist nimmt das vielleicht die Gestalt eines Charakters an, der ruhig und sensibel ist, während es sich bei einem anderen wild und überbordend zeigt.

Wir sollten uns nicht von Erscheinungen in die Irre führen lassen. Es ist die Haltung von innerer Freiheit, die den Stempel des Verständnisses darstellt, und diese Haltung von innerer Freiheit nutzt alle möglichen Formen des Ausdrucks und der Kommunikation.

Welche Rolle sollten Gefühle und der Körper in dieser Untersuchung spielen?

Viele Aktivitäten des Geistes sind darauf ausgelegt, Gefühle zu vermeiden. Zum Beispiel ist jede Form von sich wiederholendem, zwanghaftem Denken meist ein Zeichen dafür, dass unter dieser Oberfläche ein unangenehmer Quell von Gefühlen liegt.

Früher oder später werden jedoch diese unangenehmen Gefühle anfangen, durch die Strategien und Bewältigungsmechanismen, die der Geist konstruiert hat, hindurchzusickern.

Der erste Impuls ist meist, ihnen durch Denken und durch Aktivitäten zu entkommen. So wird der Kreislauf des Suchens immer und immer wieder neu in Gang gesetzt.

Aber jedes Mal, wenn Suchen im VERSTÄNDNIS zu einem Ende gebracht wird, wird dem Geist einer seiner Fluchtwege abgeschnitten.

Als Ergebnis davon bemerken wir, dass es, wenn unangenehme Gefühle an die Oberfläche kommen, weniger und weniger Möglichkeiten gibt, sie zu leugnen und ihnen auszuweichen.

Wir fliehen nicht mehr vor diesen Gefühlen. Wir besitzen den Mut, uns ihnen zu stellen. Wir machen nichts mehr mit oder an ihnen und daher leugnen, vermeiden und unterdrücken wir sie auch nicht mehr.

Der Impuls, ihnen mittels Denken zu entkommen, taucht immer noch auf, aber dieser Impuls wird einfach als ein weiteres unangenehmes Gefühl gesehen.

Früher oder später erscheint eine tiefe Überzeugung, eine Überzeugung, dass man diesen Gefühlen nicht entfliehen kann, sie nicht vermeiden, manipulieren oder beschönigen kann. Und es auch nicht tun muss. Und mit dieser Überzeugung kommt der Mut, sich ihnen zu stellen.

Wir erlauben ihnen einfach, zu sein.

Die Offenheit, Sensibilität, Verletzlichkeit und Erreichbarkeit, die BEWUSSTSEIN ist, das wir sind, *ist* das Erlauben aller Dinge.

Der Mut und die Offenheit, uns unseren Gefühlen zu stellen, ist eine Einladung an immer tiefere Schichten von Gefühlen, sich zu zeigen.

Deswegen erscheint der spirituelle Weg anfänglich nicht immer so friedlich. Oft gibt es einen scheinbaren Zuwachs im Ausmaß des Unwohlseins und der Aufregung.

Das ist allerdings eine Missinterpretation dessen, was tatsächlich geschieht. Es werden keine *neuen* Schichten von Unwohlsein und Unbehaglichkeit [engl.: *dis-ease*, eigentlich: Un-leichtigkeit, Unbehaglichkeit] erschaffen. Vielmehr werden alte Gefühlsgewohnheiten offengelegt.

Zunächst sind es diese Gefühle, die unsere Aufmerksamkeit einfangen. Sie scheinen alles einzunehmen. Aber während die Impulse, sie zu vermeiden, immer geringer werden, wird der einladende Raum, in dem sie einfach sein dürfen, ohne dass etwas für oder gegen sie geplant ist, mehr und mehr wahrgenommen.

Der einladende Raum unseres GEWAHRSEINS, der einst im Hintergrund zu sein schien oder gar von den alles einnehmenden Gefühlen verdunkelt schien, beginnt sich zu zeigen und in der Folge beginnen die Gefühle, weniger zu werden.

Genau genommen werden sie nicht weniger. Frei von den geistigen Kommentaren, die ihnen zuvor Bedeutung und Wichtigkeit zumaßen, werden sie nun mehr und mehr als harmlose körperliche Empfindungen erfahren.

So verlieren sie ihren Biss. Sie sind neutralisiert, nicht, weil wir etwas mit ihnen getan hätten, sondern einfach, weil sie als das gesehen wurden, was sie sind.

Es geht sogar schon zu weit, zu behaupten, dass sie körperliche Empfindungen seien. Erforschen wir sie so, wie wir jedes andere

Objekt erforschen, dann stellen wir fest, dass ihre Substanz genau die Substanz der einladenden Präsenz ist, in der sie erscheinen.

Sie besitzen keine trennenden Kräfte. Es ist kein Leiden in ihnen.

Diese Empfindungen sind wie Milchtropfen in einem Wasserglas. Sie sind Strömungen, die sich im Ozean unseres Selbst kräuseln.

Zeit und Erinnerung

Es wird oft gesagt, dass Zeit eine Illusion sei. Wenn ich aber auf mein Leben zurückschaue, scheinen Erinnerungen die Existenz von Zeit zu bestätigen.

Erinnerung scheint Zeit zu bestätigen, aber wenn wir sie uns genau anschauen, sehen wir, dass sie tatsächlich die zeitlose Unveränderlichkeit des BEWUSSTSEINS bestätigt.

Erinnerung erzeugt die Erscheinung der Zeit, in der Objekte als unabhängig voneinander existierend und als sich entwickelnd betrachtet werden.

Wir haben jedoch keine Erfahrung einer Vergangenheit, die sich hinter dem ‚gegenwärtigen Moment' unendlich weit zurück erstreckt. Und wir haben keine Erfahrung eines ‚gegenwärtigen Moments', der sich endlos in die Zukunft bewegt.

Die Idee, dass Zeit wie ein Behältnis sei, das alle Ereignisse unseres Lebens beherberge, ist tatsächlich eine temporäre Repräsentation des BEWUSSTSEINS im Verstand.

Ereignisse erscheinen nicht in der Zeit und Objekte erscheinen nicht im Raum. Beide erscheinen im BEWUSSTSEIN.

Ist ein Objekt, das einfach eine Erscheinung im BEWUSSTSEIN ist, gegenwärtig, so ist die nachfolgende Erinnerung daran offensichtlich noch nicht gegenwärtig. Sie ist nicht existent. Und ebenso ist, wenn die Erinnerung stattfindet, das ursprüngliche Objekt nicht mehr gegenwärtig. Es ist dann nicht existent.

Mit anderen Worten, zwei Objekte können nicht gleichzeitig im Bewusstsein erscheinen. Wenn das eine gegenwärtig ist, ist es das andere nicht und umgekehrt.

Wie kann ein nicht existentes Objekt erinnert werden? Es kann *nicht*. Ein Objekt wird nie erinnert.

In Wirklichkeit ist es ein dritter Gedanke, der den zweiten Gedanken, die Erinnerung, mit dem ersten Gedanken, dem Objekt, scheinbar verbindet. Und wenn dieser dritte Gedanke gegenwärtig ist, sind weder das Objekt noch die Erinnerung daran gegenwärtig. Dieser dritte Gedanke ist daher ein Konzept, das sich nicht auf eine Erfahrung bezieht.

Zeit und Erinnerung werden mit diesem dritten Gedanken scheinbar erschaffen, aber außerhalb dieses Gedankens haben sie keine Existenz.

Gleichzeitig haben wir eine tiefe Überzeugung, dass die Erfahrung des ersten Objekts irgendwie immer noch in der Form einer Erinnerung gegenwärtig sei, dass die Erfahrung nicht völlig verloren sei. Stimmt! Das, was damals wirklich gegenwärtig war, ist auch jetzt wirklich gegenwärtig: Bewusstsein! Das Objekt leiht sich seine scheinbare Realität, seine scheinbare Kontinuität, vom Bewusstsein.

Nichts geht je verloren. Das, was damals die Gestalt des Objekts annahm, nimmt nun die Gestalt seiner ‚Erinnerung' an.

Die Idee eines ‚damals' kollabiert mit diesem VERSTÄNDNIS und dann auch die Idee eines ‚jetzt', da beide Ideen voneinander abhängen.

Daher werden Zeit und Erinnerung als solche nie erfahren. Die scheinbare Kontinuität eines Objekts, die durch Erinnerung bestätigt zu werden scheint, ist tatsächlich die Kontinuität des BEWUSSTSEINS.

Es ist das allgegenwärtige JETZT.

Das sich drehende Rädchen auf einem Computermonitor, das immer dann zu sehen ist, wenn der Rechner im Hintergrund gerade einen Vorgang ausführt, der einige Sekunden oder Minuten dauert, scheint aus einem Punkt zu bestehen, der sich im Kreis dreht.

In Wirklichkeit besteht es aus vielen einzelnen Punkten, die in schneller Abfolge erscheinen und wieder verschwinden.

So entsteht die Illusion eines Rings, der sich dreht, und diese Illusion wirkt selbst dann noch sehr überzeugend, wenn wir dies wissen.

Die Erscheinung des einen Punktes wird hervorgerufen durch zahllose Erscheinungen, die in unterbrochener Folge auftreten. Diese Punkte haben keine Beziehung zueinander. Sie haben nur einen Bezug zum Bildschirm, zum Hintergrund.

Das Einzige, was sie gemeinsam haben, ist der Bildschirm als Hintergrund. Der Bildschirm, der hinter und in den Punkten ist, wird beleuchtet, wenn die einzelnen Punkte erscheinen.

Es ist die *Beständigkeit* des Bildschirms, auf die die *scheinbare* Kontinuität des sich drehenden Rings verweist. In Wirklichkeit gibt es keinen sich drehenden Ring.

In vergleichbarer Weise ist die Kontinuität der Zeit in Wirklichkeit die allgegenwärtige Präsenz des BEWUSSTSEINS.

Es ist der allgegenwärtige Hintergrund des BEWUSSTSEINS und nicht die Kontinuität der Zeit, worauf Erinnerung verweist. Und er ist es auch, der Erscheinungen ihre scheinbare Kontinuität verleiht.

Das separate Selbst ist ein solcher Punkt, dem durch die Gegenwart von BEWUSSTSEIN scheinbare Kontinuität verliehen wird. Albert Einstein sagte schon, dass das separate Selbst eine optische Täuschung im BEWUSSTSEIN sei.

Die Kontinuität, mit der das Gefühl von ‚ICH' leuchtet, ist die ALLGEGENWÄRTIGKEIT der PRÄSENZ.

Wir weisen diese ALLGEGENWÄRTIGKEIT allerdings fälschlich einem Objekt zu, dem Körper/Geist.

In der christlichen Tradition wird dieser Irrtum als Ursünde oder Erbsünde bezeichnet. Er ist der ursprüngliche Irrtum, aus dem heraus die Geschichte von einem separaten Wesen, das in der Zeit existiert, geboren wird. Jegliches psychische Leiden beruht auf diesem ursprünglichen Irrtum.

Zeitlose PRÄSENZ scheint zu einem Objekt zu werden, das in der Zeit präsent ist.

ALLGEGENWÄRTIGKEIT scheint sich zu Kontinuität in der Zeit und Beständigkeit im Raum zu wandeln.

Das EWIGE JETZT schrumpft sich selbst zu einer endlosen Ausdehnung von Raum und Zeit.

Aber auch wenn es dies tut, hört das EWIGE JETZT nie auf zu sein, was es ist.

Wie ist es möglich, eine objektlose Erfahrung zu erleben?

Diese Frage ist schwer zu beantworten, da sie die Annahme impliziert, dass wir Objekte erfahren. Es gibt natürlich die *Erscheinung* von Objekten. Erfahrung ist jedoch immer objektlos.

Anstatt mit Objekten zu beginnen, für die wir keinen auf Erfahrung gegründeten Beweis besitzen, und dann zu versuchen, von dort zu BEWUSSTSEIN zurückzugehen, lassen Sie uns mit BEWUSSTSEIN beginnen, das eine absolute Tatsache von Erfahrung ist, und dann versuchen, von dort zu Objekten zu gelangen. Dies ist nicht möglich!

Bleiben wir einfach bei den Tatsachen unserer Erfahrung und erlauben wir unseren tiefsitzenden Überzeugungen und Gewissheiten über die Natur von Erfahrung, sich in dieser unbefangenen Betrachtung zu entwirren. Als Ergebnis nimmt die Welt wieder den ihr zustehenden Platz ein.

Bedeutet der Ausdruck ‚Bewusstsein, das sich selbst erfährt' – mit den Worten unserer Alltagssprache gesagt –, dass dies eine „Nicht-Erfahrung" ist? Wenn ja, was bedeutet ‚erfährt', wenn keine Erfahrung da ist?

Die Vorannahme ist, dass Erfahrung Objekte impliziere und dass, wenn keine Objekte da sind, es keine Erfahrung gebe. Dies scheint dadurch bestätigt zu werden, dass das Wort ‚Erfahrung' benutzt wird, um das zu beschreiben, was meist als ‚Erfahrung mit Objekten' aufgefasst wird, und der Begriff ‚nicht-objektive Erfahrung', um auf Erfahrung *ohne* Objekte zu verweisen.

Auch dieses Problem können wir nicht wirklich lösen, solange es die Überzeugung gibt, dass Objekte als tatsächliche Erfahrung existierten. In unserer alltäglichen Sicht verschwinden die Objekte allmählich, während wir einschlafen, bis dann im Tiefschlaf gar keine Objekte mehr erfahren werden. Daher verstehen wir Tiefschlaf meist als einen Zustand, in dem es keine Erfahrung gibt.

Aber selbst wenn wir vorübergehend die Existenz von Objekten zulassen, so ist der essenzielle Bestandteil jeder Erfahrung Bewusstsein selbst. Dies können wir einfach überprüfen, indem wir uns fragen, was mit dem Erfahren geschähe, wenn ein Objekt wie etwa das vorliegende Buch jetzt entfernt würde. Nichts! Erfahren würde weitergehen, wenn auch mit leicht anderem Charakter. Was jedoch würde mit dem Erfahren geschehen, wenn Bewusstsein entfernt würde? Erfahren würde völlig verschwinden.

Der erfahrende Teil eines Objekts gehört also zum BEWUSSTSEIN, nicht zum Objekt, sofern ein solches Objekt überhaupt existiert. Im Tiefschlaf, wenn BEWUSSTSEIN sozusagen ganz allein ist, ohne objektiven Inhalt, bleibt das Erfahren des BEWUSSTSEINS genau das, was es immer ist, PURES ERFAHREN.

Das Erfahren, das während der scheinbaren Existenz eines Objekts gegenwärtig ist, ist also nicht anders als das Erfahren, das während der *Abwesenheit* von Objekten gegenwärtig ist. Nur als Zugeständnis dem Verstand gegenüber wird es als objektive Erfahrung beziehungsweise als nicht objektive Erfahrung bezeichnet, da dieser sich die Existenz separater, getrennter Objekte ausdenkt.

BEWUSSTSEIN ist PURES ERFAHREN, und weil BEWUSSTSEIN immer gegenwärtig ist, ist auch Erfahren immer gegenwärtig. Wie könnte dieses PURE ERFAHREN sich *nicht* immer selbst erfahren?

Das Licht des Mondes

Bewusstsein ist sogar in Gedanken und Gefühlen gegenwärtig, die nicht die wahre Natur unserer Erfahrung auszudrücken scheinen, wie zum Beispiel: ‚Ich bin der Verstand', oder: ‚Ich bin der Körper.'

Das Gefühl von Identität, das diese Gedanken und Gefühle durchdringt, der ‚Ich bin'-Teil, *ist* die Gegenwart von Bewusstsein. Nur die versehentliche Verbindung dieses ‚Ich bin' mit einem Körper und einem Geist führt zu der Vorstellung und dem Gefühl, dass wir separate, begrenzte Wesen seien.

Bewusstsein ist das Vertrauteste, was wir kennen. Die Vertrautheit, die wir in Beziehungen suchen und lieben, ist genau diese Vertrautheit unseres eigenen Selbst.

Bewusstsein leuchtet als das Gefühl von ‚Ich', unabhängig davon, womit es sich identifiziert.

Die Tatsache, dass Bewusstsein auf einen Geist oder einen Körper begrenzt zu sein *scheint*, bedeutet nicht, dass es begrenzt *ist*. Es bedeutet, dass wir es so zu erfahren *scheinen*. Es scheint sich selbst so zu erfahren.

Wir, Bewusstsein, scheinen unser Selbst als begrenzt zu erfahren; und wir genießen und erleiden die unvermeidlichen Konsequenzen dieser scheinbaren Begrenztheit. Aber Bewusstsein ist nicht wirklich dadurch begrenzt oder durch irgendeinen anderen Gedanken, irgendein anderes Gefühl.

Selbst wenn es so scheint, als leuchtete der Mond mit eigenem Licht, ändert diese Erscheinung nichts daran, dass er de facto mit dem Licht der Sonne leuchtet.

In jeder Erscheinung der Welt ist EXISTENZ gegenwärtig, unabhängig vom speziellen Charakter der Erscheinung.

Die EXISTENZ jedes Objekts ist die Präsenz des SEINS, genau so, wie das Gefühl von *Identität* in jedem Gedanken oder Gefühl über uns selbst die Präsenz des BEWUSSTSEINS ist.

BEWUSSTSEIN ist für mein SELBST, was EXISTENZ oder SEIN für die Welt ist.

Das Gefühl von ‚ICH' in irgendeinem Gedanken oder Gefühl ist nicht nur bewusst. Es ist präsent. Es ist sowohl SEIN als auch BEWUSSTSEIN.

‚ICH' ist BEWUSSTSEIN. ‚Bin' ist SEIN. Die Erfahrung von ‚Ich bin' ist die vertrauteste und intimste Erfahrung, die wir kennen. Es ist die Erfahrung der EINSHEIT von BEWUSSTSEIN und SEIN.

Wenn diese EINSHEIT sich in einen Körper und eine Welt aufteilt, so verschleiert sie sich vor sich selbst.

Ebenso wie das Gefühl von ‚ICH' erscheint jedes *Objekt* im BEWUSSTSEIN und seine EXISTENZ kann nicht von der Präsenz des BEWUSSTSEINS getrennt werden.

Daher erfahren wir in der Erfahrung jedes Objekts die Einsheit von Bewusstsein und Sein.

Ob wir bei uns selbst beginnen oder bei der Welt, beides führt uns zurück zur Einsheit von Bewusstsein und Sein.

Der Mystiker neigt dazu, mit der Erforschung der Natur des Selbst zu beginnen. Der Künstler neigt dazu, mit der Erforschung der Welt zu beginnen. Letztlich gelangen beide zur gleichen Schlussfolgerung: dass Bewusstsein die fundamentale Realität der Welt ist, dass Bewusstsein und Sein eins sind.

Die natürliche Verfassung des Bewusstseins

Bewusstsein ist natürlicherweise eins mit allen Dingen. Es ist eins mit der Totalität der Erfahrung.

Allerdings kontrahiert Bewusstsein ab und zu, es schrumpft zu einem Körper und diese Selbstkontraktion erfordert beständige Wartung und Aufrechterhaltung.

Wird sie nicht durch ständige Wartung und Pflege aufrechterhalten, so entwirrt sie sich allmählich und Bewusstsein kehrt zu seiner natürlichen Verfassung zurück.

Verlangen und Befürchten sind zwei der Hauptmethoden, mit denen Bewusstsein diese Selbstkontraktion zu einem scheinbar separaten Wesen pflegt.

Sobald ein Verlangen erfüllt ist, findet es ein Ende. Das Ende des Verlangens ist das Ende der Pflege der Selbstkontraktion und das führt dazu, dass Bewusstsein zu sich selbst zurückkehrt – das heißt, es erfährt wieder seine eigene, unbegrenzte Natur. Diese Erfahrung nennt man Glück.

Bewusstsein kehrt nicht wirklich zu sich selbst zurück. Es erkennt sich einfach selbst. Es weiß wieder um sich als unbegrenzte Offenheit, unbegrenztes Willkommenheißen, unbegrenzte Sensibilität. Es gibt nicht länger vor, anders zu sein. Es versteckt sich nicht mehr vor sich selbst.

Bewusstsein hat sich so daran gewöhnt, in einen Körper und einen Geist zu schrumpfen, dass das Loslassen dieser Selbstkontraktion oft von einem Gefühl der Euphorie und der Expansion begleitet wird.

Aber je mehr Bewusstsein sich daran gewöhnt, in sich selbst und als es selbst zu verweilen, während es nicht länger vorgibt, ein separates Wesen zu sein, und sich nicht länger verlässt, um sich zu suchen, desto normaler und alltäglicher wird dieses natürliche Verweilen in sich selbst und als es selbst.

Tatsächlich wird nun die Selbstkontraktion, die vorher so normal und alltäglich schien, zu etwas Außergewöhnlichem.

Blasphemie ist die Behauptung: ‚Ich bin Gott.' Da aber das separate Wesen nicht existent ist, stellt sich die Frage nicht, ob es Gott oder irgendetwas anderes ist.

Die wahre Blasphemie ist der Gedanke: ‚Ich bin ein separates Wesen.' Mit diesem Gedanken leugnet Bewusstsein seine eigene unbegrenzte, universelle Souveränität. Es tritt seine Freiheit ab. Aber es hat die Freiheit, dies zu tun!

Aus dieser Freiheit heraus projiziert Bewusstsein den Geist, den Körper und die Welt durch die Fähigkeiten des Denkens, Vorstellens, Spürens und Wahrnehmens.

In der natürlichen Verfassung wird gewusst und gefühlt, dass diese Projektion im Bewusstsein stattfindet, und jeder Teil davon wird gleichermaßen als Ausdruck von BEWUSSTSEIN, *als* BEWUSSTSEIN selbst, gefühlt und erkannt.

Manchmal teilt BEWUSSTSEIN jedoch die Totalität der Erfahrung in zwei Lager auf. Alles, was Teil des ‚NICHT-ICH'-Lagers ist, wird als ‚die Welt' bezeichnet. Alles, was Teil des ‚ICH'-Lagers ist, wird als ‚Körper/Geist' bezeichnet.

Aus dem Gedanken und dem Gefühl ‚Ich bin *nicht* dies' heraus projiziert BEWUSSTSEIN die Welt *außerhalb* seiner selbst. Und aus dem Gedanken ‚Ich *bin* dies' heraus *identifiziert* sich BEWUSSTSEIN mit Körper/Geist und *begrenzt* sich gleichzeitig durch Körper/Geist.

Dieser Zyklus, jeden Morgen Geist, Körper und Welt zu projizieren und jeden Abend die Projektion zurückzunehmen – wie er auch noch während des Tages vielfach auftritt –, wird auch dann genauso weitergeführt, wenn BEWUSSTSEIN seine eigene unbegrenzte FREIHEIT erkannt hat.

Was aufhört, ist die Gewohnheit des BEWUSSTSEINS, sich mit *einem* Teil der Projektion zu identifizieren und sich von einem *anderen* Teil abzutrennen. Der Gedanke und das Gefühl ‚Ich bin dieser Teil meiner Projektion, aber nicht jener Teil' oder ‚Ich bin der Körper, aber nicht die Welt' verschwindet.

Es projiziert vielleicht noch ab und zu ein Bild von einem separaten Wesen mit seiner eigenen Lebensgeschichte, aber es begrenzt sich nicht mehr auf diese Projektion.

Selbst wenn dieses Bild von Zeit zu Zeit wieder erscheint, so wird es schnell als alte Gewohnheit erkannt, die nicht durch tatsächliche Erfahrung gestützt wird, und es wird aufgegeben.

An der Projektion eines separaten Wesens ist nichts falsch. Sie ist für viele Aspekte des Lebens wesentlich. Nur das ausschließliche Identifizieren damit ist problematisch.

Wenn BEWUSSTSEIN klar sieht, dass das ganze Spektrum dieser Projektion *in* ihm selbst stattfindet, so trennt es diese nicht mehr in ‚ICH' und ‚anderes'.

Es sieht alle Dinge in sich selbst und als es selbst.

Über den Autor

Rupert Spira (Jahrgang 1960) absolvierte ein Kunststudium und trat seit 1981 zunächst als Keramikkünstler mit zahlreichen Ausstellungen an die Öffentlichkeit. Daneben aber interessierte er sich seit seiner Jugend für die *philosophische* Betrachtung der Welt. Er studierte die Lehren von Ouspensky, Krishnamurti, Rumi, Ramana Maharshi, Nisargadatta, Robert Adams sowie das Advaita-Vedanta, eine heute stark gefragte Richtung der altindischen Philosophie. Vor zwölf Jahren begegnete er dann seinem eigentlichen Lehrer, Francis Lucille. Dieser machte ihn mit den Lehren von Jean Klein, Parmenides und Krishnamenon bekannt und führte ihn in die Lehre von der wahren Natur von Erfahrung ein.

Rupert Spira lebt mit seiner Frau in Shropshire (England). Dort und in London, aber auch in Frankreich, Holland, Belgien und den USA, hält er regelmäßig Seminare ab, in denen er die nicht-dualistische Weltsicht vermittelt.

Falls Sie Fragen zu dem haben, was in diesem Buch geschrieben steht, können Sie gerne (in englischer Sprache) Kontakt mit dem Autor aufnehmen. Sie erreichen ihn über seine englischsprachige Website www.rupertspira.com, unter dem Button *Non-Duality*.

Chris Niebauer:

Kein Ich, kein Problem

Was Buddha schon wusste und die Neuropsychologie heute bestätigt

Leseprobe: www.vakverlag.de

Das buddhistische Dogma des Anatta lehrt, dass unser Ich nur durch das Denken entsteht und in Wirklichkeit gar nicht existiert. Es gaukelt uns etwas vor und erzeugt unnötiges seelisches Leid. Erst, wenn wir uns von unserem Ich lösen und es von außen betrachten, können wir die Dinge erkennen, wie sie wirklich sind. Chris Niebauer erklärt, wie unser Gehirn diese „Ich-Illusion" erschafft und zeigt, warum die Lehren des Buddhismus schon immer wussten, was die Wissenschaft heute auch endlich erkennt.

192 Seiten, Paperback (13,5 x 21,5 cm)
ISBN 978-3-86731-240-0

Chris Niebauer:

Kein Ich, kein Problem – ein Praxisbuch

Leseprobe: www.vakverlag.de

Das Ego bildet das Zentrum unserer Selbstdefinition. Unser Denken leitet uns durch unser Erleben der Welt, es ordnet, kategorisiert und bewertet. Das buddhistische Dogma des „Nicht-Selbst" lehrt, dass unser Ego nur durch den Prozess des Denkens entsteht und in Wirklichkeit gar nicht existiert. Trotzdem ist es die Wurzel all unserer Probleme. Erst wenn wir uns von unserem Ego lösen, können wir frei und glücklich leben. Erfahren Sie hier, mit welchen Tricks unser Ego uns im Griff hält und unsere Wahrnehmung lenkt und lernen Sie Tools, Übungen, Meditationen und Gedankenspiele kennen, die es uns ermöglichen, den Strategien unseres Ichs auf die Schliche zu kommen.

208 Seiten, Paperback (15 x 21,5 cm)
ISBN 978-3-86731-264-6

Dr. Frank Kinslow:

Suche nichts – finde alles!

Wie Ihre tiefste Sehnsucht sich erfüllt

Leseprobe: www.vakverlag.de

Innerer Friede, nicht flüchtiges Glücksgefühl, bringt uns die Erfüllung unserer tiefsten Sehnsüchte. Aus persönlichen Erlebnissen und humorvollen Geschichten, aus Reflexionen und Selbsterfahrungsübungen hat Frank Kinslow einen „Reiseführer" durch die Landschaft unseres Lebens zusammengestellt. Inneren Frieden zu finden, dazu bedarf es der Veränderung unserer Wahrnehmung: die Welt mit neuen Augen sehen und das, was ist, vollständig annehmen. Ein ebenso praktisch-konkreter wie philosophisch fundierter Wegweiser zu erfülltem Leben!

288 Seiten, Hardcover (15 x 21,5 cm)
ISBN 978-3-86731-073-4

Abonnieren Sie unseren Newsletter (gratis) unter: www.vakverlag.de

Jonathan Haidt:

Die Glückshypothese

Was uns wirklich glücklich macht
Die Quintessenz aus altem Wissen und moderner Glücksforschung

Leseprobe: www.vakverlag.de

Sinn und Glück im Leben zu finden ist keine Glückssache – Sie können etwas dafür tun! Jonathan Haidt zeigt Ihnen, worauf es dabei ankommt und wie Sie Ihr Denken, Ihre Beziehungen und Ihre Arbeit als Quellen für Ihr persönliches Lebensglück nutzen können. Er schöpft aus einem riesigen Wissensschatz und kennt die Weisheitslehren der Antike ebenso gut wie die Studien der modernen Glücksforschung. Hier zieht er das Fazit – so spannend und manchmal so witzig, dass Sie das Buch am liebsten in einem Zug zu Ende lesen würden.

368 Seiten, Paperback (15 x 21,5 cm)
ISBN 978-3-86731-256-1

Glenn Berkenkamp:

Gehen ist ein Abenteuer

Wir entdecken immer Neues und manchmal auch uns selbst

Leseprobe: www.vakverlag.de

In 35 abwechslungsreichen Spaziergängen lädt uns der Autor dazu ein, unsere Sinne zu schärfen, uns achtsam zu bewegen, unsere Gedanken zu fokussieren und unseren Körper neu zu erleben, um präsenter und selbstbewusster zu werden. Diese Oasen der Ruhe helfen uns, wieder klar im Kopf zu werden und Körper, Geist und Seele in Balance zu bringen. Ein praktischer Leitfaden für den „richtigen Impuls zur richtigen Zeit“ macht es uns leicht, den passenden Weg einzuschlagen.

296 Seiten, Klappenbroschur (15 x 21,5 cm),
ISBN 978-3-86731-261-5

Clif Sanderson:

Loslassen ... und heilen

Deep Field Relaxation (DFR) – die Tiefenfeldentspannung

Leseprobe: www.vakverlag.de

Deep Field Relaxation ist eine alternative Heilmethode, die auf die verändernde Kraft des Bewusstseins setzt. Sie war die erste der heute hochaktuellen „Feldmethoden“ und kann bereits auf mehr als 30 Jahre Erfahrung zurückblicken.
Die sanfte Intention des Begleiters, einfach helfen zu wollen und sich zur Verfügung zu stellen, reicht aus, um beim Klienten vertrauensvolles Loslassen zu induzieren. In diesem tiefen Ruhezustand kommt es zu eindrucksvollen Selbstregulationsprozessen: Tiefsitzende emotionale Belastungen lösen sich auf, körperliche Erkrankungen verschwinden, Lebenssituationen bessern sich.

288 Seiten, Paperback (13 x 20,5 cm)
ISBN 978-3-86731-088-8

Bestellen Sie unsere kostenlosen Kataloge unter: www.vakverlag.de